ÊTRE FEMME EN 1500

Du même auteur

L'Amour en Occident à l'époque moderne, Albin Michel, 1976.
Les Mythes chrétiens de la Renaissance aux Lumières, Albin Michel, 1979.
Le Débat entre protestants et catholiques français de 1598 à 1685, Aux Amateurs de livres, 1985.
La Révolution en questions, Le Seuil, 1988.
L'Age d'or de la prostitution de 1870 à nos jours, Plon, 1993.

JACQUES SOLÉ

ÊTRE FEMME EN 1500

La vie quotidienne dans le diocèse de Troyes

PERRIN

ISBN : 2-262-01558-9

Pour M., elle qui m'écrivit la lettre de Munich

« Les mâles et femelles sont jetés en même moule ; sauf l'institution et l'usage, la différence n'y est pas grande. Il est bien plus aisé d'accuser un sexe, que d'excuser l'autre. »

MONTAIGNE, *Essais*, III, 5 (1588)

« Nous ne pouvons nous représenter le point de départ de toute formation sociale autrement que dans des interactions de personne à personne. »

G. SIMMEL, *Philosophie de l'argent* (1900)

« La vie selon son habitude qui est par des travaux incessants d'infiniment petits de changer la face du monde... »

PROUST, *Albertine disparue*

Présentation

Ce ne sont ni des reines ni des saintes. Ni des princesses ni des intellectuelles. Ni même des putains royales. Elles ne semblent pas très intéressantes. Paysannes, bourgeoises, domestiques, elles ont vécu humblement, en Champagne, de l'époque de Jeanne d'Arc à celle de François Ier. Et laissé des traces, dans l'histoire, par leur seul passage devant les juges ecclésiastiques de Troyes [1]. Ceux-ci ne s'occupent pas

---

1. Les archives de l'officialité épiscopale de Troyes sont conservées aux archives de l'Aube, série G 4170-4306 et 4459-4532. Elles sont citées ci-dessous d'après ces cotes, après l'abréviation ADA.

Nous avons utilisé ces documents à partir des trois admirables volumes d'inventaire de cette série parus à Troyes en 1872, 1896 (le plus important pour notre propos) et 1930 ; le premier est dû à H. d'Arbois de Jubainville, le second au même et à F. André ; le troisième à ce dernier, J.J. Vernier et P. Piétresson de Saint-Aubin.

Sur les officialités en général, on peut consulter l'article d'un bon connaisseur, Vincent Tabbagh, dans le *Dictionnaire encyclopédique du Moyen Age* dirigé par André Vauchez, t. II, Cerf, 1997, p. 1103-1104. Il renvoie à trois classiques sur le sujet : P. Fournier, *les Officialités au Moyen Age*, Paris, 1880 ; L. Pommeray, *l'Officialité archidiaconale de Paris aux XIVe et XVe siècles*, Paris, 1933 ; A. Lefebvre, *les Officialités à la veille du Concile de Trente*, Paris, 1973.

Sur l'officialité épiscopale de Troyes elle-même, nous disposons maintenant d'une excellente thèse de l'Ecole des chartes due à Christelle Walravens, *l'Officialité épiscopale de Troyes à la fin du Moyen Age (1390-1450)*, 1995 (*cf.* le recueil des *Positions* de thèses de cette école pour la même année, p. 279-289).

Sur les problèmes relatifs à l'histoire des femmes à cette époque, je ne peux mieux faire que de renvoyer au chef-d'œuvre d'Olwen Hufton, *The Prospect before her. A History of Women in Western Europe*, volume 1, 1500-1800, Londres, 1995. Cette somme me paraît constituer, à l'heure actuelle, le meilleur guide au milieu d'une bibliographie océanique et d'une problématique délicate. On la complétera par le travail commode et exceptionnellement bien informé de Françoise Thébaud, *Ecrire l'histoire des femmes*, ENS, éditions Fontenay-Saint-Cloud, 1998. Il fait le point sur le dernier quart de siècle de la recherche,

uniquement des violences et des désordres auxquels les clercs sont mêlés. Ils veillent aussi à la régularité des fiançailles, des mariages et surveillent la conduite des époux.

Victimes d'accusations de sorcellerie, de viols collectifs ou d'agressions individuelles, servantes-maîtresses de curés ou de religieux, filles publiques, elles ont comparu devant cette juridiction et pas toujours à leur désavantage. Souvent, même, pour obtenir réparation de leur honneur. Elles se sont présentées devant elle, encore, pour justifier le choix de leurs fiancés, refuser ceux qu'on leur impose. Elles ont demandé à être séparées de conjoints brutaux ou indignes. Elles l'ont parfois emporté.

Filles, épouses ou veuves, elles n'ont sans doute pas dit à ces juges l'essentiel de leur existence. Elles leur ont à peine indiqué leur environnement quotidien et leur dur labeur. Elles ont tu leurs joies familiales ou personnelles et leurs bonheurs ordinaires puisqu'elles survivent, dans ces papiers de justice, sous le seul signe de la contestation et du malaise. Ces textes apprennent pourtant comment on vit, lorsqu'on est une femme, vers 1500. Comment on y organise ses difficiles rapports, de partenariat et de souffrance, avec les hommes.

Une à une, ces femmes vont raconter leur histoire. Brève trouée dans la nuit du passé, celle-ci n'est, chaque fois, qu'un court récit où presque tout manque des tenants et aboutissants de l'épisode. Mais ces archives de leurs difficultés sont à l'image de l'existence sociale où les rencontres

---

dominée notamment, de plus en plus, par le concept de « gender » désignant la construction et l'organisation sociales de la différence sexuelle. On peut traduire par « sexe social » la définition exacte de cette identité sexuée que l'on retrouvera dans ma conclusion. Pour le reste, j'ai préféré analyser minutieusement, mais sans préjugé, ma documentation, en tenant compte, certes, de la problématique actuelle mais sans verser dans une abstraction excessive qui transforme parfois l'histoire des femmes, sous couvert de saines préoccupations méthodologiques, en un pur exercice de périlleuse scolastique.

Sur l'enracinement local, enfin, la source essentielle de référence demeure le travail monumental d'Alphonse Roserot, *Dictionnaire historique de la Champagne méridionale (Aube) des origines à 1790*, 24 fascicules, Langres, Bar-sur-Aube, Troyes, 1942-1948, 1876 p., publié par Joseph Roserot de Melin. On doit en particulier à ce dernier une *Introduction*, Angers, 1948, où se trouve entre les pages 54 et 55 une carte du diocèse de Troyes à laquelle nous renvoyons les lecteurs.

naissent du hasard et se dispersent dans l'obscurité et l'oubli.

Ces femmes nous parleront, au moins, comme elles l'ont fait à leurs juges, il y a près de cinq siècles.

1

L'esprit du temps

UN MONDE SACRÉ

Il faut d'abord évoquer le monde où vivent les femmes, cet univers aujourd'hui englouti. Il est empreint de sacralité, comme le montre le simple fait qu'elles dépendent de l'autorité épiscopale pour les aspects les plus significatifs de leurs affaires privées.

Le premier ennemi de la société chrétienne du temps réside alors dans les survivances du paganisme et les diverses profanations. Les femmes ont partagé ces hantises et les ont même beaucoup plus ressenties que les hommes à qui elles ont laissé le monopole des habitudes les plus détestables, comme la transformation des cimetières en aires de jeux ou réceptacles de déchets. Ce n'est pas parmi ces femmes que l'on rencontre les joueurs ou les blasphémateurs punis par les responsables religieux. Elles ne causent pas, habituellement, de scandale dans le sanctuaire. Elles ne falsifient pas les actes officiels, ne frappent pas les prêtres ni ne les insultent, laissant ces comportements aux pires de leurs compagnons [2].

On les verra souvent avec des prêtres, leurs pères spirituels, leurs juges ou leurs amants. Ce n'est pas, de leur part,

---

2. Par exemple, ADA, G 4174, f. 22 (1457) ; 4175, f. 14 r, 27 r, 29 v, 31 r (1457) ; 44 v, 53 v (1457) ; 4176, f. 20 r, 74 r (1460).

obsession aberrante mais reflet légitime de l'atmosphère et des réalités d'une époque où l'on punit les usuriers ou les indélicats par le pèlerinage. Un moine y est normalement un beau-père et tout prêtre qu'on ne connaît pas a droit à la belle appellation de messire Jean. Hôtelleries et enseignes des maisons portent des noms de saints tandis que les revendications politiques les plus importantes s'expriment sous la forme de processions. Le son des cloches retentit dans les moments les plus sacrés, diurnes ou nocturnes [3].

D'innombrables fêtes interrompent les travaux masculins et scandent le rythme de la vie sociale. Outre le culte des bienheureux, parmi lesquels beaucoup de femmes, la célébration des vendanges ou le décès d'un serviteur de la machine ecclésiastique multiplient le nombre des jours fériés. Les Champenoises se scandalisent à juste titre des artisans ou des agriculteurs qui négligent de les respecter. Tout au plus ont-elles sans doute trouvé sympathique, en 1495, le responsable de l'établissement de bains troyen réservé aux femmes : il continua, en effet, à en assurer le chauffage, un semblable jour, en dépit des interdits [4]. Mais ses clientes ne pensent pas de même des barbiers et des voituriers, des pêcheurs et des paysans, des cabaretiers, bouchers et autres marchands qui commettent un tel délit. Cordonniers, charbonniers ou tanneurs conservent, pendant toute la période, cette détestable habitude. Les Champenoises approuvent, au contraire, le clergé qui réprime, en pareille occasion, jusqu'à la vente des images pieuses [5].

Ces femmes souffrent davantage, peut-être, du problème des excommuniés. Le sujet est aujourd'hui peu évoqué, alors qu'il a nourri les querelles religieuses du temps, comme l'envers d'une immense entreprise de ferveur obligatoire. Mais en désignant, en quelque sorte, à la malédiction publique, clercs ou surtout fidèles irréguliers, en veillant avec soin à leur enregistrement et à leur proclama-

3. Par exemple, ADA, G 4193, f. 226 r (1516).
4. Par exemple, ADA, G 4217, f. 129 v (1495).
5. Par exemple, ADA, G 4186, f. 15 (1501).

tion, en s'opposant fermement à ce qu'ils reçoivent les sacrements, l'Eglise les transforme en parias au sein de la société [6]. D'où d'innombrables contestations ou interdictions et une incroyable gestion bureaucratique de ces éternels suspects qui servent l'autorité du christianisme. Les curés se refusent, parfois, à les poursuivre et il y a en effet de la cruauté à s'opposer, comme à Villenauxe, au début du XVe siècle, à la présentation à l'église du corps de leurs enfants. Une pareille terreur religieuse fonctionne mal ou est porteuse d'excès. L'expulsion des excommuniés hors du sanctuaire indigne et on s'étonne de la prolongation indue de ce châtiment. Ses victimes en arrivent à insulter les vicaires. Elles se révoltent d'être frappées sans avoir été averties. Punition mécanique, l'excommunication, à la veille de la Réforme, crée plus de problèmes qu'elle n'en résout [7].

Ces femmes l'admettent, pourtant, dans la mesure où le châtiment se rattache à un colossal effort de remise en ordre et de surveillance dont elles approuvent les sources et les manifestations principales. Il est vrai qu'il concerne surtout les mâles. Les Champenoises ne comprennent guère leur refus éventuel des obligations ecclésiastiques. Elles ne condamnent sans doute pas le curé de village qui, en 1488, refuse à leurs hommes la communion tant qu'ils ne se seront pas fait faire la barbe convenablement. Elle doivent sourire, en vérité, de l'humiliation publique infligée par leur prêtre à ces grossiers personnages [8].

Les irrégularités féminines proviennent souvent, au contraire, d'un pieux sentiment. On en a pour preuve cette fidèle qui, en 1530, en pèlerinage à Saint-Fiacre, ne peut

---

6. Sur l'excommunication, voir ses fondements et pratiques du point de vue de l'Eglise dans le *Dictionnaire de Théologie catholique*, t. V, Paris, 1913 (article toujours utile d'E. Valton, col. 1734-1744). On l'actualisera par la bonne mise au point historique de F. Donald Logan dans le *Dictionary of the Middle Ages* dirigé par Joseph R. Streyer, vol. 4, New York, 1989, p. 536-538. On retiendra sa conclusion selon laquelle cette peine fut à la fois l'expression de la puissance de l'Eglise et une cause de son déclin.

7. Par exemple, ADA, G 4176, 20 r (1460).

8. ADA, G 4217, 9 r (l'incident se passe à Vaudes, le jour de Pâques ; le curé, pionnier de la civilisation des mœurs, aura 20 sous d'amende).

faire ses pâques, comme elle y est requise, en sa paroisse. Ses pareilles se méfient, en revanche, d'un univers masculin fait de joueurs de dés ou de libraires mécréants. Elles n'aiment pas ces violents qui salissent les puits de leur urine [9]. Elles comprennent le difficile problème que pose, aux autorités, l'inhumation en terre sainte d'un noyé douteux. Elles se hâtent de participer à la réconciliation des églises ou des cimetières profanés et déplorent le sort atroce des détenus morts sans confession. Elles n'approuvent pas les paroissiens utilisant des chapelles sans autorisation mais se félicitent, en 1531, de voir l'officialité rappeler aux médecins et apothicaires (gens dont il faut toujours se méfier) qu'ils ne peuvent soigner que des malades préalablement confessés [10].

Ces femmes ont vécu dans un monde où les profanations viennent d'abord du mâle. Elles ont été, de tout cœur, du côté des gens d'Eglise qui veillent à les en prémunir. Elles se sont réjouies de les voir expédier leurs victimes, bagarreurs ou joueurs de paume, à Rome ou en prison. Les Champenoises ne mangent pas, comme eux, du fromage en carême. Elles ne multiplient pas les blasphèmes. Lors des honnêtes danses dominicales, elles ne portent pas sur elles ces armes offensives interdites par les règlements. Ce sont des bandes de jeunes mâles et non leurs sœurs qui sèment le trouble, en 1529, au milieu d'une foule de pèlerins rassemblés dans une fête de village [11].

*

* *

Elles sont pourtant obligées de constater que les hommes de Dieu, leurs protecteurs, n'accomplissent pas toujours très bien leur service. Ils sont d'abord trop sou-

9. Par exemple, ADA, G 4226 (pour le pèlerinage à Saint-Fiacre-en-Brie en 1530).
10. Par exemple, ADA, G 4200, f. 224 v-225 r (1531).
11. ADA, G 4233 (1529 : l'incident se passe le mercredi 13 octobre, à Sommefontaine, où de nombreux pèlerins sont réunis pour la fête de saint Cyprien).

vent, eux-mêmes, irréguliers ou scandaleux. Elles craignent ces religieux vagabonds ou brigands, ces clercs voleurs ou menteurs. Le jeu, la violence, le blasphème possèdent aussi leurs champions ecclésiastiques et l'on rencontre, parfois, des prêtres trop élégants [12]. On ne compte plus, dans les villages, les rivalités pitoyables entre chapelains et maîtres d'école. Elles vont jusqu'à troubler les chants de Noël. On voit, autour de 1500, des vicaires du Christ dérober le linceul des morts ou molester leur propre père. Ceux qui proviennent, alors, de Lorraine, portent des cheveux bien longs. Leurs pareils horrifient facilement les synodes [13].

Les Champenoises n'aiment pas, non plus, les voir jouer aux quilles avec des laïcs ou vendre des reliques, étaler leur ivresse au cabaret ou se mettre en grève au couvent parce qu'on leur y diminue la ration de vin. Qu'ils portent une trop longue barbe ou se battent au chevet des mourants, ces ruffians ne leur plaisent guère. Leur nombre ne diminue pas à la veille de la Réforme malgré les efforts des autorités pour censurer, parmi eux, usuriers, voituriers et autres prêtres d'affaires [14]. Les femmes ne sont pas fâchées de voir mener à l'official, en châtiment de leurs désordres, les fers aux pieds, ces joueurs de cartes et ces travestis cléricaux. Semblable irrégularité les choque parce qu'elles ont besoin, au contraire, de l'ordre imposé par l'Eglise au milieu des multiples troubles dus à la violence des mâles [15].

Elles ont autant besoin du respect de l'ordre dans le service religieux lui-même. Si elles n'ont pas parlé aux juges ecclésiastiques de leurs sentiments à cet égard, il est clair qu'elles communient avec eux dans une immense demande de conformité et de conformisme. Il s'agit là de légitimes

---

12. ADA, G 4180, f. 38 v, 54 r, 56 r,103 r, 106 v, 119 r, 166 r, 181 v (1466).

13. ADA, G 4217, f. 145 r, 165 r (1498) ; G 4285, f. 68 v, 83 v (1500). Bonne présentation générale par Sylvette Guibert, « Note sur le clergé rural du diocèse de Troyes au début du XVe siècle » *in le Clergé rural dans l'Europe médiévale et moderne*, 1995, p. 229-236.

14. ADA, G 4194, f.62-63, 103 v, 197, 269 (1516) ; G 4198, f. 68, 70 v (1521) ; Christelle Walravens a bien noté, dans son article « Un procès à l'officialité de Troyes en 1445 » (*Bibliothèque de l'Ecole des chartes*, T. 154, 1996, p.485-507), la turbulence cléricale à laquelle répond la sévérité de l'official.

15. ADA, G 4192, f. 11, 83 r, 102 v, 250-251 (1515).

soucis féminins qui poussent les Champenoises de 1500 à déplorer, au sein de cette Eglise dont elles attendent tant, les curés absentéistes ou les communions mal distribuées, les quêteurs non autorisés ou les marguilliers peu soigneux. Ces troubles vont à l'encontre du salut si désiré. N'est-il pas lamentable qu'il dépende de prêtres d'abord attentifs à la valeur financière de leur fonction ? Ou regrettable que le tribunal de l'évêque ne jouisse pas du prestige souhaitable ? Outre la contestation fréquente de ses décisions, il est soumis, en 1529, à un chahut persistant l'empêchant de délibérer avec sérénité [16]. Et le courroux des juges n'y change rien, parce que le respect s'est perdu.

Or l'official a beaucoup à faire pour régulariser une vie religieuse marquée par des messes inutiles ou mercenaires et célébrées, parfois, avec indignité. Des homicides y reçoivent les sacrements et les visites pastorales rencontrent des vicaires en état d'ébriété. Entre prêtres et paroissiens, la contestation est fréquente et les seconds peuvent reprocher aux premiers leur timidité devant le seigneur comme leur goût pour le profit. Leur bureaucratie associe souvent l'arrogance à l'inconvenance [17].

Les femmes souhaitent au contraire, en bonnes chrétiennes, des hosties entourées du respect qui leur est dû et une paroisse en harmonie. Elles se scandalisent, en 1443, de voir des vicaires troyens proclamer un archevêque des fous et n'apprécient guère que l'église ou le cimetière servent de dépôt à des animaux ou des provisions. Elles n'aiment ni les cloîtres transformés en jeux de boules ni les processions mal organisées. La Réforme ecclésiastique, présente depuis le début du XVe siècle et en lutte contre ces abus, dispose ainsi d'un intense soutien féminin [18]. En régularisant la vie des clercs, elle correspond aux aspirations des paroissiennes et surtout des plus humbles. Elles apprécient à la fois, dans cette œuvre, la construction d'un idéal de

16. ADA, G 4199, f. 27 v (1529).
17. ADA, G 4185, f. 149 r, 170 r (1501).
18. ADA, G 4172, f. 141 v (1443) ; *cf.* l'article cité de C. Walravens.

prêtre conforme à leurs vœux, parce que purifié des pires travers masculins, et le rappel de la nature supérieure de sa mission spirituelle. Celle-ci doit être préférée au respect des habitudes sociales. Les clercs violents ou négligents conduits, en 1515, à Troyes, dans la prison des prêtres, offrent à leurs spectatrices un tableau rassurant. Il leur promet que l'ivrognerie et ses désordres, dont elles ont tant à se plaindre dans leur existence privée ou publique, ne seront pas tolérés, chez ses serviteurs, par l'Eglise officielle. Car le premier de ses devoirs est de délivrer les fidèles des coups et des insultes qui les environnent. Or les hommes y ont, de loin, plus de part que les femmes, et, parmi eux, les clercs occupent une place notable [19].

*

* *

L'anticléricalisme et l'hérésie ne constituent pas davantage des spécialités féminines. Ce sont les hommes, dans la Champagne de la Renaissance, qui frondent le paiement de la dîme. L'un d'eux, plus audacieux que les autres, interrompt à Bagneux, en 1515, le prône dominical où le curé a engagé ses paroissiens à lui payer ce qu'ils doivent. L'insolent oppose à son discours les « droits des laboureurs ». Ce non-conformiste a l'habitude de pousser ses voisins à l'imiter. Que pensent les assistantes lorsqu'il explique piteusement, pour s'excuser, « qu'il revenait d'une noce où il avait beaucoup bu » ?

On ne rencontre aucune femme parmi ceux qui, dix ans plus tard, refusent, dans le diocèse de Troyes, le paiement de ses droits à l'Eglise. Les Champenoises laissent à leurs compagnons cette forme de révolte qui vaut alors à l'un d'eux une amende d'un écu d'or. Un cierge allumé à ses frais, pendant l'élévation de l'hostie, rappellera à tous les

---

19. ADA, G 4192, f. 107-108. Voir, sur cet accord profond entre les femmes et la Réforme catholique, le chapitre 10 (« *Obedient to thy will* ») de l'ouvrage cité d'O. Hufton (p. 359 et s.).

paroissiens le caractère sacré de la dîme. Ses négateurs ont à se rétracter à genoux devant des témoins des deux sexes. Et, parmi eux, les femmes n'approuvent certainement pas ces buveurs qui, au cabaret, vendent, pour deux deniers, leur part de la messe dominicale qu'ils viennent d'entendre. Elles laissent à leurs époux, souvent en âpres négociations avec les fermiers des dîmes, le délicat détail des conditions de leur paiement [20].

La contestation dogmatique n'est pas davantage du goût des femmes. Ce n'est pas leur genre. On sait, au contraire, qu'elle parsème, en cette civilisation du blasphème, la conversation de leurs compagnons. Depuis ce tisserand du début du XVe siècle, jetant son pain à terre « en dépit de Dieu et de Sa Mère », jusqu'à ces prêtres des années 1440, niant pêle-mêle paradis, Christ, sacrements ou messe des morts, les propos hérétiques affleurent sans cesse dans la Champagne d'avant la Réforme protestante. L'honneur de Dieu ou de la Vierge y est constamment défendu par des autorités ecclésiastiques traquant sans pitié, en ce tout-venant de l'hérésie, des athées de cabaret [21].

Cette habitude masculine transforme, en 1499, tel brave charpentier en un contestataire acharné du Créateur. Il est vrai que, trente ans plus tard, de nombreux fidèles mâles avouent ne pas connaître Ses commandements. Clercs ou vicaires, sans doute mieux informés, ne L'en respectent pas plus. Devant leurs compagnes effarées, de curieux chrétiens insultent des reliques de village, envoient l'Eglise au diable, se moquent de l'hostie ou, un dimanche de Pentecôte, quittent la messe parce qu'il y fait vraiment trop chaud [22]. Il y a plus grave que le blasphème « ordinaire ». Un artisan de 1445 va singulièrement plus loin en se moquant, un lende-

20. ADA, G 4193, f. 17-19, 22 (1515) ; G. 4218, f. 133 v (1524) ; f. 138 v, 145 r, 147 v, 149 r, 150 v (1525) ; G 4198, f. 107 v, 111 v, 128 v (1528) ; G 4199, f. 85 r (1529).

21. ADA, G 4171, f. 70 v (1449) ; G 4172, f. 50, 118 r (1442) ; G 4198, f. 8 v (1527) ; G. 4218, f. 195 v (1528) ; G 4199, f. 47 (1529) ; G 4201, f. 56 r (1532).

22. ADA, G 4184, f. 110 v, 111 r, 132 r (1499) ; G 4218, f. 153 r (1525) ; f. 173 r (1526) ; G 4200, f. 8 r (1530) ; f. 264 r (1531) ; G 4217, f. 229 v (1503) ; G 4188, f. 4 v (1503) ; G 4217, f. 259 r (1504) ; G 4198, f. 35 v (1527).

main de Toussaint, de batteurs de blé assez simples pour avoir cru, lors de la messe de la veille, rencontrer Dieu en personne, entre les mains du curé. Cet athée de village récuse avec mépris ces propos de « femmes ». Il sait, lui, qu'en pareille cérémonie, où on n'observe que du pain, le Créateur est absent. On le condamne à plusieurs mois de prison, jusqu'à Pâques, avant une pénitence et une abjuration publiques [23].

Les Champenoises du milieu du XVe siècle doivent supporter, en plein service religieux, la contestation, par leurs époux, des obligations ou des croyances auxquelles elles se soumettent. Il arrive à ces brutaux, frappant du poing sur la table, de renier solennellement Dieu, Sa sainte Mère et « toute la kyrielle de paradis ». Un curé lui-même, revenant d'un synode, comme on lui dit que le Seigneur est partout, rétorque qu'Il est donc dans ses pets [24]. Les femmes n'aiment pas cet univers si paillard et misogyne. Elles n'apprécient guère ces blasphémateurs qui prennent plaisir à maudire leur Créateur « autant qu'il en est de pendus à la croix » et se méfient de ces moines prompts à renier Dieu et Sa Mère dès qu'ils entrent en dispute. Elles entendent avec chagrin, en pleine procession de confrérie, un chapelain entonner un chant de dérision au lieu du pieux qui est requis [25]. On inflige, en 1487, 100 sous d'amende à un de ces curieux théologiens de village qui prétend que Dieu est devenu fou et qu'on doit Le lier. Il est trop vieux, maintenant, et ne sait plus ce qu'Il fait. Hors d'âge, il Le faut ôter et « en faire un nouveau ». On verra bientôt que ce programme, approprié à une fin des temps, ne sera pas oublié, en Champagne, lors de la Réforme protestante [26].

Quatre ans plus tard, un habitant de Saint-Just scandalise ses voisins de table par des propos méprisants pour les prêcheurs, les pardons et autres « diables de grand-messe ». Il y

23. ADA, G 4171, f. 21 v (1426) ; f. 51 v-52 (1445).
24. ADA, G 4174, f. 5 v (1457) ; G 4177, f. 31 v (1462) ; G 4176, f. 145 r (1461) ; f. 192 r (1461) ; G 4177, f. 80 r (1462).
25. ADA, G 4179, f. 5 v, 22 v, 115 v (1465).
26. ADA, G 4216, f. 72 r (1487).

a aussi à Sézanne, à l'automne 1498, de nombreuses femmes à ce souper d'artisans où un clerc, cordier de son état, en une veille de fête solennelle, réaffirme que le prêtre, lors du sacrement d'Eucharistie, n'élève pas Dieu mais seulement du pain. Elles font partie de ces assistants stupéfaits et bouleversés qui lui répondent qu'au contraire il s'y agit du Fils de Dieu. Il n'en veut démordre en dépit du pape, des évêques, des prêtres et des diables. Accusé, il se hâte d'affirmer son orthodoxie, appuyé par son épouse qui assure que cet honnête fidèle a été calomnié par de méchantes gens, ses ennemis personnels. On le libère au bout de quatre mois, à charge d'accomplir sa pénitence, le jour de Pâques, et de ne pas poursuivre ses accusateurs [27].

Les réunions publiques sont naturellement des occasions de blasphèmes qui heurtent les chrétiennes. On en compte, sans doute, dans cette taverne de Troyes, où un prêtre explique à ses auditeurs, en 1501, qu'on peut invoquer le nom de Dieu puisqu'Il n'est pas de chair et que, de plus, il y en a trois. Emprisonné, il raconte à sa manière le détail de cette théologie d'ivrognes, inaugurée par une discussion sur une condamnation pour blasphèmes. On se borne à conseiller à ce clerc trop bavard de moins fréquenter les cabarets et d'être plus sobre sur la Trinité [28].

Un habitant de Clérey, en 1507, est accusé d'avoir prétendu être allé en enfer et y avoir vu plusieurs personnes de sa connaissance. Méprisant envers les sceptiques, il a demandé à un voisin de dire à sa mère qu'elle mette la nappe car le diable va venir chez elle. Pour se tirer de ce mauvais pas, il explique à ses juges que, déçu par un homme auquel il a vendu un cheval et qui est mort sans le payer, il rêve, une nuit, que ce mauvais débiteur brûle en enfer. Comme il a conté ce songe à sa femme, tout le monde, naturellement, l'a su et en a déformé le sens [29].

Lors du grand ébranlement religieux du début des

---

27. ADA, G 4217, f. 58 v (1491) ; G 4184, f. 89 v, 100 r, 155 r (1498-1499).
28. ADA, G 4185, f. 125 v, 126, 128 r (1501).
29. ADA, G 4191, f. 2 r (1507).

années 1530, tout se passe, dans le diocèse de Troyes, comme si les accusations de contestation dogmatique prenaient un nouvel élan. Les femmes n'y sont présentes qu'en tant que victimes de l'impiété. La répression touche, par exemple, l'imprudent habitant de Gigny-aux-Bois qui s'est contenté, selon son propre aveu, d'affirmer en public que, lorsque des prêtres se trouvent dans les granges avec des femmes, « ils foutaient comme anges ». On transforma cette innocente remarque en une proposition théologique selon laquelle on s'aimait en paradis comme sur terre. Transportés d'horreur, les juges condamnent ce plaisantin à demander pardon, lors d'une messe dominicale, dans l'église de sa paroisse, entre l'offrande et le prône. Tête nue, à genoux, mains jointes et tenant un cierge allumé, il s'excusera auprès de Dieu et des anges de pareille obscénité assimilant la cour céleste à un repaire lubrique. Il lui faudra encore faire six jours de prison, payer 100 sous d'amende et jeûner le mercredi et le vendredi. Ainsi étaient vengés les prêtres... et les femmes [30]. On emprisonne, deux ans plus tard, un mauvais sujet, excommunié depuis plusieurs années. Comme on ne prête qu'aux riches, on lui attribue, en réponse à de bons chrétiens s'inquiétant de ses risques de damnation, l'affirmation selon laquelle « nous n'avions pas plus d'âme que les chevaux ». Niant ce propos, et menacé de prison perpétuelle, il explique plus sobrement que, s'il ne reçoit plus le corps du Christ, c'est parce qu'il n'a pas assez d'argent pour obtenir l'absolution [31].

Les fidèles de ce temps, femmes ou hommes, en vérité, sont fort angoissés. Une paysanne demande ainsi à un laboureur la conduite à tenir devant le désastre entraîné, par le gel, pour les vignes. Il lui répond confusément que cela dépend de Dieu, qui est bien vieux, mais d'autres témoins, dont l'un était fréquemment excommunié, assurent l'avoir entendu dire que le Créateur ne sait plus ce qu'Il fait et qu'il faut en inventer un autre. Si on Le laisse

30. ADA, G 4200, f. 9 r (1530).
31. ADA, G 4201, f. 8 r (1532).

agir, Il gâtera tout. Le gel des vignes et la perte des poires en sont la preuve. Contraint à se rétracter au bout d'un mois de prison, on l'envoya expliquer solennellement, à la grand-messe du dimanche suivant, que, contrairement à ce qu'il a pu dire, Dieu n'est pas trop vieux et ne gâte rien, qu'Il sait ce qu'Il fait et qu'on ne doit pas en créer un autre. L'amende infligée à ce théologien populaire mal inspiré fut lourde et les bonnes chrétiennes de son village édifiées par sa pénitence [32].

Plus on s'avance vers l'affirmation d'une première Réforme française, dont la Champagne abritera certaines des audaces les plus caractéristiques, plus les femmes peuvent y entendre des hommes tel ce menuiser troyen déjà rassis qui se moque des indulgences des hôpitaux de la capitale, doute du purgatoire et encore plus des prières pour les morts, attribue ces sornettes à l'intérêt bien entendu des prêtres. Ce fidèle original, qui croit que les pauvres âmes des défunts n'ont plus rien à voir avec les vivants, supplie ses juges, à genoux et les mains jointes, de lui pardonner des propos qu'il attribue à son goût invétéré pour la boisson et aux facéties qui en découlent. Ses auditrices renvoyaient certainement sa théologie à ces divertissements de cabaret dont elles craignent à juste titre les suites [33].

UN MONDE VIOLENT

Il arrive à ces femmes d'être violentes, surtout lors de rivalités entre matrones. Il arrive encore plus souvent à des filles isolées de subir la violence masculine. Mais ces agressions sont routinières tant le mâle se présente d'abord comme un être violent, même parfois s'il est clerc ou prêtre. Il est vrai que les premiers, simples tonsurés qui ne prononcent pas les vœux conduisant au sacerdoce et, fré-

32. ADA, G 4201, f. 32 r (1532).
33. ADA, G 4202, f. 84-86 (1535).

quemment, se marient, constituent une population remuante, instable et forte de ses privilèges. On les voit, dès le début du XVe siècle, jeter des pierres contre la porte d'un curé, se battre entre eux ou voler un vigneron. Ces artisans au statut clérical honorifique savent jouer de la dague et du couteau, frapper ou insulter les sergents de l'évêque, voler les chevaliers qu'ils servent et couper, dans les blés, les queues des vaches de ceux qui leur déplaisent [34].

On s'ébahit en 1466, à Troyes, d'une rixe survenue, devant les grandes écoles de la ville, entre un clerc et un chanoine. Il en coûte en revanche, dix ans plus tard, 100 livres et l'excommunication au malheureux qui ose traiter de « Bourguignon » un clerc champenois qu'il frappe avec un chaudron. Ces affrontements scandent l'existence de ce groupe composite mais fort représentatif d'une jeunesse masculine dont les débordements effraient particulièrement les femmes. A côté des apprentis pâtissiers frappés par leurs maîtres, on y rencontre, au début des années 1480, ces plaisantins qui, lors de la fête des fous, obligent les passants honnêtes à leur rendre un hommage douteux. Ils contestent leurs dettes, empruntent sous un faux nom, transportent leurs draps dans les tavernes où ils s'enivrent, volent avec effraction, arrachent les bornes [35].

Leurs violences, au jeu ou à l'auberge, sont innombrables. Ils méprisent les maires qui les font citer et fuient

---

34. Sur la violence, en général, au début des Temps modernes, parmi d'autres ouvrages de l'auteur (et à côté de ceux de Benoît Garnot), on peut suivre Robert Muchembled, *l'Invention de l'homme moderne. Sensibilités, mœurs et comportements collectifs sous l'Ancien Régime*, Paris, 1988. Excellente analyse d'un cas local contemporain proche du nôtre par Isabelle Paresys, *Aux marges du royaume. Violence, justice et société en Picardie sous François Ier*, Paris, 1998. On la complétera par le travail de Nicole Gonthier, *Délinquance, Justice et Société dans le Lyonnais... de la fin du XIIIe au début du XVe siècle*, Paris, 1993. On devait déjà à cette historienne un remarquable article : « Délinquantes ou victimes, les femmes dans la société lyonnaise du XVe siècle », *Revue historique*, 1984, p. 25-46. La meilleure présentation du monde des clercs se trouve, à mon avis, dans le chapitre liminaire du beau livre dirigé par F. Lebrun et consacré à l'*Histoire des catholiques en France XVe-XXe siècle*, Toulouse, 1980. Il est dû à Hervé Martin, fin spécialiste de l'étude des mentalités médiévales. Voir ici ADA, G 4179, f. 5 r, 39 v, 42 r, 48 r, 57 r, 65 r, 68 r, 81 r, 113 v, 136 v (1465).

35. ADA, G 4180, f. 13-14, 30 r (1466) ; G 4181, f. 17 (1483) ; f. 248 r., 249 v, 253 v, 258 r, 263 v, 268 v, 272 r, 276 v, 294-295, 311 v, 317 r, 343 r, 345 v (1484).

devant les accusations d'homicide. Couverts de coups ou d'égratignures, se respectant peu entre eux, ils se montrent d'autant plus audacieux que certains touchent de près au sommet de la hiérarchie locale. Aussi n'hésitent-ils pas, vers 1500, à crever les yeux de leurs ennemis ou servir de receleurs aux voleurs de monastères. Pour de l'argent, ils tirent l'épée, contre les prêtres ou les maîtres ès-arts. Afin d'obtenir la rémission de leurs meurtres, ils se frappent et se blessent, surtout lorsqu'ils sont chirurgiens [36].

Orfèvres, ils ne se montrent d'ailleurs guère plus honnêtes. La pelle en main, ils deviennent vite des assassins. S'ils peuvent trouver sévère d'être excommuniés pour avoir lancé un verre de vin à la figure de qui leur déplaît, rude d'être assaillis, au milieu de leur négoce, par le fermier du péage de Troyes, il leur est arrivé, parfois, dans leur jeunesse, de jouer à des paris stupides finissant par l'envol d'un couteau dans l'œil d'un tisserand [37]. Vers 1515, dans cette Champagne méridionale, la délinquance des clercs se marque à un recours immédiat aux armes dès qu'on conteste la récolte d'un pré ; elle pousse un maître d'école mal famé à troubler le tribunal du prévôt ; elle autorise ces privilégiés à refuser de payer la douane lorsqu'ils quittent la ville avec leurs marchandises. Coups et injures au cabaret, manœuvres frauduleuses, blasphèmes lors du heurt avec les autorités, accoutumance au meurtre et perversion des jours de fête : le tableau est sans doute déformé par la nature de la source qui le procure, mais il confirme l'étendue de la violence masculine [38].

Les prêtres, garants de la moralité publique et chers pour cela, on l'a vu, au cœur des femmes, n'y échappent pas. Agresseurs autant que victimes, ils sont frappés d'amende

---

36. ADA, G 4216, f. 73 r (1487) ; G 4217, f. 35 r (1489) ; f. 41 v, 50 v (1490) ; G 4183, f. 40 (1494) ; f. 243 v, 252 v (1495) ; G 4184, f. 5 v (1498) ; G 4217, f. 170 r (1499) ; G. 4186, f. 20 v (1501) ; G 4187, f. 138, 144 r (1503).

37. ADA, G 4217, f. 223 r (1503) ; G 4188, f. 138 r, 142, 147, 188 v (1504) ; G 4191, f. 219, 231 r, 234 r, 237-239, 243 v, 252 v, 297 v (1508).

38. ADA, G 4193, f. 21-22 (1515) ; 233 r, 239 r (1516) ; G 4194, f. 77, 115, 292-293, 298-299 (1516).

par l'official dès le début du XVe siècle. Cette tendance se poursuivra jusqu'en pleine Renaissance. Le clergé pourvu de l'ordination apparaît, à cet égard, aussi violent que la tourbe cléricale. Les religieux champenois de 1484 recourent également au bâton. Les chanoines ne sont pas moins querelleurs que les clercs et les chapelains aussi prompts à l'insulte née de la fréquentation du cabaret [39].

Les conflits d'intérêt entre curés se règlent par coups et blessures et tel pasteur, en 1519, se bat dans le cimetière avec ses paroissiens. Femmes et hommes, ils ne sont sans doute guère édifiés par ces prêtres qui se prennent au collet, s'injurient, s'assassinent. Il arrive d'ailleurs aux fidèles de les mêler à leurs rixes en se révoltant contre leurs amendes. Lorsque des vicaires se rencontrent à la taverne et s'avisent d'y discuter sur les sacrements, la dispute théologique peut se terminer en bagarre générale [40].

Ces prêtres participent d'une culture de la violence dont les femmes du temps ont à se prémunir. D'honnêtes maîtres d'école ne sont jamais sûrs d'éviter des agressions nocturnes qui les dépouillent de leurs biens. Les parents ne contrôlent pas avec assez de soin leurs garnements de fils et leurs tendances au vol ou au meurtre. A leur image, de jeunes insolents, déguisés en diables, troublent fort la ville de Troyes en 1483 [41]. Artisans ou seigneurs communient avec eux dans un culte de la force nue qui n'épargne pas même de bons ermites, soumis aux mauvais traitements des trublions. Tous les espaces publics offrent des occasions à cette violence qui ne respecte pas l'intervention des autorités, laïques ou religieuses. La première peut survenir dans des lieux de détente tels les bains. Elle pousse les cordonniers mécontents à se traiter d'« Auvergnat » et les familles d'officiels à tirer indûment des avantages économiques de

39. ADA, G. 243-245 (1403-1413) ; G 4216, f. 11 (1483), 35 r (1485), 57 v (1486), 66 v, 68 v (1487).

40. ADA, G 4218, f. 34 v (1519) ; G 4195, f. 43 v, 58 r, 74-75 (1521).

41. ADA, G 246 (1413-1416) ; G 4181, f. 17 (1483).

leur position. Tout Troyes retentit, en 1516, de la révolte de ses tailleurs de pierre contre les sergents [42].

*

* *

Comme la féminine, qu'on retrouvera, l'insulte masculine de l'époque est souvent lourde d'obsessions sexuelles. La plus fréquente, dans la bouche de prêtres dès le début du XVe siècle, concerne le cocuage. Il suffit alors à un clerc d'avoir reçu cette infâme appellation de « coupault » pour être gracié par le roi du meurtre qu'il commet immédiatement en riposte. Un bon prieur ne craint pas, en 1424, de traiter ainsi un fidèle qui lui déplaît ; il est vrai que, dès l'année suivante, ce chrétien douteux se révèle être un blasphémateur de la Vierge, puni en tant que tel par l'inquisiteur délégué dans le diocèse [43]. Dans un monde où l'on compte des hommes adultères jusque chez les clercs mariés, il est inévitable que l'accusation de cocuage joue un rôle dans la vie quotidienne. Symbole de l'irrégularité sexuelle, et, plus grave encore, déshonneur des familles, cette injure couronne, au milieu des affrontements verbaux, la kyrielle des termes infâmes. En 1501, un époux, traité entre autres gentillesses de « coupault sachant », demande à bénéficier d'une compensation à la hauteur du délit [44].

L'année suivante, lorsqu'un cordonnier de Villenauxe, demeurant près de l'église, a des démêlés avec ses voisins, mécontents de l'odeur s'exhalant des cuirs qu'il dépose au dehors, en un lieu sensible, il ne trouve rien de mieux, pour se venger, que de calomnier publiquement la sexualité conjugale d'un de ses confrères qui figure parmi ses adversaires. A l'en croire, cet honnête artisan est un méchant

42. ADA, G 4194, f. 115 (1516).
43. ADA, G 245 (1409-1413) ; G 246 (1413-1416) ; G 4171, f. 16 r (1424-1425).
44. ADA, G 4186, f. 22 r, 25 v (1501).

homme qui a sciemment livré sa femme aux gens d'armes pour qu'ils en fassent leur plaisir [45].

Un an se passe et, dans une auberge troyenne, un dimanche, deux clercs et deux prêtres vont boire après avoir joué à la paume. On se dispute pour le paiement de l'addition et, des insultes aux coups, la bagarre devient générale. Le représentant de l'autorité doit intervenir et, aboutissement de l'épisode, le prêtre mauvais payeur lui montre son derrière en le traitant de cocu. Cet extravagant vicaire du Christ se retrouve en prison [46]. Il n'a jamais qu'employé spontanément la gestuelle et le langage habituels de ses paroissiens, en particulier les jours de fête. Le 15 août de cette même année 1503, André Labbé a une curieuse façon de célébrer l'Assomption : il se jette sur Laurent Oudinot, à ses yeux cocu exemplaire, en criant : « Ta femme est une paillarde et une ribaude. J'ai eu affaire à elle plus de vingt fois avant qu'elle fût mariée et depuis. » Au bout d'une procédure de plusieurs mois, il s'en sort avec une amende de 30 sous [47].

Un habitant de Saint-Phal, Claude Payen, est, deux ans plus tard, agressé par un voisin, clerc de son état, qui, non content de le frapper grièvement, l'appelle « maquereau des prêtres ». Cette obsession de l'irrégularité sexuelle concerne fréquemment les membres d'un clergé condamné en principe au célibat. Mais elle est surtout au cœur des disputes des mâles du temps. L'un d'eux, en 1516, est agressé par un pelletier qui le traite, comme sa femme, de bâtard et poursuit furieusement : « Tu es mon fils, j'ai débauché ta mère plus de vingt fois, je t'ai engendré, fils de putain. » Le plaignant, qui demande 100 sous de compensation, en obtient le cinquième [48].

Les juges ecclésiastiques traitent avec une relative indulgence ce rituel sordide des querelles de cabaret qu'ils connaissent trop bien. Tel se manifeste, en tout cas, le sens

---

45. ADA, G 4187, f.10 v (1502).
46. ADA, G 4188, f. 69 v, 70 r, 79, 88 r (1503).
47. ADA, G 4189, f. 82 v, 92-93, 104 r, 115 r, 120 v, 124 r, 129 v (1503).
48. ADA, G 4190, f. 233 v (1505) ; G 4193, f. 200 v (1516).

de l'honneur conjugal cher aux Champenois dès qu'ils sont avinés. Le comble de l'insulte, à leurs yeux, est celle de « vilain coupault pour tout potage ». Un incident troyen de 1530 achève de livrer le sens profond de cette injure. Un clerc, notaire de l'officialité, cherchant gratuitement à provoquer un quidam, l'appelle d'abord « vilain Auvergnat » puis lui reproche d'avoir cinq ou six femmes. En retour, l'agressé lui réplique que lui au moins n'est ni borgne ni « coupault ». Interrogé sur la signification de ce dernier mot, il l'assimile au fait d'avoir la verge molle [49].

C'était exprimer la principale hantise des mâles de 1500. Fiers de leur virilité, ils estiment qu'elle entraîne automatiquement la fidélité conjugale, et inversement. Ils se méfient, en revanche, des comportements douteux tel celui de ce curieux curé de 1457 arrêté parce qu'il circule, le soir, dans son village, habillé en femme. S'ils n'apprécient pas qu'on leur dise qu'ils ont pris leur fiancée à l'essai, ils sont prompts à assurer aux chapelains qui leur déplaisent qu'ils aimeraient mieux porter leur argent au bordel que de leur faire chanter une messe. Assez étrangement, ils mêlent alors l'amour de Dieu aux filles publiques, pour mieux les élever au-dessus des prêtres procéduriers qui ne Le connaissent pas [50].

En ce monde qui ne manque pas de viols ou de violences sexuelles diverses, il peut assurément paraître grave aux chrétiennes, leurs victimes désignées, que les hommes d'Eglise, leurs défenseurs naturels, participent de ce cycle profane des irrégularités masculines. On n'inflige, en 1524, que 10 sous d'amende à un exhibitionniste de Maraye-en-Othe qui transforme l'église du lieu en une incitation à la débauche par les signes impudiques qu'il fait aux filles. Le tribunal de l'évêque préfère, d'ailleurs, ne pas décrire les premiers par le menu [51]. Il se montre plus explicite, deux ans plus tard, et, au reste, deux fois plus sévère, à propos d'un prêtre de Petit-Mesnil, mal embouché et volontiers

49. ADA, G 4200, f. 136 v (1530).
50. ADA, G 4174, f. 18 r (1457) ; G 4176, f. 97 r (1461) ; G 4188, f. 15 v (1503).
51. ADA, G 4218, f. 133 v (1524).

insulteur des autorités ; il accompagne ses beuveries au cabaret de proclamations de virilité. « Amène-moi une femme ici, dit-il au maire de village qui lui sert de souffre-douleur, et je la foutrai dessus cette table. » Et de montrer aux assistants, sans doute édifiés, la belle santé de son organe. Ce mâle déguisé en prêtre offre l'image même de ce que disent détester les femmes [52].

Elles sont aussi exposées à une maladie vénérienne inconnue des générations précédentes, la syphilis. On en retrouvera les suites dans les relations conjugales ou pré-conjugales. Mais, dès 1507, en Champagne, le terme de « naplier » et son emploi dans les injures des mâles témoignent de cette réalité inédite. Traité ainsi, un clerc se justifie d'avoir riposté en appelant son agresseur « coupault ». Il remarque que la première injure est beaucoup plus atroce, en sa nouveauté, que la seconde, traditionnelle et banale. La procédure apprend d'ailleurs assez vite que la victime a avoué, autrefois, avoir eu le mal de Naples. Dès l'année suivante, une femme, parlant de son mari qui est allé mourir à Paris, explique qu'il a dû quitter Troyes, deux mois avant, à cause de cette maladie [53]. La terreur qu'elle inspire vient désormais s'ajouter aux diverses menaces que la sexualité masculine débridée fait peser sur l'existence féminine. Son inscription dans la litanie des injures mâles atteste de la progression et de la banalisation du mal. En 1517, un potier d'étain troyen se plaint d'un clerc qui, non content de le battre devant ses voisins, le traite de « vilain naplier paillard infâme ». Ravi de posséder là un thème pour une fois original, le clerc précise que, naplier comme ses frères, le malheureux potier « gâtait toutes les femmes et les chambrières partout où il allait ». Ainsi, au milieu des obsessions propres aux insultes masculines, se complète la liste des hantises liées à l'agressivité sexuelle des hommes [54].

52. ADA, G 4197, f. 60 v (1526).
53. ADA, G 4191, f. 18 (1507) ; 218 r (1508).
54. ADA, G 4194, f. 45, 49 v (1517). Il est curieux que la syphilis, qui a tellement occupé les Temps modernes, ait si peu intéressé leurs historiens qui lui ont « préféré » la peste ou la folie.

LA PRÉSENCE DES FEMMES DANS LA SOCIÉTÉ

Accusatrices ou poursuivies devant les juges ecclésiastiques, les femmes ne sont pas seulement des victimes, des mineures ou des humiliées. Elles osent défendre leurs droits et ils sont souvent reconnus par la juridiction troyenne. L'impression la plus nette qui émane de ces débats est celle de l'égalité fondamentale entre les sexes. Elle paraît sortir naturellement des conditions de la vie sociale où hommes et femmes sont étroitement associés au sein des espaces privés ou publics et où leur solidarité semble encore plus importante que leurs affrontements.

Connus fréquemment par des surnoms familiers, les Champenois de la Renaissance appartiennent à un univers qui assigne à chacun un rôle au sein de la société patriarcale. Mais, à tout prendre, celui des femmes ne comporte pas que des désavantages. Fortes, en quelque sorte, de l'infériorité théorique que leur assigne l'idéologie officielle, elles sont, par exemple, traitées avec plus d'indulgence par les autorités judiciaires. Soumises en principe aux mêmes peines mais moins lourdement taxées, elles font l'objet d'égards particuliers lorsqu'elles se trouvent enceintes. En 1507, l'officialité annule une sentence de huit jours de prison qui se transforment en trois vendredis passés au pain et à l'eau après l'accouchement. Et il ne faut pas croire que les délais plus ou moins frauduleux dont est victime, huit ans plus tard, une orpheline de père, plaidant contre un mauvais coucheur, visent spécialement, en elle, l'infériorité féminine. Ces femmes, en vérité, savent se défendre [55]. De plus, lorsqu'elles apparaissent dans ces dossiers, les distinctions sociales transcendent les différences de « genre ». Les

55. Outre la position générale du problème indiquée par l'ouvrage de Françoise Héritier, *Masculin/Féminin, la pensée de la différence*, Paris, 1996, un bon point de départ de la question est à trouver, maintenant, dans l'article « Masculin/féminin » du *Dictionnaire raisonné de l'Occident médiéval* de Jacques Le Goff et Jean-Claude Schmitt, Paris, 1999. Voir, pour l'attitude des spécialistes des Temps modernes, l'ouvrage cité d'O. Hufton. Et *cf.* ici ADA G 4217, f. 10 v (1488), 78 *bis* r, 86 v (1492), 121 v, 127 r (1495) ; G 4190, f. 230 v (1505) ; G 4191, f. 135 r (1507) ; G 4198, f. 6 v (1527) ; G 4192, f. 279-280, 288, 291 r (1515).

nobles abbesses ou religieuses, les filles ou femmes de seigneurs jouissent d'une considération évidente. Si elles n'appartiennent pas au même monde que les mâles plus ou moins gueux qui les entourent, c'est, naturellement, tout à leur avantage [56].

Ces femmes, au sein d'un univers privé de ségrégation sexuelle, se mêlent souvent étroitement, dans le cadre des activités les plus diverses, aux faits et gestes de leurs compagnons. Deux prêtres, par exemple, se trouvant un jour de 1503 dans une taverne de Sézanne, tandis que l'un joue à la paume, l'autre chante, avec une fille, une chanson satirique ; cela a le malheur de troubler le premier. On ignore la suite de l'incident. La même année, une église de village recevant la visite du notaire de l'officialité, venu appeler à la dénonciation des agresseurs d'un ecclésiastique, c'est une pieuse fidèle du voisinage qui remplit la première ce devoir sacré de délation [57].

Associant le profane et ce qui l'est moins, femmes et hommes renseignent plus sur ce qui les rassemble que sur ce qui les sépare. Lorsqu'en 1508 l'officialité se déchaîne contre de malheureux habitants d'Isle-Aumont, coupables d'avoir joué aux quilles à l'heure des vêpres, elle dispose d'une femme parmi les témoins du scandale. Le 27 septembre 1536, jour de la fête de leurs saints patrons, les barbiers chirurgiens de Troyes partent solennellement en procession, « hommes et femmes du métier » ensemble. Ces dernières figurent ainsi aux premières loges pour assister à un affrontement de vanités qui ne sont pas que masculines [58].

Plus noblement, les Champenoises du temps poussent les hommes d'Eglise à remplir leur tâche avec soin. On retrouve cette revendication féminine, à treize ans d'intervalle, à l'origine des difficultés du curé de Saint-Parres-aux-Tertres, près de Troyes. Des dévotes de la paroisse proche

---

56. ADA, G 4171, f. 69 r (1449) ; G 4174, f. 52 r (1457) ; G 4180, f. 64 v (1466) ; G 4184, f. 28 v (1498) ; G 4202, f. 19 v (1534).
57. ADA, G 4188, f. 11, 22 r, 112 v, 113 r (1503).
58. ADA, G 4191, f. 269 r, 287 v, 288 r (1508) ; G 4203, f. 39 v (1536).

de Bouranton, dont il est aussi chargé, se plaignent, en 1516, qu'il ne s'en occupe pas : il a refusé d'y donner la sépulture à un enfant et d'y confesser des femmes enceintes. Furieuses, ces bonnes chrétiennes demandent à des parents et voisins, dont un noble, un notaire des foires de Champagne et un marchand de Troyes, d'aller lui demander des explications. On devine qu'elles furent rudes et qu'il en coûta cher à ce prêtre arrogant d'avoir mécontenté ses paroissiennes. La rixe survenue a pour témoin un laboureur, distant d'un demi trait d'arc mais prévenu par sa fille, accourue vers lui bouleversée : « Mon père, venez, on fait étrangler notre curé aux chiens [59]. » Le même pasteur, en 1529, ne satisfait toujours pas les marguilliers de Bouranton. Leur requête à l'official signale les ennuis causés aux chrétiennes du lieu par les visites trop expéditives du curé : les femmes qui allaitent sont obligées d'abandonner leur progéniture et celles qui se trouvent enceintes contraintes de courir, à peine habillées, pour entendre une messe dite avant le lever du soleil. Insensible à ces murmures féminins, le curé refuse de procéder aux baptêmes ou de célébrer l'office des morts. Il ne se préoccupe pas davantage d'assurer l'instruction des enfants d'un village très mal relié à Saint-Parres. Il y impose de plus, aux mères, des relevailles coûteuses. On devine les raisons du conflit, entre une exigeante demande féminine de sacré et les atermoiements d'un « fonctionnaire » clérical, enclin au moindre effort [60].

Les dévotes champenoises ne sont pas de cette eau. L'une d'elles, à Bouy-sur-Orvin, en 1537, emportée par son enthousiasme lors de la communion, souffle avec tant d'emportement sur l'hostie consacrée qu'elle la fait tomber par terre. Le malheureux prêtre, qui la ramasse pourtant avec respect, en est quitte pour des poursuites, 5 sous d'amende et la recommandation de se servir désormais d'un calice plus profond [61]. Ces fidèles décidées combattent

59. ADA, G 4194, f. 22-23, 34-36, 54-55, 71-72 (1516).
60. ADA, G 4199, f. 97-99 (1529).
61. ADA, G 4203, f. 56 r (1537).

le danger de peste avec autant de pieuse énergie, aux côtés de leurs compagnons. On rencontre, la même année, à Maraye-en-Othe, quatre d'entre elles étroitement associées à trois hommes en une curieuse entreprise. Ils sont tous persuadés que l'épidémie qui les frappe provient des méfaits du curé du lieu, qui a dirigé une procession à reculons. Ils pensent de plus que la peste cessera si on enterre, avec les morts, trois ornements appartenant à leur église et dont on recouvre les corps des défunts. Un des habitants étant décédé de ce mal, ce petit groupe d'activistes religieux, à majorité féminine, place ces draps dans la fosse qu'on lui a préparée et les enterre avec lui [62].

*

* *

L'exemple des lépreux confirme l'importance de la présence féminine dans la vie religieuse du temps et l'orientation qu'elle lui confère : solidarité plus ou moins orthodoxe des sexes et de l'ensemble de la communauté au service du meilleur rendement possible du sacré. Les réponses à fournir ne sont pas toujours évidentes, comme dans le cas de la peste où le vicaire de Maraye, par exemple, s'oppose à l'initiative magique recommandée par le marguillier. Mais c'est la pieuse intention des demandes qui compte surtout et celle des femmes est, à cet égard, d'une rare clarté. Reconnaître les lépreux des deux sexes et les isoler, honorablement, à l'écart des habitations, constitue toujours une sainte obligation sociale dans la Champagne d'alors. En 1501, une Troyenne est soupçonnée d'être atteinte du mal. Son époux est incité, par les juges ecclésiastiques, à la faire examiner par des médecins afin d'ôter ce motif de scandale. Il ergote sur le prix de la visite qu'il affirme ne pouvoir supporter, mais en vain car

62. ADA, G 4203, f. 69 v (1537).

sa femme a imprudemment déclaré le contraire auparavant [63].

De nombreuses affaires répètent, au cours des années suivantes, cette thématique du soupçon médical, de l'enquête et du règlement difficile de son montant. Elles concernent aussi bien les hommes que les femmes et, parmi celles-ci, en 1504, une servante de Villy-le-Maréchal y est visitée aux frais de l'église locale alors qu'elle n'en est pas originaire. L'ordre bureaucratique englobe ainsi une procédure qui est moins un phénomène d'exclusion que d'identification et de salut. Dans le Troyes de 1507, on se renvoie d'une paroisse à l'autre les lépreuses à faire examiner [64].

La destination de ces malheureuses, comme celle de leurs frères, est un habitat isolé, à l'écart des autres demeures. Ce mode de quarantaine n'est pas sans poser de problèmes, en particulier lorsqu'il concerne des gens mariés. On s'en aperçoit, en 1515, au conflit opposant l'un d'eux, lépreux depuis six ans, à des marguilliers auxquels il demande de faire réparer sa cabane, fournir du foin à son cheval et l'approvisionner lui-même en eau et meubles. Presque aveugle, démuni, il obtient satisfaction de l'officialité qui se méfie pourtant de sa femme, car elle le fréquente et peut donc contaminer les fidèles, lors des offices religieux en commun. On veille à l'empêcher, dans le cadre d'une logique d'exclusion progressive [65]. D'une manière

---

63. On se reportera, sur l'arrière-plan médiéval de la lèpre, à deux bons articles (G. Keil, « *Aussatz* », dans le *Lexicon des Mittel Altars*, t. Ier, Münich et Zürich, 1980, p. 1249-1257 et S.R. Ell, « *Leprosy* », dans le *Dictionary of the Middle Ages*, vol. 7, New York, 1986, p. 549-552) ainsi qu'aux récents et remarquables travaux de François Olivier Touati, *Archives de la lèpre. Atlas des léproseries entre Loire et Marne au Moyen Age*, Paris, 1996 ; *Maladie et société au Moyen Age : la lèpre, les lépreux et les léproseries entre Loire et Marne au Moyen Age*, Paris, 1996 ; *Maladie et société au Moyen Age : la lèpre, les lépreux et les léproseries dans la province ecclésiastique de Sens jusqu'au milieu du XIVe siècle*, Paris et Bruxelles, 1998. Cet historien note bien l'attitude relativement positive du temps, sur le plan religieux, à l'égard de ces malades. On regrettera, là encore, que la prolongation de leur situation au beau XVIe siècle n'ait pas été, jusqu'ici, scrutée avec assez d'attention. *Cf.* ADA, G 4185, f. 150 v (1501).

64. ADA, G 4186, f. 91 r (1501) ; G 4190, f. 141 r (1504) ; G. 4191, f. 103 v, 119 v (1507) ; 219 r, 307 v (1508).

65. ADA, G 4192, f. 14-15, 27, 100 v, 129 r (1515).

générale, l'officialité traque les lépreuses, qu'il fallait identifier ou « enfermer », et recommande surtout aux paroisses de fournir, à leurs ressortissantes atteintes de ce mal, la cabane, le puits et tout le nécessaire indiqué en ce cas. Cette année-là, le 6 mai, le synode troyen se préoccupe beaucoup de la lèpre qui diminue ses effectifs ou à propos de laquelle il convient de se renseigner, dans les campagnes, sur ceux qui en sont victimes. En novembre, dans la paroisse Saint-Rémy, les marguilliers s'acharnent contre une veuve soupçonnée du mal et dont l'examen médical a été renvoyé depuis un an. Ils exigent de la justice ecclésiastique qu'il ait lieu au plus tôt mais on le reporte encore à six mois de là [66].

La lèpre, qui sépare les époux, peut les réunir. En 1526, un habitant de Fouchères, qui en est convaincu, ira demeurer chez sa femme, lépreuse depuis longtemps, à condition que sa cabane soit suffisante pour deux. On se méfie, en revanche, des malades qui, tel, l'année suivante, un homme marié de Saint-Rémy-les-Bruyères, persistent à fréquenter conjointe et parents en bonne santé. Le danger de contamination, par la sociabilité féminine et religieuse notamment, était évident ; les juges ecclésiastiques le redoutent et prennent des mesures contre lui. Mais l'incertitude fréquente du diagnostic et le souhait du lépreux de mener la vie commune les entravent. La justice ecclésiastique veille à préserver, par la menace d'excommunication notamment, la séparation entre purs et impurs [67]. Cela explique le nombre des visites médicales.

Rien n'était simple et une femme de Nogent-sur-Aube, également en 1527, triomphe des soupçons de lèpre : les autorités en sont quittes pour les dépens. La cohabitation entre nouveaux lépreux en quête d'installation et habitants des communautés du voisinage ne va pas sans difficultés,

---

66. ADA, G 4193, f. 193 v ; G 4194, f. 15 r, 26 r, 30 v, 45 v, 57 r, 121 v, 327 (1516). Bonne étude du cadre ecclésiastique dans lequel sont prises ces décisions par Marc Venard, *les Statuts synodaux de Troyes au début du XVIe siècle*, *Vie en Champagne*, 1975, n° 360, p. 16-20.

67. ADA, G 4197, f. 77 v (1526), 146-147 (1527).

en particulier à propos de l'entretien du malade et de ses fréquentations avec les personnes saines. Un épisode, datant de 1529, le confirme en rappelant que les femmes sont, la plupart du temps, du côté de celles-ci et rarement bien disposées envers les lépreux [68]. Une veuve, Jeannette Galois, et une femme mariée, Renée Lelorrain, s'opposent au marguillier de Charleville, près de Sézanne, qui a prétendu accorder la jouissance du puits commun à un nouveau lépreux de l'endroit. Elles accablent le marguillier de pierres et le blessent grièvement. Poursuivies et interrogées, elles expliquent aux juges que ce puits, situé au milieu du village, appartient à la communauté et que tous y boivent, enfants compris. D'où leur fureur lorsqu'elles constatent qu'on le destine aussi aux besoins en eau d'un lépreux. Tout en prétendant n'avoir blessé que par accident la victime, elles se scandalisent de le voir déclarer accessible à de tels malades un bien communautaire essentiel.

Ces villageoises intervenaient pour faire respecter ce qu'elles considèrent, sans charité excessive pour les exclus, comme un droit collectif ancestral. Présente dans la vie socio-économique ou dans les manifestations du sacré, encore plus sensible aux épouses et aux mères qui s'envisagent naturellement comme les tenants de la tradition, la solidarité est moins un lien entre femmes que la participation éminente de celles-ci à la défense de la communauté et d'abord de ses conditions de survie.

---

68. ADA, G 4198, f. 2 v (1527) ; G 4199, f. 12 r, 94 r, 97 v (1529). Voir dans un autre cadre, sur l'importance de cet élément de la vie quotidienne, Brice Collet, « Les anciens puits de la ville de Troyes : l'eau dans la ville », *in Vie en Champagne*, n° 456, 1994.

2

Les proies

SORCIÈRES ET VIOLÉES

A côté des solides matrones et des épouses honorables et respectées, l'univers féminin de 1500 comporte sa cohorte de filles vulnérables et fragiles, humiliées et offensées. Ce destin concerne aussi les femmes victimes d'accusations de sorcellerie ; il caractérise surtout celles qui souffrent d'agressions sexuelles collectives. Les juges ecclésiastiques de Troyes s'occupent très peu, alors, de la folie féminine. Tout au plus le synode de 1516 apprend-il que l'on se plaint, dans une localité, du comportement de deux filles insensées. Par ailleurs, une sentence contemporaine, due au vicaire de l'inquisiteur général de France, vise, en la personne d'une femme mariée de Morvilliers, Jeanne Combellin, une mystique détraquée qui a l'habitude de voir Dieu en son domicile, sous la forme d'un enfant ou d'un petit chien [69].

Conformément à la situation générale d'une Europe occidentale qui, sauf exceptions isolées, réprime peu la sorcellerie entre 1400 et 1540 (il ne faut pas confondre, à ce propos, les réalités sociales et les fantasmes de la démonologie), les archives sont très sobres sur ce sujet. Elles confirment deux de ses caractéristiques principales, à savoir la

69. ADA, G 4194, f 57 r (1516) ; G 4497.

routine villageoise des accusations de voisinage contre des femmes fréquemment considérées, par tout ou partie d'une communauté, comme des sorcières et, d'autre part, l'abondance de la fréquentation (souvent féminine) d'une magie, rurale ou urbaine, souvent masculine. Sur ce dernier point, nombreuses sont les femmes de la région à avoir consulté, en 1457, les devins orientaux de passage, à qui elles montrent leurs mains pour connaître l'avenir ou conduisent leur mari. Diversement punies, elles bénéficient parfois de remises d'amendes lorsqu'il s'agit de pieuses et pauvres femmes. L'épouse d'un barbier est ainsi allée consulter ce type de concurrent pour guérir son mal de tête [70]. On voit aussi un clerc meunier victime de sa crédulité et persuadé, par un prétendu médecin et maître en sciences, que, s'il met une certaine herbe dans la main droite de sa femme, il saura s'il est cocu. Il fait l'expérience et en est quitte pour donner un marc d'argent à l'Eglise. Au même moment, on n'inflige qu'une livre de cire à une femme qui a consulté un sorcier. La peine est du double pour une autre qui, afin de guérir un porc malade, le lave avec de l'eau bénite et s'en vante [71].

Les Champenoises paraissent ainsi plus consommatrices que productrices de magie, à l'image d'un monde qui s'en nourrit comme l'atteste ce chapelain qui porte sur lui un papier que lui ont donné des hommes d'armes afin de guérir des fièvres. Il signale aux enquêteurs qu'il ne manque pas d'émules. Dans la bonne ville de Troyes, un cordier, Jean Marnot, écope de 3 livres de cire pour s'être mêlé ouvertement de sortilèges en 1487. On le retrouve, vingt-huit ans plus tard, toujours consulté et prospère dans ce commerce. Un chirurgien, fils de médecin, qui le connaît depuis longtemps, ne paraît guère ému de sa réputation très assise de « sorcier vaudois ». Elle est fort honorable, en effet, puisqu'il a la spécialité de retrouver l'argent perdu.

70. Bon rappel de l'imprégnation magique du temps, dans la perspective de l'histoire des femmes, par l'ouvrage cité d'O. Hufton, p. 332 et s. *Cf.* ici ADA, G 4174, f. 46 v, 50 (1457).

71. ADA, G 4176, f. 91 r (1461) ; G 4177, f. 96 v (1462) ; G 4179, f. 87 v (1465).

Ses anciennes pratiques le recommandent aux nouvelles qu'il peut parfois décevoir. Une de ses clientes de 1515 lui a donné, à sa demande, un morceau de lard pour faire apparaître une éclipse. Il part avec la viande et la femme ne le revoit pas [72].

La Champagne de la fin du XVe siècle est pleine de ces charlatans qui se vantent de leurs séjours et de leurs cures à la Cour et dans les capitales. De simples devins de village n'hésitent pas à porter des accusations de sorcellerie contre des femmes. En 1503, l'un d'eux apprend aux frères d'un prêtre décédé que sa maladie provient d'un sort que lui ont jeté une veuve et sa fille : ce spécialiste a vu ces « vaudoises sorcières » dans un miroir et ses clients bondissent chez elles pour les accuser de la mort de leur frère [73].

Cinq ans plus tard, un tisserand sexagénaire avoue volontiers aux juges ecclésiastiques qu'il traite, depuis une décennie à peu près, enflures, fièvres ou jaunisses. Il lui suffit, pour cela, de l'herbe qui pousse dans son jardin. Il envoie aussi, parfois, ses malades chez l'apothicaire. Sa fille, qui lui sert de secrétaire, lui apporte son précieux livre dont les figures prétendument magiques correspondent en fait à de simples modèles de son premier métier. Il s'en autorise pour attribuer les maladies de ses clients à telle ou telle femme nommément désignée. Et de recommander aux premiers de battre les secondes, s'ils les rencontrent, afin de guérir. De pareils conseils ne trouvent pas de sceptiques car les soupçons pèsent déjà sur les futures victimes [74].

Ces guérisseurs bénéficient d'une immense demande. En 1516, on reproche ainsi à un habitant de Rieux d'avoir eu foi en l'un d'eux qu'il a consulté pour sa femme malade. Elle est morte, au bout de quatre ans, « toute sèche ». Son mari a vu, auparavant, ce prétendu « bon médecin » et lui a parlé d'elle. Il lui a montré, à sa demande, son urine et ce mage lui a expliqué qu'elle avait dans le corps de petits ani-

72. ADA, G 4179, f. 148 r (1465) ; G 4217, f. 2 v (1487) ; G 4193, f. 3-5 (1515).
73. ADA, G 4188, f. 17 v (1503).
74. ADA, G 4191, f. 284-285, 303-306, 310-312, 315 (1508).

maux qui lui brûlaient le foie. Si on faisait bouillir ensemble de l'orge et de la limaille, et si elle absorbait ce breuvage pendant neuf jours, cela améliorerait son état. Elle eut beau évacuer beaucoup d'impuretés, elle n'en mourut pas moins. Mais lorsque le veuf, par la suite, rencontre le guérisseur à la foire de Sézanne, celui-ci lui dit que sa femme ne serait pas morte s'il était venu le trouver à nouveau ; lui-même doit prendre garde à sa santé en se protégeant au moyen de la magie [75].

Tel est l'environnement social et psychologique des accusations concernant alors les rares sorcières champenoises poursuivies. Le mardi 6 novembre 1487, par exemple, on inflige une amende de 60 sous et 3 livres de cire à une femme mariée de Fontvanne, Jeanne Villain. Elle est connue dans le voisinage, depuis au moins quatre ans, pour user de sortilèges et dire certaines paroles sur les blessures. Sept ans plus tard, les juges ecclésiastiques sont en présence de deux types d'accusation où la pression sociale de la communauté est plus évidente. La première concerne une femme mariée de La Forestière, Marguerite Chorier, et sa fille Henriette. Celle-ci, d'ailleurs, qui est enceinte et prête à accoucher, ne peut comparaître et est excusée par son mari. Toutes deux sont victimes de la rumeur collective qui fait d'elles des sorcières. La mère tente de s'en disculper en se rapportant, sur leur conduite, à ce que peuvent en certifier le curé et toutes les bonnes gens du village. En 1502 encore, pourtant, cette honnête chrétienne, qui a toujours reçu les sacrements, demeure entourée de suspicion et, pour beaucoup de ses voisins, il est clair « qu'il la fallait brûler » [76].

Une autre femme mariée, demeurant à Chalautre-la-Grande, s'est étonnée, en 1494, devant les juges ecclésiastiques, qu'un couple voisin la traite constamment de « sorcière et vaudoise » alors qu'elle fréquente l'église comme les autres. Dans cette affaire, le maire de la localité semble

75. ADA, G 4194, f. 44 v, 49 v (1516).
76. ADA, G 4216, f. 71 v (1487) ; G 4183, f. 43 (1494) ; G 4187, f. 100 r (1502).

plutôt favoriser les accusateurs que la plaignante et son mari. On peut ranger à côté de ce type de conflits une autre imputation de sorcellerie adressée à une villageoise, en 1503, par un voisin disant d'elle « qu'il ne fallait plus que des fagots pour la brûler ». Il explique au tribunal de l'évêque qu'il a simplement attribué de méchants propos de cette femme sur lui à l'attitude « d'une vaudoise et d'une sorcière » [77]. L'accusation de sorcellerie est toute prête, en cas de querelles de voisinage et de rupture des solidarités communautaires. Les femmes n'en sont pas des victimes privilégiées ; elles peuvent figurer, au contraire, comme accusatrices et les couples font fréquemment bloc dans ce genre d'oppositions qui concernent souvent des gens mariés. Elles ne sont pas encore considérées comme une affaire des plus graves. En 1516, trois voisins, accusés d'avoir traité de sorcière et vaudoise une femme mariée de Villenauxe, expliquent à l'officialité qu'en tant que laïcs ils n'ont pas à répondre de cette injure devant elle. Il y a surtout, à leurs yeux, prescription puisqu'ils l'ont lancée depuis plus de deux ans. Les insultées ont beau avoir la mémoire longue, l'accusation de sorcellerie relève souvent des routines du langage [78].

*

* *

Les victimes féminines des agressions sexuelles de bandes de jeunes mâles appartiennent davantage au domaine du réel. Le monde occidental n'a pas attendu l'ère baroque pour connaître dans ses campagnes le triomphe du rapt

77. ADA, G 4183, f. 63-64, 200 r (1494) ; G 4188, f. 18 r (1503).

78. Sur les traces de l'admirable *Religion and the Decline of Magic* de Keith Thomas (1970), malheureusement toujours inédit en français, Robin Briggs vient de présenter une interprétation sociologique de la sorcellerie et de sa répression aux Temps modernes, d'après les archives lorraines (*Witches and Neighbours*, Londres, 1996), qui périme, je l'espère définitivement, les élucubrations romantiques souvent enfantées à ce sujet. On appréciera en particulier, dans ce travail, du point de vue qui nous occupe, un remarquable chapitre sur « *The gendering of witchcraft* » (p. 259-286). *Cf.* ici ADA, G 4194, f. 110-111 (1516).

organisé, parfois suivi de viol. Ces méfaits, où les clercs ont souvent plus que leur part et dont les auteurs peuvent être des fils de recteurs d'école, ne restent pas toujours impunis. On poursuit les violeurs et la justice ecclésiastique ordonne sereinement leur torture lorsqu'ils sont convaincus de leur crime ; les sergents qui y procèdent reçoivent alors un salaire de 5 sous tandis que d'autres agresseurs de femmes sont exposés au pilori, la tête recouverte d'une mitre de dérision [79].

En général, il s'agit d'un groupe de jeunes désœuvrés, rassemblés un jour de fête et montant une expédition contre les concubines de curé dont le pays est rempli. Profit personnel et salubrité publique se voient également satisfaits par ces entreprises où l'ordre moral, sinon religieux, est vengé, à leur façon, par la violence des mâles. Cinq d'entre eux, dont un clerc, viennent ainsi, un dimanche soir de 1457, dans la maison du prieur de Rhèges. Ils y pénètrent de force, s'emparent de la servante qui se sauve en chemise, l'entraînent au-dehors et, selon leurs dires, la connaissent charnellement sans qu'elle s'y oppose. Il est vrai qu'elle ne porte pas plainte et que son maître a été déjà condamné à 20 sous d'amende par les autorités à cause de leurs relations irrégulières [80]. Il en coûte, en revanche, l'année suivante, 20 écus d'or à un clerc d'Aix-en-Othe, auteur, avec ses complices, d'un complot beaucoup plus criminel. Ils ont organisé, en effet, dans la forêt locale, une entreprise armée fort élaborée visant à rançonner les servantes de plusieurs curés du grand voisinage ! Ils partent, à la nuit, pourvus de bâtons ferrés, d'arcs et de flèches [81].

D'autres agressions sexuelles collectives mélangent, de façon encore plus complexe, le souci de purification

---

79. La meilleure étude sur la signification historique du viol à cette époque reste celle de Jacques Rossiaud, « Prostitution, jeunesse et société », *Annales ESC*, 1976 (2), p. 289-336. J'ai trouvé moins à prendre dans *Histoire du Viol XVIe-XXe siècle* de Georges Vigarello, 1998. *Cf.* ici ADA, G 245 (1409-1413) ; G 247 (1450-1474).

80. ADA, G 4175, f. 5 v, 8 r, 14 r (1457).

81. *Ibid.*, f. 73 v (1458).

morale et la simple pulsion. En 1466, un prêtre, prieur de Brienne-le-Château, accompagné de plusieurs camarades, se rend de nuit dans la maison d'une veuve où se trouve une jeune femme qu'ils saisissent de force et conduisent d'abord devant un prévôt. Ils l'emmènent ensuite dans une cave où ils tentent de la violer. Un clerc, impliqué, dit, pour s'excuser, qu'il s'agit d'une grande blasphématrice, habituée à jurer sur le sang du Christ et à renier Dieu. En la conduisant en prison, sur les ordres du prévôt, ses accompagnateurs essaient de joindre l'agréable à l'utile. On devine, devant pareil épisode, une réalité qu'on retrouvera : cette société abrite son lot de filles quasi publiques, considérées comme perdues d'avance et dont le mâle estime pouvoir faire ce qu'il veut [82].

Ce genre de lâcheté se commet souvent en bandes. Les méfaits de l'une d'elles, en 1516, remplissent des centaines de pages de la procédure ecclésiastique. Le 13 juin, sept clercs troyens sont partis à la campagne dîner chez un aubergiste. Ils commencent, pour s'amuser, par bombarder de pierres la maison d'un prêtre voisin. Ils envahissent ensuite son logis, le rouent de coups, l'humilient en buvant son vin, l'insultent et le menacent de lui couper les couilles ; ils l'abandonnent après l'avoir détroussé. C'est pour répéter l'opération chez un collecteur de tailles puis pour semer la panique dans les rues du village en y battant femmes et enfants : « Par le sang Dieu, soit hommes soit femmes, on leur mettra leurs tripes en leur giron. » Ils menaçent aussi le pays d'un incendie. Mélange de jeunes plutôt mal famés et d'honnêtes (?) artisans, accompagnant les marchands revenant de Lyon ou allant à Paris, les auteurs de cette facétie douteuse, qui nient le pire, ont sans doute trop bu. Leur tapage et leurs exploits rappellent l'atmosphère de violence masculine à laquelle les femmes du temps sont sans cesse confrontées [83].

Elle dégénère fréquemment en viol collectif, lequel

82. ADA, G 4180, f. 175 v, 206 v, 211-212 (1466).

83. ADA, G 4194, f. 120 v, 130-138, 143-144, 152-154, 156-158, 178-189, 199 r, 208-209, 232 v, 265 v, 292 r. *Cf.* ADA 4204, pour la suite de la procédure jusqu'en 1521 (161 f^os^.).

prend la forme stéréotypée de l'agression « purificatrice » de la concubine de curé. A Saint-Nabord, celle-ci reçoit ainsi la visite, en 1462, un dimanche soir, d'une dizaine de joyeux compagnons conduits par un clerc célibataire. La servante est emmenée dans les champs voisins où on la connaît charnellement contre sa volonté. Quatre ans plus tard, quatre individus font irruption dans la maison du prieur de Saint-Phal et le surprennent couché avec une jeune femme. Les agresseurs tirent les couvertures, emportent la femme au-dehors et la violent [84]. Il arrive à ces bandes de jeunes de s'en prendre à des filles légères mais qui ne sont pas liées à des prêtres. Au début des années 1470, par exemple, cinq clercs dont deux frères, après un dîner sans doute copieusement arrosé chez un aubergiste troyen, se rendent à une maison où ils savent en trouver. Ils frappent à la porte, entrent, font lever la fille du lit et l'entraînent en cotillon. Dehors, ils la jettent à terre et la violent l'un après l'autre. L'un deux l'emmenant, les autres les poursuivent, la ramènent et en abusent à nouveau [85].

Des opérations de police peuvent offrir une occasion de viol. En 1483, deux clercs mariés, l'un prévôt, l'autre sergent, vont chez un habitant de Pryns qui les accuse, auprès des juges ecclésiastiques, d'avoir débarqué vers minuit sous prétexte de l'emmener à la prison pour dettes. Ils le font sortir de chez lui et en profitent pour enlever sa belle-sœur Adeline qu'ils violent. Les intéressés, à qui l'on demande 100 livres de réparation, affirment bien sûr leur innocence : ayant appris que le plaignant, quoique sans biens, possède beaucoup de fruits chez lui, ils s'y rendent vers 8 heures du soir, y trouvent des pommes et veulent l'arrêter comme voleur [86].

Des femmes réussissent à résister à leurs violeurs, voire à les ridiculiser. En 1503, un samedi soir, après avoir soupé avec des compagnons, un clerc de Sézanne décide, selon le

84. ADA, G 4177, f. 129 r (1462) ; G 4180, f. 61 v, 64 r (1466).
85. ADA, G 4302, f 26 v (1473-1475).
86. ADA, G 4181, f. 48 r (1483).

schéma classique, d'aller avec eux à la maison d'un prêtre qui loge avec sa servante. Ils heurtent à la porte ; la femme paraît à la fenêtre et leur demande ce qu'ils veulent. Ils lui disent qu'un seigneur du voisinage, de passage, veut s'entretenir avec son maître. Elle répond qu'il est couché et indisposé. Revenant à la charge et prétendant avoir besoin de parler à l'ecclésiastique, ils réussissent à se faire ouvrir et, à peine entrés, saisissent la servante et tentent de la violer en jurant qu'ils la travailleront fort. Bonne psychologue, elle parvient à se débarrasser d'eux en leur donnant de quoi aller boire. Le clerc en est quitte pour un écu et une livre de cire [87].

Treize ans plus tard, deux de leurs semblables, d'Aix-en-Othe, sont poursuivis pour une tentative de viol encore plus piteuse. Un dimanche, sortant d'un champ de blé, ils s'avancent vers Jeanne Jeanninet qui s'en retourne à Villemoiron où elle demeure, portant son enfant dans ses bras. L'un d'eux la saisit et cherche à l'entraîner en l'assurant que « par la vertu Dieu ils la chevaucheraient ». Comme elle résiste, il lui présente 10 sous pour qu'elle lui cède. Souffleté par elle, il lance, furieux : « Orde putain m'as-tu battu ? » Posant calmement son enfant à terre, elle persiste à se défendre avec succès contre des agresseurs dont l'un se contente de la menacer et de l'insulter. Ils s'en tirent en donnant 50 sous à l'officialité et 40 chacun au mari [88].

*

* *

Il y a des affaires plus graves, confirmant le climat de violence sexuelle. Deux d'entre elles surviennent cette même année 1516. La première concerne une femme mariée, Perrette Lambert, qui a mis son petit garçon en nourrice chez un vigneron de Barberey-aux-Moines. Elle

87. ADA, G 4188, f. 76-77, 84 r (1503).
88. ADA, G 4194, f. 141-142 (1516).

lui a rendu visite le jour de la Saint-Denis et décidé d'y rester la nuit. L'homme est déjà couché, sa femme et Perrette se déshabillent devant le feu pour en faire autant, lorsqu'on heurte à la porte. La maîtresse de maison se trouve en présence de deux clercs mariés du voisinage qui prétendent vouloir acheter des alouettes. Ils ont tôt fait de dire au vigneron qu'il a ce soir-là deux femmes, donc une de trop, et qu'il leur faut celle qui n'est pas la sienne. Celle-ci intervient en expliquant qu'ils n'auront ni Perrette ni elle. Ils partent en indiquant qu'ils reviendront plus nombreux. Les deux femmes se couchent dans le lit où se trouvent déjà le vigneron et son valet. Une ou deux heures après, les clercs réapparaissent avec des complices. Ils forcent l'entrée, tirent Perrette du lit en la frappant, l'emmènent dehors en chemise. Après l'avoir traînée dans les champs en la rouant de coups de bâton, ils la violent à tour de rôle. En la ramenant, ils menacent de lui couper la gorge si elle porte plainte. L'un veut lui donner de l'argent, elle refuse. Les enquêteurs s'étonnent de son silence. Elle répond qu'elle a essayé de crier mais que ses agresseurs lui ont fermé la bouche et menacé de la tuer si elle continuait. De plus, on ne peut l'entendre car la maison où on l'a attaquée est éloignée des autres. Le vigneron, voyant sa demeure envahie, est monté au grenier chercher sa javeline mais ne l'a pas trouvée. Les accusés nient l'accusation de rapt, confirmée par témoins. Le spectacle des instruments de torture ne les amène pas à changer d'avis. Condamnés à quarante jours de prison jusqu'à Noël et au versement de 60 sous à Perrette, ils font appel [89].

Une autre affaire contemporaine concerne une jeune fille de Villy-le-Maréchal, Jeanne Jaquet. Orpheline de père et âgée de vingt ans, elle habite chez sa mère, remariée. Un soir de fête, un clerc de la localité et plusieurs de ses amis du voisinage, dont un domestique, viennent heurter au domicile de Jeanne. La mère, devant ce vacarme, entraîne sa fille dans le grenier. Mais la bande de jeunes mâles

89. ADA, *ibid.*, f. 293-296, 299-300, 303, 310.

enfonce la porte, part à la recherche de Jeanne et la découvre. Ils l'entraînent dehors, l'emmènent dans le jardin et l'y violent à tour de rôle. Le clerc, parmi eux, est le plus timide et ne se décide à participer au viol que lorsque Jeanne, qui le connaît, a le visage couvert par la main du domestique. Mais la violée réussit à l'écarter, en l'égratignant, et à identifier le clerc. Elle explique aux juges ecclésiastiques que, terriblement battue par ses agresseurs, elle n'a plus pu, depuis, travailler comme servante. Selon la procédure habituelle, elle demande que le clerc la prenne pour femme ou lui donne 100 livres de dot. Après l'incident, il est allé se réfugier à Isle-Aumont, sous divers prétextes ; on l'y arrête mais il nie tout. Les témoins ont fait preuve de très peu de solidarité. Un vigneron voisin, appelé au secours, en cette nuit d'automne, par le beau-père, n'a pas bougé. Un barbier a bien accompagné la mère, venue le chercher (« Ma pauvre fille est perdue »). Il s'est contenté d'observer le tumulte. Une voisine, couchée avec son mari et entendant appeler au meurtre, regarde entre deux planches et, comme elle veut intervenir, se fait expliquer par les agresseurs : « Nous ne voulons point faire de mal, nous voulons prendre une ribaude. » Elle ferme sa porte et recommence à regarder le spectacle offert par ces prétendus justiciers. Le maire de Villy est informé de l'agression et, au bout de quelques jours, diligente une enquête. Elle a pour résultat de faire quitter le pays aux accusés. Mais le principal d'entre eux ne craint pas de revenir. La mère de Jeanne est allée trouver le prévôt d'Isle-Aumont, où il a fui, afin de demander justice. Il y eut un décret de prise de corps mais, caché par son père dans une grange, le clerc s'étonne d'être poursuivi pour si peu de chose [90].

Ce type d'agression sexuelle appartient depuis longtemps aux habitudes sociales. Rite initiatique collectif des bandes de jeunes mâles, il s'accompagne de justifications pseudomorales. On en observe encore les effets dans une affaire survenue à Troyes en 1534. Une nuit d'été, un lendemain

90. *Ibid.*, f. 350-352, 354, 357 v, 392 v, 395 v, 454 r.

de fête, une douzaine de jeunes gens, dont un clerc artisan de vingt-cinq ans, s'en prennent à une maison contiguë à celle où demeurent Jeanne Closier, fille célibataire de trente ans, et une autre femme. La première se lève et questionne les assaillants sur ce qu'ils veulent, puisque personne n'habite où ils heurtent. Ils viennent la voir en criant « Ouvre l'huis de par le roi ». Comme elle l'explique aux enquêteurs, elle refuse puisqu'il ne s'agit pas des veilleurs de nuit. Ses agresseurs ont tôt fait d'enfoncer sa porte, de monter dans sa chambre et, lui montrant un couteau, de lui demander si elle aime mieux être égorgée ou jetée par la fenêtre que de venir avec eux. Contrainte à se lever et s'habiller, elle est conduite au lupanar puis sur les remparts de la ville. Ses ravisseurs l'y tiennent une demi-heure et trois au moins la violent. Elle a reconnu le clerc parmi ceux qui envahirent sa chambre. Mais, comme il ne l'a pas, alors, touchée et qu'elle ne sait s'il appartient au groupe qui l'emmène, elle ne lui réclame rien. Il est, dans l'immédiat, libéré sous caution tandis que, semble-t-il, ses complices courent toujours [91].

UN GIBIER D'ÉGLISE

En ce lot de victimes désignées, les maîtresses de prêtres occupent une place importante. Leur sort n'est pas toujours misérable ou inquiétant. Ne possèdent-elles pas l'avantage de partager la vie d'un notable de village, du père spirituel de la paroisse ? Cette association peut rejaillir favorablement sur leur destin. En revanche, la nature du lien qui les unit à leur amant est rarement acceptée par la communauté. Objet de scandale ou d'irritation, elle fait des femmes qui le nouent un thème de commérage, d'envie ou d'hostilité de la part des voisins et, de plus en plus, des autorités ecclésiastiques.

Depuis le début du XVe siècle, le concubinage des desser-

91. ADA, G 4202, f. 33 r.

vants de cures est régulièrement réprimé par les juges de l'officialité. Ils frappent de lourdes amendes les prêtres qui refusent de renvoyer leurs servantes ou continuent à former avec elles des couples interdits. Ces vaines injonctions, contre une Marion Chappiau-Vert, par exemple, en 1424, ne semblent guère efficaces. Leur répétition même atteste leur inutilité. Il faut excommunier, en 1442, Jeannette de Chanteregnousse qui persiste à fréquenter un honnête prieur. Des deux côtés, on tient à cette relation enracinée dans les mœurs du temps. Les amendes ont beau pleuvoir, comme en 1457, des vicaires du Christ passent toujours leurs nuits avec de jeunes femmes. Les curieux escaladent les murs des maisons des curés pour les y apercevoir [92]. Poussant loin l'audace, au regard de ses supérieurs, tel abbé, en 1461, donne la communion à Jeannette, sa concubine, qui n'appartient pas à sa paroisse. Elle n'en était pas moins, de fait, sa femme aux yeux des fidèles. Cinq ans plus tard, c'est un chanoine de l'église Saint-Etienne de Troyes que l'on poursuit pour ses relations coupables avec une religieuse du monastère de Notre-Dame-aux-Nonnains [93].

Ce type d'affaires encombre les procédures de l'officialité. Elle s'occupe, en 1483, d'une Perrine qui a été la maîtresse du chapelain de Sainte-Maure. Devant ce cas notoire de concubinage, des hommes d'armes ont envahi le presbytère, saisi Perrine et l'ont mise à rançon. Accusé du scandale, le curé explique que cette femme, ce jour-là, est simplement venue préparer et servir le dîner qu'il offrait à l'occasion de la fête du village. Il admet que Perrine a été sa maîtresse mais assure qu'elle ne l'est plus [94]. A Marcilly-le-Hayer, l'année suivante, la rumeur accuse le chapelain de mener une pareille existence. Ne voit-on pas, sous son toit,

92. ADA, G 243 (1403-1406) ; G 244 (1406-1411) ; G 245 (1409-1413) ; G 246 (1413-1416) ; G 4171, f. 8 (1424), f. 10 r (1424), f. 13 v (1424), f. 33 r (1442), f. 34 v (1442) ; G 4174, f. 6-9 (1457), f. 10 v (1457) ; G 4175, f. 82 v (1458).

93. ADA, G 4176, f. 87 v (1461) ; G 4180, f. 48 r (1466). Les archives de l'abbaye troyenne de Notre-Dame-aux-Nonnains sont conservées aux archives départementales de l'Aube, série 22 H.

94. ADA, G 4181, f. 152 v (1483).

deux lits, séparés sans doute par une cloison mais dont les occupants peuvent se retrouver ensemble la nuit ? Ainsi s'enflent les suspicions du voisinage, cette grande force sociale du temps. Elles ne sont pas toujours gratuites. L'officialité punit ainsi un prêtre de Clesles de 40 sous d'amende pour un concubinage d'un an avec une Jeanne ; son ancienne associée en reçoit 20 [95].

Il en coûte 60, en 1489, au curé de Villeneuve-La Lionne dont la servante, il est vrai, a accouché chez lui de ses œuvres. Ces amants cléricaux deviennent souvent des pères de famille. Leur existence est obsédée par les problèmes financiers nés de leurs relations irrégulières et de leurs fruits. Le curé de Villeneuve-aux-Riches-Hommes, en 1494, compose, avec l'évêque, pour 10 écus d'or, à propos de sa liaison avec une religieuse demeurée sa maîtresse malgré de nombreux avertissements. La même année, le promoteur de l'officialité estime que le prieur de Précy-Notre-Dame s'en tire à trop bon compte en recevant, de la part de l'abbé dont il dépend, quinze jours de prison pour avoir défloré une autre Jeanne, sa fille spirituelle, et lui avoir fait un enfant [96].

Les fidèles observent sans doute que les desservants trop pressés et peu consciencieux, qui les confessent en chemin, à travers champs, ou n'oublient pas leur profit, sont en même temps des spécialistes du concubinage. Les premiers exagèrent, peut-être, en leurs accusations et tel curé, qui en est la victime, peut faire observer aux autorités ecclésiastiques que la Marion qu'on lui reproche, depuis quatre ans, est une sexagénaire des plus honorables et des moins tentantes. Tous ses confrères ne sont pas contraints à ce respect des canons et un prêtre troyen de 1495, surnommé de Pigney, reçoit si souvent la visite de sa tendre amie

95. ADA, G 4181, f. 240 r, 277 r (1484) ; f. 324 v (1484). Sur le voisinage, nous renvoyons une fois pour toutes à l'étude pionnière de Robin Briggs citée plus haut. *Cf.*, dans une perspective différente mais significative, le récent travail d'Anne Bonzon, *l'Esprit de clocher. Prêtres et paroisses dans le diocèse de Beauvais (1535-1650)*, Paris, 1999.

96. ADA, G 4216, f. 125 r (1489) ; G 4217, f. 112 r (1494) ; G 4183, f. 30 r, 50 r, 101-102, 112 v (1494).

Guillemette qu'on l'appelle familièrement, dans le quartier, la Pignée. Ses voisins reprochent ouvertement sa liaison à ce Jean Oger qui les rembarre en leur expliquant qu'il n'est pas un ange et que l'évêque ou les paroissiens n'ont rien à dire s'il reçoit une femme de temps en temps. Provocateur, ce clerc audacieux brave les racontars en apostrophant ceux qui le surveillent dans sa rue, leur confirmant que sa maîtresse est bien entrée dans sa chambre et qu'il ne peut l'empêcher de passer une heure avec lui. Il affirme hautement préférer ce type de rapports sexuels, « de mois en mois », à l'attitude de ses pareils qui s'adressent, pour satisfaire leurs besoins, à des femmes mariées ou des voisines [97].

Plus enracinés dans leur cure, ses confrères ruraux gardent moins de détachement et de sérénité en leurs irrégularités. A la fin des années 1490, le chapelain de Bouilly, poursuivi par l'officialité pour avoir défloré et eu longtemps pour maîtresse une de ses paroissiennes que, par ailleurs, il entend en confession et à qui il donne la communion, joue âprement de son influence auprès des fidèles du cru, et de toutes les arcanes de la procédure, afin d'éviter une punition. Elle menace d'autres vicaires du diocèse, victimes de leurs relations avec, par exemple, la Troyenne Jeannette la Réveillée, la bien nommée. Elle fait partie de ces nombreuses servantes qui procurent des enfants à leurs patrons cléricaux ou contribuent à leur adoucir l'existence [98].

*

* *

Il arrive aux plus astucieux d'entre eux de les marier, lorsqu'ils les engrossent, à un naïf paroissien. C'est le cas, en 1499, à Maclaunay, pour Guillemine dont l'époux demande que le chapelain du lieu se charge, à sa naissance, de l'enfant dont sa femme accouchera puisqu'il en est le père. Le mari assure n'avoir appris qu'après leurs noces les

97. ADA, G 4183, f. 128-129 (1494) ; f. 183 v, 195 v, 208 v, 212 r, 215 v (1495).
98. ADA, G 4184, f. 96-99 (1498) ; f. 118 v, 120 v, 123 r, 124, 127 v, 132 r (1499).

expériences antérieures de Guillemine. Le prêtre les accuse tous deux, au contraire, d'abondants rapports prénuptiaux. Il ne ressemble pas à ses pareils reconnaissant leur paternité malgré le scandale et distribuant généreusement, à l'orpheline qui partage leur couche, des ornements ecclésiastiques afin d'en faire des vêtements pour leurs enfants [99].

Certains de ces vicaires partagent leurs faveurs entre plusieurs servantes. Ils certifient, lorsqu'on les inquiète, qu'ils ne recueillent de pauvres filles, même enceintes, que par charité, pour les mettre à l'abri des tracasseries des mauvais garçons. Ils proclament également qu'elles ne couchent jamais qu'avec d'autres femmes. Mais leurs propres liaisons, prolongées ou multiples, concernent aussi des veuves ou des épouses de leur paroisse ; ils peuvent, dans ce dernier cas, offrir de l'argent à l'appui de leurs tentations [100]. En 1505, à l'instar de nombre de ses confrères, un prêtre de Villeneuve-lès-Charleville, qui a publiquement pour concubine une Jeanneton, se la fait enlever, un beau jour, par des jeunes gens qui se sont rendus chez lui. Il n'échappe pas aux 40 sous d'amende et à l'emprisonnement de rigueur. Ce gibier féminin d'Eglise, qui sert de fondement à ces menus drames de la vie quotidienne, est parfois connu en ses réactions plus personnelles. Trois ans après, Guillemette, l'une des deux maîtresses du chapelain troyen de Notre-Dame-aux-Nonnains, court le dénoncer à l'official parce qu'elle vient de le découvrir, un matin, en compagnie de sa rivale. La première, qui a passé six semaines avec l'ecclésiastique dans sa chambre du presbytère de Saint-Jacques, a été battue et mise à la porte par lui. D'où sa fureur contre Isabelle, la nouvelle. Guillemette, qui a été conduite auprès du prêtre par une vieille femme à son service, se dit enceinte de ses œuvres. Le chapelain poursuivi s'occupera de l'enfant à naître, s'il est prouvé qu'il est de lui par la date de l'accouchement. Les juges d'Eglise, qui

99. ADA, G 4184, f. 126 r, 148 v, 154 r (1499) ; 135 v, 153 (1499).

100. ADA, G 4184, f. 142 v (1499) ; G 4188, f. 21 r, 36 r (1503) ; f. 134 r (1503) ; f. 178 r (1504) ; G 4189, f. 65 v (1503) ; G 4190, f. 249, 251 r (1505).

le punissent, lui demandent de n'entreprendre aucun attentat contre Guillemette [101].

Ces prêtres peuvent être des curés ruraux, frayant avec des lingères, ou des clercs nomades, célébrant quotidiennement la messe sans permission, flanqués depuis fort longtemps de leurs servantes épouses et de leur progéniture. Parmi les premiers, celui de Villeneuve-aux-Riches-Hommes, en 1519, fait avorter sa maîtresse, ce qui lui vaut la prison et 2 écus d'or d'amende. La peine est parfois trois fois plus lourde dans des cas semblables mais moins tragiques. Elle est naturellement plus légère, en 1521, pour un prêtre troyen se vantant simplement, comme d'un rare mérite, de ses nombreux succès féminins. On l'interdit dans le diocèse. On est plus sévère, au même moment, pour les vicaires de campagne qui reçoivent, au presbytère, des filles de mauvaise vie. Ou pour les vieux prêtres ruraux qui conservent une ancienne liaison avec une ex-servante maintenant quadragénaire [102].

Trois prêtres de Saint-Jean-de-Bonneval sont poursuivis, au printemps 1526, par l'officialité. Leurs différents cas montrent l'enracinement du concubinage ecclésiastique dans la société du temps et ses liens avec la prostitution populaire. Le premier admet une relation de dix ans avec une Catherine qui lui a donné des enfants. Il a cessé de la voir depuis un an et observe que leur couple, connu de beaucoup, n'a jamais choqué. Le deuxième avoue quelques rapports charnels, « depuis la Saint-Rémy », avec une Claudienne ; elle vient d'accoucher durant la semaine sainte et il ne sait si c'est de son fait. Il l'a, au reste, renvoyée depuis quinze jours. Quant au dernier, il a rompu, au bout d'un an, avec la Basquette. Des gens d'armes l'ont emmenée, il y a trois mois, et il ne l'a plus revue. Leurs juges les emprisonnent plusieurs semaines, leur font payer des écus d'or et

101. ADA, G 4190, f. 279 r (1505) ; G 4191, f. 299-302, 307-308 (1508).

102. ADA, G 4192, f. 62-64 (1515) ; G 4194, f. 401 r, 403 r, 406-407 (1517) ; G 4218, f. 23 v, 31 v (1519) ; 68 v, 72 v (1521) ; G 4196, f. 18 r (1522).

s'engager à ne plus garder de concubines comme à cesser tout rapport avec des femmes de mœurs suspectes [103].

La surveillance de ces comportements est peut-être plus étroite en ville. A Troyes, un prêtre, accusé de relations scandaleuses avec une Jaquette, ne rencontre guère de voisines charitables. Echo du bruit public, elles s'estiment peu édifiées par cet entretien domestique du péché de chair. Et de se navrer de voir leurs enfants en faire des chansons lors de leurs courses à travers les rues. La Réforme chrétienne produisait déjà ses effets répressifs. On venait de découvrir, à Saint-Jean-de-Bonneval, un quatrième prêtre concubin. Plus original que ses confrères, et selon un schéma déjà rencontré, il a marié sa maîtresse à un paroissien après qu'ils ont eu un enfant que ce prêtre fait élever. Il a beau affirmer qu'il a cessé de fréquenter sa Jeanne depuis son mariage, il n'échappe pas à huit jours de prison, un de jeûne et 2 écus d'or d'amende. La peine, au fond, est légère [104].

Un chanoine de Pleurs, dont on se méfie depuis longtemps, est beaucoup plus lourdement frappé l'année suivante. Il a pour maîtresses deux sœurs qui lui ont donné chacune un enfant. Ainsi se poursuit la litanie des enquêtes sur ces ecclésiastiques de campagne, apparemment si friands de femmes de mauvaise réputation. Lorsqu'on interroge les premiers, ils se disent souvent fort incertains de la virginité des secondes au moment où ils les connurent. Le curé de Pleurs est dans ce cas au sujet de la première de ses maîtresses. Il est sûr, en revanche, d'avoir défloré sa sœur dix-huit mois après. Il assure l'official que, du moins, il ne les a jamais ouïes en confession de même qu'il n'a pas entretenu de liaison simultanée avec les deux [105].

*

*   *

---

103. ADA, G 4197, f. 2 r, 11 r, 28, 31.
104. ADA, G 4197, f. 85 r, 89 r, 114, 120 v (1526) ; f. 90-91 (1526).
105. ADA, G 4218, f. 184 v (1527) ; G 4197, f. 145 v (1527) ; 147 v (1527) ; G 4198, f. 7 r, 9 r, 14-15 (1527).

On aborde là le picaresque. Pendant presque une semaine de 1529, un prêtre de Radonvilliers héberge une fille de mauvaise vie dans la chambre haute de la maison prieurale. Cette pièce sert de lieu de repos à l'évêque de Troyes lorsqu'il vient. Or, en partant, la gourgandine coupe et emporte un morceau d'une courtine de soie qui garnit le lit. Tout le pays en aurait été scandalisé et le prêtre, emprisonné, se voit menacé de 100 écus d'or d'amende. Il s'en tire pour le vingtième avec la recommandation de respecter la chasteté. On retrouvera cette affaire, fort évocatrice de la place de la prostitution populaire dans la vie sociale du temps. L'accusé commence par tout nier et même faire appel. Mais il doit s'expliquer sur le bruit selon lequel c'est un religieux d'un monastère voisin qui a amené la fille au prieuré [106].

A ce moment, un autre ecclésiastique en appelle des peines de l'official. Il s'agit du vicaire de Neuvy, véritable don Juan champenois puisque amant d'une liste impressionnante de paroissiennes parmi lesquelles plusieurs sœurs. L'homme est un habitué des fêtes patronales des villages voisins ; il porte arbalète et arquebuses. Il s'y exerce avec de gais compagnons et fait célébrer sa messe par quelqu'un d'autre. Il tient le brelan chez lui, pour un nombreux public. Cette forte personnalité, emprisonnée, se défend habilement à propos de ses relations, trop belles et trop nombreuses. Il avoue certains de ses ébats, mais non les sexuels, et explique qu'il a caché une arquebuse dans son église pour empêcher que les gens d'armes la prennent. En lui ôtant son office et lui infligeant 4 écus d'or d'amende, on le prie de ne plus demeurer avec des filles soupçonnées d'inconduite ou de ne pas les fréquenter dans des endroits suspects comme, bien sûr, de ne pas porter d'armes offensives ni de jouer aux quilles, en public, avec des laïcs [107].

Deux affaires, survenues en 1530, achèvent de confirmer

106. ADA, G 4199, f. 17 v, 37 v (1529).
107. ADA, G 4199, f. 33 v, 82 v, 88 v, 90 v (1529).

ces différents types de liaisons dangereuses. Le curé de Courcemain avoue des relations coupables avec la cousine germaine d'une veuve, son ancienne maîtresse. La première lui a donné un enfant et, sans savoir s'il l'a déflorée, il ne peut prouver qu'un autre l'ait fait. Il en est quitte pour 3 écus d'or. Quant à un prêtre d'Arcis, toute la ville a été choquée de le trouver en tête à tête, dans sa maison, avec une femme publique. Il a de plus la réputation d'un blasphémateur. Originaire d'un autre diocèse, arrivé depuis peu dans la cité pour y recueillir la succession d'un oncle, il assure avoir rencontré par hasard cette inconnue qui prétendit être sa cousine. C'est en raison de cette parenté qu'il l'a conduite dans son logis où il lui donna à boire et manger sans que rien d'autre se soit passé. Il n'était pas facile, alors, d'échapper à la vigilance inquisitoriale du voisinage [108].

Un ultime épisode de ce genre permet de pénétrer, ce qui est rare, dans l'intimité d'une de ces concubines. Nous sommes au printemps 1536, à Linçon. Toute la communauté s'y dit persuadée que les grêles, les intempéries, les calamités qui l'accablent proviennent de l'inconduite de son vicaire. Après avoir été déjà averti au sujet d'une première maîtresse, il en a entretenu une autre, Marguerite, que des gens d'armes auraient même prise au scandale des paroissiens. L'accusé reconnaît seulement une cohabitation de deux ans avec elle, interrompue depuis trois semaines par une punition ecclésiastique. Marguerite n'est dès lors revenue qu'une fois chez lui, en son absence, pour reprendre des affaires qu'elle avait laissées. Apercevant des gens d'armes, elle se serait sauvée dans l'église. Des témoins, vignerons du voisinage, précisent son profil. Il y a six semaines encore, cette « belle jeune commère » vivait aux côtés du vicaire et de ses activités religieuses en même temps qu'elle partageait son lit. C'est alors que, craignant les gens d'armes, elle se serait enfuie dans l'église, cachée derrière l'autel pendant plusieurs messes célébrées en leur

108. ADA, G 4199, f. 191 r ; G 4200, f. 113-114.

présence. A leur départ, elle retourne à la maison de son amant. Il est vrai, en revanche, que, depuis Pâques, on ne l'y a plus vue alors qu'elle y séjournait régulièrement avant, de jour et de nuit. Cela faisait murmurer les paroissiens et entraîna la punition du vicaire, condamné à une amende de 4 écus d'or. Il fera appel. Le plus intéressant, cependant, concerne une scène datant d'un an. Un des vignerons se trouvait, un dimanche, chez le vicaire, avec un cousin et Marguerite. Le premier partant pour assister à la messe qu'allait dire ce prêtre, la maîtresse de celui-ci l'en dissuade : « N'y allez point car il a eu affaire à moi cette nuit et va chanter. J'aimerais autant voir la messe d'un diable... N'y allez point. Laissez-le là. » Tous trois, alors, boivent, mangent mais ne se rendent pas à l'église [109].

Juridiction épiscopale, l'officialité troyenne voit passer devant elle plus de maîtresses de séculiers que de réguliers. Mais ces derniers, depuis le début du XVe siècle, ne manquent pas de concubines. En 1526, l'orpheline d'un honnête bourgeois, enceinte des œuvres d'un religieux, reçoit 20 sous d'amende pour être allée le trouver dans la chambre de son monastère afin d'avoir des rapports sexuels avec lui. Elle possède pour émule la Guillemette qui se rend plusieurs fois, de jour et de nuit, dans ce couvent afin d'y consoler un jeune moine sans vocation. Dans ce dernier cas, c'est la mère de la fille qui, d'après le religieux, a été à l'origine de sa démarche. A en croire son amant, d'ailleurs, le trésorier de ce monastère reçoit, dans sa chambre, sa propre maîtresse, une femme mal famée à qui il arrive de prendre des coups lors des disputes des moines. Guillemette y est venue régulièrement, de mois en mois, mais son amant assure qu'il ne l'a jamais gardée, chaque fois, plus de trois ou quatre jours. Ses mœurs, pourtant, le font emprisonner par son supérieur. Celui de Chantemerle, quatre ans plus tard, est sans doute plus laxiste puisqu'un de ses religieux, qui a l'habitude de quitter, la nuit, son

109. ADA, G 4203, f. 8-9, 12 r, 17-18, 35 v.

monastère et courir par le village, l'épée au côté, est convaincu de relations coupables avec une femme surnommée la Romaine. Il en a eu des enfants et s'en tire, cette fois, avec une amende de 2 écus d'or [110].

LES PROSTITUÉES

Les mauvais lieux champenois sont sans doute multiples et les hommes mariés s'y rendent à leurs risques et périls. Mais, autour de 1460, le lupanar troyen a pignon sur rue et son utilité sociale est officiellement reconnue, y compris par les autorités religieuses. Des prêtres le fréquentent, y battent les filles de la maison ou les enlèvent et les jettent dans la rivière. En 1461, un client mauvais payeur nous fait connaître quelques-unes des dames de l'établissement. L'épouse du tenancier houspille l'indélicat avant d'être agressée par lui. Une de ses filles, Isabelle la Poussine, saisit aux cheveux ce « ruffian » qui s'indigne d'être battu par ces paillardes, prend un pot de moutarde et veut le jeter à la figure de la tenancière. Il est enfin poussé dehors par cette Perrette et une autre prostituée, Michelonne la Bretonne. Par dépit, il revient à 2 heures du matin briser la fenêtre de la Poussine et la blesser à la poitrine. Soucieux de l'honneur et de la sécurité des putains officielles, les juges ecclésiastiques infligent 30 sous d'amende à leur agresseur [111].

Trente ans plus tard, le lupanar troyen est toujours l'objet des visites des vicaires éméchés. Il leur arrive d'y rencontrer de joyeux compagnons qui, par respect de l'ordre social, leur enlèvent leurs vêtements et les conduisent à la prison du roi. Saisie, l'officialité peut les punir de 60 sous

110. ADA, G 244 (1406-1411) ; G 4218, f. 161 v (1526) ; G 4197, f. 56 v, 61-63, 140 (1526) ; G 4200, f. 135 r (1530).

111. L'étude de la prostitution dans la France de 1500 a été entièrement renouvelée par le célèbre article de J. Rossiaud cité plus haut. On y ajoutera, pour le milieu concerné par ce livre, Michel Turquois, « La prostitution à Troyes au XVIe siècle » *in le Beau XVIe siècle troyen*, Centre troyen de recherches et d'études Pierre et Nicolas Pithou, 1989, p. 129-136. *Cf.* ici ADA, G 246 (1413-1416) ; G 4175, f. 2 r (1457) ; G 4176, f. 84 v, 88 r, 163 r (1461).

d'amende. L'existence est d'ailleurs toujours aussi difficile, en cet endroit, pour les filles que pour les clients. En 1499, l'un d'eux, tanneur de son état et marié, après avoir bu avec les prostituées de l'établissement, en emmène une aux latrines situées devant les boucheries de la ville. Il y abuse d'elle et lui prend son argent. Elle en est vengée par les 40 sous d'amende qu'il reçoit du tribunal de l'évêque. Le lupanar est aussi un lieu de rendez-vous habituel pour les mauvais garçons de la cité qui fuient les sergents à travers rues et cimetières. En 1500, l'un de ces chenapans, clerc célibataire, est accusé d'avoir battu et volé une des filles de la maison : surnommée Beau Front, elle ne manque pas de défense et sait jouer du couteau [112].

On retrouve, en 1515, le lupanar troyen et son attrait irrésistible sur les prêtres de la ville, à l'occasion des ennuis qu'y connaît l'un d'eux. Il le hante régulièrement mais a le malheur d'y être invité, un soir, par les serviteurs du roi des merciers. Ces gais lurons lui enlèvent sa robe alors qu'il est couché avec une des filles. Quatre d'entre elles certifient qu'il s'agit d'un bon client, souvent admis dans leurs chambres secrètes. Ce pauvre homme a la curieuse idée d'expliquer aux juges de l'officialité qu'il est venu là pour un motif honnête. Nicole, l'une des filles, lui aurait demandé plusieurs fois le testament de sa défunte mère dont elle rêve souvent. Elle a aussi requis de ce bon prêtre qu'il célèbre une messe pour elle quand il sera de loisir. C'est dans le cadre de cette direction spirituelle qu'il a été surpris par les enquêteurs. Peu dupes, ceux-ci lui interdisent de s'approcher désormais du voisinage même du lupanar [113].

Ce dernier est loin de posséder le monopole des filles publiques. Les « inorganisées » fournissent un bon lot des relations irrégulières des prêtres. Au cours des années 1480, un vicaire de Saint-Etienne de Troyes passe la nuit, dans son église, avec une femme de mauvaise vie. Lorsque ses

112. ADA, G 4216, f. 84 v (1488) ; G 4217, f. 175 v (1499) ; G 4185, f. 95-97, 110 v, 113-115 (1500).

113. ADA, G 4193, f. 69 r, 75-75 (1515).

pareilles circulent devant son cloître, il les appelle ouvertement et les conduit dans sa chambre au grand scandale des voisins. Il s'en tire avec 10 livres d'amende [114]. Ses confrères se justifient de leurs liaisons en expliquant qu'ils n'ont jamais couché qu'avec des prostituées dont on jurerait pourtant de la vertu à les écouter. Telle cette Agnès qui, en 1494, accuse le chapelain de Saint-Liébaud. Elle est sa maîtresse depuis trois ans ; il l'a déflorée et lui a fait un enfant. Elle vante sa virginité et sa réputation compromise par ce père spirituel qui, tout en abusant d'elle, a continué à l'entendre en confession et lui administrer les sacrements. Cette fille lui demande au moins une dot de 22 livres. Si le curé admet une liaison de deux ans, qui s'est poursuivie à Troyes après les couches, il nie avoir confessé cette paroissienne ou lui avoir donné la communion depuis quatre ans ; il affirme surtout que son inconduite est notoire. Il lui serait facile de prouver qu'elle est entièrement décriée en raison de ses relations avec le seigneur du cru, les gens de son château et d'autres amants. Un des vicaires de la cathédrale, qui sert de caution au chapelain, a assisté, un mois avant, à sa tentative d'arrangement avec cette ancienne maîtresse. Il avait pensé en être quitte pour trois aunes de drap mais on devine qu'Agnès ne s'en est pas satisfaite. Malheureusement pour elle, les témoins qu'il produit achèvent de mettre en doute son honnêteté. Ils la décrivent comme perdue de réputation. On l'a trouvée un jour derrière une grange, avec un garçon surnommé le Bâtard ; comme il rattache ses vêtements, il admet qu'il vient de faire l'amour avec Agnès. Les mauvais bruits, à Saint-Liébaud, courent sur elle depuis sept ans. Il suffit pour cela qu'on l'y ait fréquemment rencontrée, seule avec un homme, dans des endroits douteux. Le chapelain s'en tire pour un écu d'or [115].

A côté de ces filles publiques de la campagne, leurs homologues urbaines continuent, au début du XVIe siècle, à

114. ADA, G 4216, f. 75 r (fin de 1487).
115. ADA, G 4183, f. 146-147, 157 r, 162 r, 170 r (1494).

égayer la vie des ecclésiastiques. L'un d'eux, chapelain rural pourtant, loue une chambre à Troyes et vient y coucher la moitié de la semaine. Il y amène des femmes de mauvaise vie dont l'une est surnommée la Pigolette. Plusieurs de ses confrères accourent également s'y réjouir avec elles et ce logement, à l'indignation des voisins, se transforme en un lieu permanent d'accouplements interdits. L'air y résonne de couplets dissolus. Comme un des témoins réprobateurs a traité le prêtre de maquereau, celui-ci répond que ne l'est pas qui veut. L'entourage est horrifié par ces femmes qui affluent entre chien et loup pour coucher avec ce vicaire du Christ et ses pareils. Certaines restent dans la chambre une semaine sans en sortir. Sourdes aux remontrances, elles jouent aux cartes avec leurs amis prêtres, peu soucieuses de leur vie déshonnête [116].

On a vu qu'à la campagne leurs semblables ont parfois des ennuis. En 1508, le chapelain de Brevonne, qui héberge, un soir, une fille de douteuse réputation, reçoit la visite de trois compagnons, dont deux clercs, attirés par le scandale. L'un d'eux monte sur le toit du presbytère, descend par la cheminée avec une corde et ouvre la porte. Lorsqu'ils découvrent la suspecte, le curé leur donne, astucieusement, de quoi aller boire. Il doit payer un écu d'or contre 20 sous seulement pour chacun de ses agresseurs. La même peine frappe, en 1515, deux ecclésiastiques troyens surpris par des voisins, dans la chambre de l'un d'eux, en compagnie de deux femmes publiques. Ou, l'année suivante, le chapelain des Essarts, qui entretient, dans sa maison, Nicole, une fille débauchée, avec qui il a des relations coupables. Les écuyers d'un seigneur de la région l'y trouvent et les emmènent tous deux, le prêtre et sa putain, par les rues, à l'ébahissement des habitants. L'intéressé reconnaît des rapports charnels avec cette fille qui est restée, quelques jours seulement, dans sa chambre. Cela s'est passé uniquement de jour car la nuit, assure-t-il, elle va coucher ailleurs [117].

---

116. ADA, G 4190, f. 39-41 (1504).
117. ADA, G 4191, f. 209 v (1508) ; G 4192, f. 116-118 (1515) ; G 4194, f. 66 r (1516).

Au même moment, un chapelain de Lhuitre fait connaître une ultime facette de cette prostitution rurale. Il a eu pour maîtresses, pendant près de deux ans, deux sœurs, orphelines, ses paroissiennes. La première a près de trente ans et la seconde moins de vingt. Cette dernière, qui est partie, avait déjà eu un enfant lorsqu'elle imita sa sœur. Le prêtre et elle couchaient tantôt chez l'un tantôt chez l'autre. Tout est dit, sans doute, par le premier qui observe que ces filles avaient si mauvaise réputation qu'elles n'osaient se montrer, de crainte des hommes d'armes. Leur cousin germain, boulanger et tavernier du lieu, avoue que l'aînée était déjà considérée, avant l'arrivée du chapelain, comme une femme publique. Il se souvient d'un dialogue édifiant entre elle et son amant. Comme il la poursuit, un jour, jusque chez son cousin, en la frappant et lui disant : « Va ribaude tu m'as dérobé », elle rétorque : « Va putier tu m'as déshonorée » [118].

*

* *

Certaines de ces prostituées de la campagne, devant lesquelles fondent les cœurs cléricaux, peuvent être plus flamboyantes. C'est le cas, en 1515, d'une Jeanne, présentée comme « abandonnée à tout le monde » et qui survient, vers Pâques, à Hancourt. Ancienne servante d'un potier d'étain de Chavanges, elle a été entretenue par le fils d'un seigneur voisin. Lorsqu'il la quitte, elle devient la maîtresse du noble chapelain de Hancourt, sans doute flatté de pareille succession. Ses paroissiens en sont courroucés et lui font des représentations. Il s'en moque comme du mécontentement de ses parents. Son père, en particulier, qui n'a pu surprendre Jeanne au presbytère, menace de la rosser d'importance et de lui couper le nez s'il la rencontre. Une véritable expédition armée est montée, une nuit, par plusieurs compagnons ; les agresseurs heurtent à la porte en

118. ADA, G 4194, f. 112-114, 123, 128 (1516).

disant : « Baillez-nous cette garce. » Le curé assure qu'elle n'y est pas. Ils insistent : « Baillez-nous-la, nous vous la rendrons incontinent. » Devant son refus, les pierres pleuvent et l'entrée est enfoncée. Jeanne sort et menace les assaillants : « Qui êtes-vous par la vertu Dieu ? Je vous fourrerai ce couteau au ventre. » Ils la désarment pendant que le prêtre leur annonce qu'il va chercher du renfort au château de son père. Ses ennemis, fiers de leur capture, se rendent avec elle à Margerie où ils font boire à leur santé. Mais le chapelain revient bientôt, accompagné de tous les hommes de sa famille, indignés par le pillage de sa maison. Armés d'épieux, de javelines, d'arbalètes et de flèches, ils fondent sur les malveillants au son du tambourin. Un de leurs compagnons, fils d'un laboureur de Margerie, qui n'y est vraiment pour rien, reste sur le carreau malgré les soins que lui prodiguent les filles de sa maison. Quant à Jeanne, elle disparaît [119].

Ses pareilles ont parfois affaire à de simples laïcs. Elles jouent également, en ce cas, la comédie de la vertu offensée, comme Jeanne Vincent, d'Aix-en-Othe, qui fait présenter sa plainte, le 12 octobre 1504, par sa mère car elle relève de couches. Elle accuse un jeune voisin, fréquentant la demeure de son père et qui lui a promis de la prendre pour femme, l'a séduite, elle si chaste, et engrossée. Elle demande qu'il l'épouse ou s'occupe au moins de l'enfant. L'intéressé admet des rapports charnels avec elle, cinq mois avant, mais signale sa mauvaise réputation. Le mois suivant, parmi les témoins qu'il fait entendre, un tavernier de cinquante ans, qui connaît Jeanne depuis l'enfance, raconte que des jeunes gens, consommant à son établissement, ont ainsi commenté sa récente plainte contre l'accusé : « S'il prend l'enfant, je m'y opposerai car j'y ai ma part », dit l'un ; « Est-ce à dire que tu y as besogné à tes pièces ? » questionne l'autre. Et de recevoir cette réponse : « Il est vrai et

119. ADA, G 4193, f. 38 v, 40-41, 51-55, 61-63, 66 r, 69-71 (1515).

si chacun qui y avait besogné y avait pièce il n'y aurait guère grosse part [120]. »

En 1515, Jeannette Ancillat, de Vaupoisson, porte plainte contre un clerc célibataire d'une localité voisine chez qui elle a servi. Apparemment âgée d'une vingtaine d'années, elle prétend n'en avoir que la moitié et sa sœur, présente, doit lui recommander de faire attention à ce qu'elle dit. Elle ne sait en effet ni son âge ni combien il y a de mois dans l'année. Son maître ayant perdu sa mère, puis sa sœur qui s'est mariée, elle est restée seule avec lui et un domestique, qui conduit les chevaux. Elle couche avec le clerc, dans une chambre contiguë à la cuisine mais où il y a deux lits. Le domestique, lui, dort dans l'écurie. D'après Jeannette, son maître est venu la trouver dans son lit et l'a déflorée, malgré sa résistance. Des rapports réguliers ont suivi et elle est enceinte de six mois environ. Elle assure que, lorsque le clerc s'en est aperçu, il l'a fait sauter et danser et a incité un autre homme à la mener au bal. Il l'a poussée contre les portes pour lui faire perdre son fruit. Il nie, naturellement, mais l'accuse surtout d'avoir été la maîtresse de beaucoup de gens. Parmi les deux qu'il cite, le premier, un charpentier de vingt-deux ans, assure qu'un dimanche, près de la maison du clerc, il a vu Jeannette entrer dans la grange avec le second. Il les rejoint et les trouve en train de faire l'amour. Lorsqu'ils ont fini, il s'y met à son tour. Il affirme que, depuis, il a recommencé toutes les fois qu'il l'a rencontrée dans un endroit propice. Il a d'ailleurs ouï dire à plusieurs qu'elle se conduit mal. Mais, en honnête garçon, il lui a toujours remis son salaire, comme à une fille publique. L'autre amant de Jeannette confirme ses propos en ajoutant que le domestique du clerc s'est également vanté de l'avoir eue pour maîtresse [121].

L'existence, à la campagne, de ces femmes prétendument publiques fournit l'occasion de regrettables malentendus.

120. ADA, G 4190, f. 140-141, 154-165, 169, 191, 211, 222, 238-240, 248, 250, 296 (1504).

121. ADA, G 4192, f. 21-23, 25 r, 52-56, 80 v, 83-84 (1515).

Deux promeneuses des environs de Troyes, le lundi de Pentecôte 1503, en sont victimes. Quatre clercs, dont un notaire des foires de Brie et Champagne, les rencontrent près de Saint-André, en compagnie d'un jeune garçon. Lorsqu'ils les voient s'avancer sur la route, se dirigeant vers un monastère voisin, ils sont persuadés qu'il s'agit de prostituées. D'eux d'entre eux courent auprès de cette Marguerite et de la jeune fille qui l'accompagne ; ils reconnaissent leur erreur et reviennent à leurs compagnons pour leur dire que ce n'est pas ce qu'ils cherchent. Les quatre hommes n'en retournent pas moins jusqu'au trio et demandent aux femmes où elles vont. Après leur avoir d'abord répondu que cela ne les regarde pas, elles indiquent Saint-André. Ils traitent alors Marguerite de maquerelle et l'accusent de conduire sa compagne aux moines du voisinage. L'un d'eux la frappe et fait tomber sa coiffe tandis que ses camarades prennent la jeune fille par le bras et cherchent à la renverser contre une haie. Ils l'appellent paillarde, vêtue comme telle, et répètent leur accusation contre Marguerite. Effrayé, le garçon s'enfuit. Il est poursuivi et rattrapé par deux des clercs qui l'interrogent sur l'identité de la fille. Il ne leur dit pas tout de suite la vérité, à savoir que c'est sa sœur, et ces tergiversations contribuent à les persuader qu'elle n'a pas de bonnes mœurs. Le garçon reçoit, dans l'affaire, de nombreux coups de baguette et est plusieurs fois plongé la tête dans l'eau. Mais, comme un sergent royal passe, les femmes se placent sous sa protection. Elles ont failli pâtir de la propension des mâles du temps à voir des putains partout et à se jeter sur les filles seules dès qu'ils le peuvent [122].

LES VICTIMES DES PRÊTRES

La séduction et la violence sont les grandes forces qui contribuent à transformer les femmes en proies. La pre-

122. ADA G 4188, f. 28-33, 37 r.

mière présente deux formes principales, qu'il s'agisse de la pression sexuelle exercée par des prêtres sur leurs paroissiennes ou d'un phénomène semblable, dû à des laïcs, sur des filles également vulnérables. La séduction cléricale, loin de se limiter à l'anecdote, constitue une réalité historique importante puisqu'on la retrouve, dans les procès de l'Inquisition espagnole, à la tête des délits poursuivis. On a vu que cette violation des règles canoniques alimente, dans la Champagne du temps, le concubinage des prêtres [123]. Ceux-ci sont exposés à de redoutables tentations si l'on en croit, en 1484, le bal public organisé à Sézanne, le jour de la Saint-Martin. Un prêtre y danse et l'officialité estime inadmissible qu'il le fasse avec des chaussures rouges et un chapeau de fleurs sur la tête. Il explique qu'il s'est livré à cet amusement « par manière de jeu » et que les filles qui y participent, ravies, l'ont affublé de ce chapeau. De nombreuses affaires de séduction, parfois sordides, sont à replacer dans cette ambiance de sociabilité joyeuse où les sexes se mêlent et où les serviteurs de Dieu sont des hommes comme les autres [124].

Certains utilisent comme entremetteurs des artisans qui leur procurent des filles du voisinage. En 1489, le curé de Bagneux écope d'une amende de 20 sous : il a offert à ses paroissiens le spectacle de ses rapports avec une Marguerite dans un champ de froment. Au même moment, le curé de Pleurs s'éprend de la servante d'un écuyer qui se trouve à Sézanne. L'enjôlant par des discours flatteurs, l'ecclésiastique réussit à passer une nuit avec elle. Mais on avertit le maître qui vient les surprendre, s'empare des vêtements du prêtre et fait un tapage effroyable. L'addition est de 2 écus d'or. Il n'en coûte, en revanche, en 1502, que 10 sous à un séducteur clérical beaucoup plus bourgeois. Ce curé de Nesle-la-Reposte a, depuis treize ans, une liaison avec une

123. On se contentera de citer, à la suite d'O. Hufton, S. Haliczer, *Inquisition and Society in the Kingdom of Valencia 1478-1834*, Oxford, 1990.
124. ADA, G 4181, f. 244 v.

Huguette qui lui a donné plusieurs enfants. Il admet tout sauf qu'il l'ait déflorée [125].

L'officialité a fort à faire avec ces vicaires qui séduisent leurs paroissiennes. Certains de leurs exploits sortent de l'ordinaire telle l'aventure d'un prêtre de Villemaur, poursuivi, en 1507, par une noble orpheline, Marie de Janicourt. Elle a dix-sept ans et assure que l'année précédente, à Dierrey-Saint-Pierre où il est chapelain, il l'a déflorée par une journée de printemps. Elle s'est rendue chez une amie et se trouve avec elle sur son lit : elles chantent. Arrive le prêtre qui se place brusquement entre elles. L'amie allant traire les vaches, ce séducteur patenté accomplit son dessein. Leurs rapports se seraient renouvelés, dans sa chambre et dans la maison du beau-père de Marie. En août 1507, celui-ci surprend le prêtre, qui revient d'un service funèbre, en compagnie de Marie, « dans l'étable, tout débragué et sur elle ». Le beau-père veut le conduire à l'officialité, ce que le prêtre évite en acceptant de signer un document dont sa maîtresse s'empare. Elle l'exhibe maintenant devant les juges en même temps qu'elle réclame 100 écus d'or de compensation. Par ce texte, en effet, son amant reconnaît avoir bénéficié de la « compagnie charnelle » de cette « noble damoiselle » pendant un an. Il lui donnera 12 écus « pour s'aider à marier et pourvoir ». La somme sera payée avant le 1er octobre et, à défaut, les biens du prêtre saisis. Au temps où il n'était encore que maître d'école, à Dierrey, il a promis à Marie de la prendre pour femme. Elle explique qu'elle s'est livrée à lui parce qu'il lui plaisait et qu'elle le trouvait joli garçon.

Il semble bien revenu de l'épisode et assure que le beau-père de Marie l'a attiré par traîtrise et forcé de se mettre en chemise ; lui tenant, dans ce costume, la hache sur la gorge, il l'a contraint à écrire sa promesse. Pendant qu'il le fait, Marie lui dit méchamment : « Ecris bien, vilain prêtre, par la mort Dieu, si tu n'écris bien je te couperai la tête. »

125. ADA, G 4180, f. 205 v (1466) ; G 4216, f. 139 r (1489) ; f. 161 r (1490) ; G 4187, f. 14 r (1502).

L'ecclésiastique nie résolument tout rapport avec elle ; il certifie que son inconduite est notoire. Et de nommer deux de ses amants, dont le curé de Villeloup. Le beau-père maintient ses accusations : le prêtre a fait semblant de chercher son chien, qui est derrière lui, mais cette ruse ne trompe pas ce témoin qui monte dans sa chambre et reste aux aguets. Il voit Marie et son amant sortir de la maison, aller dans l'étable et la refermer sur eux. Le beau-père, alors, descend, s'arme, enfonce la porte et les surprend. Le prêtre aurait bien, de lui-même, offert un compromis pour éviter l'officialité.

Une veuve de Villemaur dresse un portrait moins flatteur et peut-être plus complet de Marie. La première demeurait, en 1504, à Dierrey, chez le père de la seconde, où elle était ouvrière agricole. Lors d'une fête, Marie, qui a quatorze ans, l'emmène à Villeloup où le curé embrasse la jeune fille à leur arrivée et la conduit dans sa chambre. Ils y restent seuls un demi-quart d'heure. On passe à table et la veuve ne voit guère ce qu'ils font car elle est souvent dans la cuisine. Elle croit pourtant qu'ils ont des rapports charnels lors de cette ripaille. Le prêtre les reconduit et, sur le chemin, renverse plusieurs fois Marie sous lui au milieu des blés dont la récolte est sur pied. La veuve en a honte tandis que Marie s'esclaffe et s'amuse. Comme sa compagne lui demande les raisons de sa familiarité avec cet homme, elle lui explique qu'elle en est si amoureuse qu'elle ne peut en détacher son cœur. L'ecclésiastique a donné, et fait donner par Marie, de l'argent à la veuve afin qu'elle se taise [126].

*

* *

On observe ainsi que, dans ces affaires, la séduction peut être mutuelle et les filles pas toujours victimes. C'est ce qui ressort, en 1516, du cas de Catherine, considérée par le

---

126. ADA, G 4191, f. 280 (1508) ; f. 51 v, 53 v, 54-55, 115, 126-127, 306 v (1507-1508).

curé de Laines-aux-Bois, truculent religieux du monastère troyen de Saint-Loup, comme sa « paillarde » ou sa « garce ». Elle vit avec lui, au presbytère, malgré les défenses qu'il en a reçues. Il préside, de là, aux vendanges de la vigne de son abbé avec des travailleuses venues de la ville. Ces bandes féminines en entendent et voient alors de belles. Débraillé et ivre, le prêtre lutine les filles, les attire dans le fossé, les empêche de travailler. Il se montre d'ailleurs plein d'attentions pour elles, leur faisant servir du vin, arrêtant leur labeur avant l'heure, les invitant à rester coucher chez lui avec le chapelain son confrère. Comme celui-ci trouve mauvais que les vendangeuses boivent trop, une rixe s'ensuit entre eux deux, et une fille, qui veut les séparer, roule par terre, tout le monde voyant ses parties honteuses. L'ecclésiastique emmenait Catherine, vêtue en homme, dans différents lieux des environs. Il ne portait pas toujours l'habit religieux. En cette curieuse scène bucolique, ces femmes, serrées de près par les prêtres, chantent et badinent avec eux, qui font mine de les embrasser. Les mères plaisantent avec les religieux en leur expliquant que leurs filles ne sont pas pour eux. Manifestement, en ces vendanges du monastère de Saint-Loup, la chasteté et la sobriété n'avaient pas leur place à Laines-aux-Bois. L'officialité recommanda à son curé de boire du vin avec modération et d'y mettre beaucoup d'eau [127].

Le tribunal poursuit, à ce moment, avec le curé de Saint-Flavit, un autre séducteur ecclésiastique. Marguerite Benoît, une orpheline de Belleville, s'en plaint et l'accuse de l'avoir déflorée et engrossée. L'affaire est l'objet de procédures compliquées, depuis plus d'un an, et l'accusé passe pour avoir mis à mal plusieurs paroissiennes, dont une trouvée chez lui par les hommes d'armes. On dit aussi qu'il révèle le secret de la confession. Marguerite lui réclame une dot et l'entretien, au moins partiel, de son enfant. Installé depuis douze ans dans sa cure, le prêtre affirme qu'il n'a entendu Marguerite en confession qu'une fois et ne lui a jamais

127. ADA, G 4194, f. 234-236, 240-243, 335 (1516).

donné les sacrements. Il nie tout rapport charnel avec elle et prétend même ne pas savoir qu'elle a eu un enfant.

Cette couturière, pourtant, a travaillé plusieurs fois dans son presbytère. L'ecclésiastique l'a harcelée pendant de nombreuses années. Il l'invite constamment et publiquement à aller coucher avec lui dans sa « maison neuve ». La rencontrant chez son oncle, où il passe chercher de la farine, il lui demande de venir achever son ciel de lit. Elle accepte et part avec une petite fille. Elle monte dans sa chambre où elle commence à travailler, pendant qu'il fait son pain. Bientôt, comme elle ne voit plus sa compagne, il lui explique qu'elle est partie. Marguerite monte alors sur une échelle, pour achever sa tâche, et c'est à ce moment que le curé la saisit. Il la renverse et, comme il n'y a personne dans la maison et qu'il est plus fort qu'elle, la déflore en la connaissant charnellement deux ou trois fois. Elle lui déclare, pendant l'étreinte : « Vous m'en baillerez autant qu'à la fille de Jean-Jacques » et aussi « Je le dirai à mon oncle ». Le prêtre, là-dessus, s'éloigne en disant qu'il va chanter la messe. Marguerite attribue le premier de ses propos à une allusion à une autre fille qu'il a séduite. Il n'aurait eu un nouveau rapport avec elle qu'après Noël 1514. Il ne lui a fait aucune promesse, affirmant simplement : « Crois-tu que tu sois grosse pour cela ? Et puis quand tu serais grosse j'en nourris des autres qui ne sont pas à moi. J'ai des biens que je ne sais où employer. » On l'a vu lui donner la communion et un témoin, charpentier de son état, l'a observé, à des noces, serrant de près Marguerite, l'embrassant et la conduisant à la danse des jeunes gens en s'y mêlant avec elle. Le même artisan se rappelle un épisode de 1510, au temps de la construction de ce presbytère. Une fille y travaille avec son père, qui fait la couverture ; elle lui prépare le mortier et la paille. Pendant qu'elle monte pour porter ces matériaux, le prêtre passe la main sous son vêtement et palpe sa vulve. Le charpentier se souvient du mécontentement du père et de sa fille [128].

128. ADA, G 4194, f. 236-240, 244 r, 246 r, 248-251, 271, 282, 284 v, 394 r (1516).

Autre séducteur, le curé de Blaincourt est poursuivi, en 1522, par une orpheline, Perrette Delaunoy. Elle explique que, six ans auparavant, à force de sollicitations, il l'a attirée dans sa chambre située devant une église troyenne, l'a déflorée et connue charnellement plusieurs fois. Leurs relations ont duré trois ans au cours desquels elle a eu deux enfants. Elle assure avoir toujours été, avant, de bonne réputation et lui réclame une dot de 30 livres. L'accusé, qui indique avoir déjà été puni par son abbé, produit une lettre témoignant d'un arrangement avec Perrette. Celle-ci observe qu'elle n'a pas logé chez lui mais chez un voisin ; elle a accouché de son premier enfant, le seul encore vivant, à l'hôtel-Dieu. L'accusé l'a fait mettre en nourrice à Bouranton. Il admet des rapports avec cette paillarde mais nie l'avoir déflorée. Elle a été la maîtresse du voisin où elle logeait et de son fils. Le prêtre récuse la paternité de ses deux enfants, même s'il a fait élever l'aîné. C'est pour éviter le scandale qu'il a composé avec elle. Il a passé trois semaines en prison et été détenu un mois dans son cloître. Il administre sa cure depuis vingt-cinq ans et y a longtemps résidé. Perrette, rencontrée à Troyes lorsqu'il vient y habiter, a été, en somme, un incident de parcours [129].

L'abbé du monastère augustin de Chantemerle, où il est aussi curé, présente, en 1529, un système de défense moins convaincant. Marguerite Forges l'accuse de l'avoir sollicitée à plusieurs reprises, quelques années avant, alors qu'elle était encore presque enfant. En octobre 1526, lors de la fête patronale du village, son père l'envoie à l'abbaye vendre des poules. L'abbé les achète mais dit ne lui donner l'argent que si elle vient le chercher dans sa chambre. Il l'y presse, lui promettant de la marier. Si elle estime qu'il l'a déflorée, en la violant, leurs rapports se sont, depuis, renouvelés et elle croit être enceinte. Elle l'en a averti et il lui explique qu'il ne peut la garder chez lui sans scandale, Chantemerle étant rempli de mauvais garçons. Mais il lui conseille de partir pour Paris avec un gentilhomme. Elle refuse de le

129. ADA, G 4196, f. 17-18 (1522).

faire sans la permission de ses parents, sûre, d'ailleurs, qu'il l'a vendue à ce noble. Elle raconte de plus qu'attendant en vain ce personnage dans la cour de sa maison, l'abbé l'a conduite, par son jardin, dans sa chambre et y a à nouveau couché avec elle. Le lendemain, pour qu'on ne la voie pas sortir, il la fait sauter par-dessus le mur. Il a enfin chargé quelqu'un de composer avec elle. Il nie tout, naturellement, et prétend qu'elle est décriée pour inconduite depuis des années ; il cite, parmi ses nombreuses fréquentations coupables, jusqu'à un lépreux. Devant ses protestations d'innocence, l'officialité fait défense au curé d'employer la force ou l'intimidation à l'égard des témoins [130].

Une femme mariée, Perrette Beaulieu, se plaint, en 1530, d'un autre prêtre qui, une dizaine d'années avant, l'a sollicitée, connue charnellement et déflorée. Il a même continué à avoir des relations avec elle après son mariage ; son époux l'en a, un temps, abandonnée et elle réclame une dot de 50 livres. L'accusé, qui admet cette ancienne liaison, ne sait s'il l'a déflorée mais ne peut établir de prédécesseur. Lors du mariage, en 1523, il a transigé avec les conjoints. Devant deux tabellions de l'officialité, il leur a remis 10 livres et ils s'en sont contenté. Il exhibe l'original du compromis. Il a en outre remis à Perrette plus de 30 livres en une série de petites sommes. Il explique surtout aux juges qu'étant mariée elle ne peut être autorisée à le poursuivre au sujet d'une dot. Ils entendent ses raisons tout en le condamnant à 60 sous d'amende et lui recommandant la chasteté, avec elle ou toute femme soupçonnée d'inconduite [131].

L'avertissement n'était pas inutile, à en juger par une ultime affaire de ce genre survenue en 1532. Une orpheline, Marguerite Leroi, se plaint alors du vicaire de Saint-Mesmin. Un jour, il feint de partir pour Troyes, et sa sœur, qui demeure avec lui, fait chercher Marguerite puis, après l'avoir régalée, la prie de passer la nuit en sa compagnie.

---

130. ADA, G 4199, f. 113-114, 121 r, 126 v, 142 r (1529).
131. ADA, G 4200, f. 2 v (1530).

Elle reposent ensemble, avec une autre fille, dans le lit du curé lorsque ce dernier, la tête couverte d'un linge et affectant les allures d'une femme, vient s'y mettre avec elles. Voyant Marguerite endormie, il monte sur elle et la déflore. Leurs rapports se seraient renouvelés et elle est enceinte. Selon un affrontement habituel, il nie, assure qu'elle est perdue de réputation et fréquente plusieurs hommes ; il en nomme deux. Elle le dément mais des témoins confirment ses dires. Un huilier a entendu un des amants de Marguerite s'en glorifier, dans une beuverie : « Je lui ai fait tant que j'ai voulu devant que je fusse marié. » Ce témoin attribue des propos analogues à un meunier et à d'autres. Un laboureur de quarante-cinq ans, écho supplémentaire de la rumeur appelée au secours du prêtre séducteur, a aussi ouï parler des vanteries du premier amant de Marguerite. Lui-même ajoute que, depuis de nombreuses années, elle profère très facilement des paroles indécentes. Elle s'exprime, à l'en croire, comme un ruffian. Son emploi fréquent de termes lascifs l'assimile à une femme publique. Elle accepte d'ailleurs que les hommes, y compris ce témoin, lui mettent leur membre viril dans la chemise ou le cotillon. Malgré ces propos édifiants, le prêtre est condamné à reconnaître l'enfant de Marguerite et contribuer pour moitié à le faire élever ; il doit encore la doter de 100 sous sans compter une amende de 2 écus d'or. On voit que les juges ne badinent pas avec le moindre soupçon de séduction ecclésiastique [132].

LES VICTIMES DES LAÏCS

La violence sexuelle des laïcs se rattache parfois, à la fin du Moyen Age, à la perversion tranquille des relations familiales, proches ou lointaines. Un habitant de Droye, en

132. ADA, G 4201, f. 15 r, 19 v, 32-33 (1532). Bons commentaires de Christelle Walravens, dans l'article cité ci-dessus, sur cette sévérité de l'officialité troyenne qui se poursuit, on le voit, au XVIe siècle.

1466, est puni pour avoir défloré et entretenu comme concubine sa belle-fille, fille de sa femme et orpheline de père. Le 5 mars 1484, Antoinette Berger, de Vaudes, réclame une dot annuelle de 20 livres à un parent qui l'a déflorée. Ils se sont alors promis de s'épouser et poursuivirent leurs rapports en croyant, à tort, pouvoir consommer un mariage consanguin. Robinette Villain, de Neuvy, reçoit, cinq ans plus tard, une amende de 100 sous et de 5 livres de cire pour s'être livrée à son frère [133].

Le plus souvent, ces phénomènes de séduction se rattachent aux conditions de l'existence domestique de l'époque. Les relations, qui y unissent supérieurs mâles et servantes ou inférieures, ajoutent souvent, à la dépendance économique des secondes, leur exploitation sexuelle. Les historiens des déclarations de grossesse ont analysé cette réalité pour les XVIIe et XVIIIe siècles. On la rencontre, en Champagne méridionale, dès la fin du XVe [134]. Marguerite Dumont, de Messon, qui travaille à la moisson en 1493, est assaillie, une nuit, par le frère de la fille dont elle partage le lit. Il continue à abuser d'elle, dans les champs, en présence de ses familiers. De manière plus bourgeoise, un veuf de Saint-Liébaud sollicite, en 1491, Colette Huguenot. Elle refuse, tant qu'il ne lui promet pas de l'épouser. Il finit par s'y résigner et, sur la base de cet engagement, la déflore. Ils persistent, depuis, à avoir une liaison malgré le mariage de cet homme avec une autre. Colette vient d'accoucher. Elle exige, naturellement, l'annulation de l'union intervenue et la régularisation de la sienne ; elle se résignerait, au moins, à une juste dot. Habile, l'intéressé, qui nie tout et se prétend exempt de la justice ecclésiastique, assure qu'il n'a jamais entendu parler en mal de la conduite de Colette [135].

Le tribunal est habitué aux affirmations imprudentes des filles de ce genre. Il inflige, en 1500, une amende de

---

133. ADA, G 4180, f. 53 (1466) ; G 4181, f. 277 v (1484) ; G 4216, f. 153 r (1489).

134. La meilleure étude consacrée aux enseignements historiques que l'on peut tirer des déclarations de grossesse est, pour une période ultérieure, celle de Marie-Claude Phan, *les Amours illégitimes. Histoires de séduction en Languedoc (1676-1786)*, Paris, 1986.

135. ADA, G 4183, f. 100 r, 126 v (1494).

2 livres de cire à Jeanne Fournier qui a accusé un garçon de l'avoir connue charnellement puis s'est rétractée. Mais l'official connaît, aussi, la réalité des comportements masculins, tel celui du maître d'école des Essarts-les-Sézanne qui, en 1502, y entretient des relations scandaleuses avec une fille qu'il a engrossée [136]. La même année, une orpheline de Troyes, Marguerite Royer, qui travaille chez le père de Pierre Guillerat, affirme que ce dernier a eu plusieurs rapports charnels avec elle, notamment dans l'étable aux bœufs. Il l'a déflorée et engrossée. Elle lui demande une dot de 20 livres, outre son emprisonnement. Pierre nie et son père assure qu'il n'a que quatorze ans. Interrogé sur ce point, l'accusé dit qu'il est né à l'époque ou le feu roi Charles est venu à Troyes. Par la suite, la famille suspectée envoie l'exécuteur de la haute justice au nouveau domicile de Marguerite, afin de la faire arrêter comme ribaude. Ce personnage se présente à la logeuse en demandant : « Où est la paillarde qui demeure céans ? » Cette femme a la présence d'esprit de répondre : « Il n'y a point de paillarde céans sinon une pauvre fille à laquelle si elle a fait une faute elle n'en veut pas faire deux [137]. »

Un foulon, qui a eu une Jeannette pour servante, est poursuivi par elle. Elle assure que, lors de la maladie de sa femme, il lui a promis plusieurs fois de l'épouser si celle-ci mourait. L'événement survenant, il renouvelle son engagement. C'est alors qu'il la déflore et entame une relation sexuelle avec elle. Elle en a un enfant qu'il a fait nourrir. Mais elle lui réclame une dot de 20 livres. L'accusé s'explique assez piteusement, disant d'abord qu'une fois, lors d'un orage, comme Jeannette a peur, elle va coucher avec lui sans que rien ne se passe. Il finit par avouer qu'à une autre occasion ils ont des rapports, qui se renouvellent, mais il ne sait s'il l'a déflorée car il a plusieurs domestiques. Cet honnête artisan affirme qu'il n'a jamais rien promis à

136. ADA, G 4185, f. 9 v (1500) ; G 4186, f. 159 v (1502).
137. ADA, G 4187, f. 6 v, 8-9 (1502).

sa servante. Les juges ecclésiastiques l'obligent à lui verser 15 livres par semestre sans compter 60 sous d'amende [138].

Une histoire analogue, en 1503, a pour protagoniste Claudie Nachu qui, travaillant chez un habitant de Dienville, est déflorée par le fils de la maison contre promesse de mariage. Elle explique curieusement, comme on lui demande si elle est enceinte, qu'elle ne le sait mais le croit car il a eu deux rapports avec elle. Elle n'obtient pas de dot mais il écope d'une amende de 100 sous. L'officialité doit se sentir particulièrement atteinte lorsqu'un de ses notaires, demeurant chez un tabellion de l'institution, est accusé, l'année suivante, d'avoir séduit, défloré et engrossé la fille de son maître, lui rendant ainsi le mal pour le bien. Devant l'emphase de l'accusation, le « criminel » adopte le profil le plus bas possible, avouant puis niant les faits, assurant surtout que, depuis un an, il n'est allé qu'une fois chez le tabellion. Il a chargé des intermédiaires de s'arranger avec sa fille. Voulant éviter un procès, malgré son innocence, il se dit prêt à prendre l'enfant et verser des dommages. Il paie 100 sous et doit nourrir l'enfant à perpétuité. Colette de la Garmoise, héroïne de l'affaire, perd son père, sans doute de douleur, à l'automne suivant [139].

Ce type d'incident se retrouve dans tous les milieux sociaux. Il se rattache à des mécanismes de séduction liés à des réalités capitales du temps, en particulier pour les femmes : prédominance du mariage comme horizon de réalisation personnelle ; nature théoriquement libre et réciproquement volontaire de l'engagement qui y conduit ; lien entre cette perspective, les promesses qui y sont jointes et la préservation souhaitable de la virginité. Celles qui la perdent, comme une orpheline troyenne, Guillemette Cornivault, en 1515, se plaignent d'avoir été déflorées contre une fallacieuse promesse de mariage. Alors qu'elle est souvent associée, on le verra, à un échange de présents symboliques, Guillemette avoue qu'elle n'en a pas reçu ;

138. *Ibid.*, f. 19 v, 24 r (1502).
139. ADA, G 4188, f. 97, 99 v, 109 v (1503) ; G 4190, f. 29-32, 173 v, 175 v (1504).

elle signale, en revanche, que son séducteur, lorsqu'il la connaît charnellement, lui dit accomplir cet acte en nom de mariage et que cela suffit. L'intéressé, qui se souvient de la visite de Guillemette lors de la semaine où, dans leur ville, on a livré deux hommes au supplice, prétend être vierge. On le soumet, en conséquence, à une visite médicale [140].

Une ancienne servante, peu après, est renvoyée de ses poursuites et condamnée aux dépens par l'officialité alors qu'elle accuse rétrospectivement d'adultère le patron qui, huit ans avant, l'a sollicitée et engrossée. Malgré ses promesses renouvelées de s'occuper de l'enfant, c'est elle qui l'a nourri. Elle demande en vain, outre une amende, que son ex-maître s'en charge ou l'indemnise pour moitié de ce qu'elle a dépensé. Elle n'a pas de témoins, il nie tout et elle n'obtient rien [141].

Les archives de ce tribunal contiennent une lettre privée de l'époque. Elle émane d'un prêtre de Dienville recommandant un accusé qui souhaite procéder à ses noces bien qu'il ait défloré une autre fille. Son dossier paraît bon à son protecteur puisqu'il n'a pas fait de promesses de mariage, que la séduite n'y tient pas, au bout de cinq ans, et refuse même l'argent qu'on lui offre pour compenser son déshonneur. Malgré cela, le séducteur a dû se rendre dans la prison troyenne et solliciter de nombreux appuis afin d'aplanir les obstacles provenant de sa liaison antérieure. En 1525, l'officialité inflige encore des amendes de plusieurs écus d'or aux responsables de pareils errements [142].

Dix ans plus tôt, l'histoire de Jeanne Jargonnot, de Saint-Aventin, illustre le type de relations juvéniles qui conduit, dans la campagne champenoise, à ce genre de conflits. S'opposant à la proclamation des bans de son ancien ami Colas, Jeanne explique qu'elle a travaillé dans la maison contiguë à la sienne. Après l'avoir sollicitée en lui promet-

140. ADA, G 4193, f. 112-114, 130 v, 133 r, 142 v (1515).
141. ADA, G 4194, f. 29 r (1516).
142. ADA, G 4227 (autour de 1516) ; G 4218, f. 154 (1525).

tant le mariage, il l'a déflorée et leurs relations ont continué dans son étable, puis, à l'époque des vendanges, dans un pré, sous le noyer. Elle est enceinte. Colas se justifie en disant qu'il est allé chez le cabaretier, patron de Jeanne, pour son vin et non par amour pour elle. Il affirme être vierge mais refuse, à la différence de l'amant de Guillemette, une visite médicale.

Le cabaretier a vu plus de mille fois sa servante seule avec Colas. Ils badinent ensemble, se plaignant de leurs poux dont elle le débarrasse. La femme de ce patron et son fils, âgé de quatorze ans, le confirment. Le second indique même que Colas s'est livré, sur Jeanne, à des actes suspects : il a touché, dit-il, et tenu ses parties honteuses. Une épouse raconte que, vers la Saint-Nicolas d'hiver, Jeanne vient lui dire que ses fleurs ont disparu. Elle se sent mal et ne sait ce qu'elle a. Le témoin lui demande si elle a été malade ou si elle s'est laissée connaître par quelqu'un puisque ce sont les deux raisons pour lesquelles les femmes cessent d'avoir leurs règles. Jeanne dément l'un et l'autre. Elle fait porter son urine à un médecin de Troyes, qui y diagnostique la trace de rapports sexuels ayant entraîné la fin des règles. Il ne peut assurer, en revanche, que l'intéressée soit enceinte. Son affaire se termine par un compromis raisonnable puisque Colas accepte de lui donner 4 livres, quatre boisseaux de froment et de payer les dépens [143].

*

* *

Une quinzaine d'années plus tard, plusieurs enquêtes de l'officialité peignent un univers de séduction rurale assez comparable. La plus originale concerne un prisonnier à qui on demande, en 1529, s'il a proposé, à une fille qu'il est accusé d'avoir engrossée, d'aller chercher une boisson abortive (de l'« eau d'hysope ») pour détruire son fruit. Il nie, naturellement. L'affaire de Perrette Alyot, une orpheline de

143. ADA, G 4193, f. 167, 169-170, 172, 194, 209-211, 249, 252 (1515).

Sainte-Maure, deux ans avant, est plus classique. Le fils de son maître l'a déflorée. Il y aurait eu des promesses de mariage mais il les récuse. Il finit par admettre avoir couché avec elle, une seule fois, mais il ne sait s'il l'a déflorée car son inconduite est notoire. Cinq témoins, cités par lui, le confirment. Parmi eux, un homme de vingt-huit ans a vu, un dimanche, au crépuscule, Perrette et un domestique qui se « giboyaient ». Ils s'en vont, tout de suite après, à l'écart, dans le pré ; ce voisin les a observés, se connaissant charnellement pendant une heure, lui sur elle, tous deux à demi déshabillés. Elle déclare, peu après, que c'est un méchant ouvrier. La petite fille d'un vigneron, âgée de huit ans, se rappelle être allée, avec sa sœur, dans un fossé du voisinage où un garçon renverse Perrette et l'embrasse. La fillette n'a rien aperçu d'autre mais se souvient de Perrette, posant ses affaires et disant : « S'il vient aucun de mes amis je reprendrai ma quenouille [144]. »

La même année, Gillette Boudin, de Torvilliers, expose qu'au carême précédent elle a été déflorée et engrossée contre promesse de mariage. Maintenant mère, elle demande au moins 50 livres. Celui qu'elle accuse nie les promesses, admet l'avoir connue charnellement mais récuse sa paternité puisqu'il a eu des prédécesseurs. Ce que, naturellement, elle dément. Sans témoins, elle demande une dot, d'autant plus que son père offre de lui donner en mariage des biens, pour une valeur de 30 livres, si son séducteur veut l'épouser. En attendant, elle reçoit une provision de 60 sous. L'accusé a été vite libéré de prison, grâce à la caution de son frère, mais il se rappelle qu'au cours de sa brève incarcération le geôlier lui a déclaré qu'il aurait les fers aux pieds s'il n'avouait la vérité et qu'alors « on lui ferait bien dire autre chose qu'il n'avait dit ». Au bout de sept mois de procédure, l'officialité le condamne à prendre Gillette pour femme ou à lui donner 20 livres, tout en reconnaissant l'enfant et pourvoyant pour moitié à sa

144. ADA, G 4199, f. 38 r, 40 r (1529) ; G 4198, f. 53-54, 72, 74 (1527).

nourriture. Il doit encore 2 écus d'or, sans compter les dépens, et l'on comprend qu'il fasse appel [145].

Une Marguerite eut moins de chance que Gillette en 1530. Il est vrai que son cas est différent. Son maître l'a, dit-elle, sollicitée, déflorée et engrossée d'un enfant mort au bout de deux mois. Elle exige que son patron soit puni et lui donne une dot de 50 livres. Il admet leurs relations et a fait nourrir son enfant mais nie l'avoir connue vierge ; il signale, à ce propos, qu'elle souffre d'une « bosse chancreuse » prouvant des rapports précédents. Il lui a déjà donné, pour sa dot, plus que ne l'exige son état : 4 livres, deux pièces d'or valant chacune plus de 30 sous et un teston qui en vaut 15. Marguerite explique que son mal, en haut de la cuisse, n'est nullement d'origine vénérienne. Quant aux sommes indiquées, elle les a reçues pour ses couches. Son séducteur lui a bien proposé, au sujet de la dot qu'elle réclame, une transaction mais elle veut en améliorer les termes puisque sa mère et ses parents lui auraient, de toute façon, donné 50 livres pour son mariage. Cela ne convainc guère son ancien maître, persuadé que tout ce que ces pauvres gens possèdent ne va pas à 100 sous. Ses juges le tirent d'affaire en lui demandant seulement 4 écus d'or et lui enjoignant, ainsi qu'à Marguerite, d'éviter les lieux suspects. Elle est, en revanche, déboutée de sa plainte et condamnée aux dépens. Elle fait appel [146].

On voit l'acharnement de ces filles à obtenir justice. Jeanne Prévôt, de Saint-Bon, également en 1530, procède contre un homme marié, qui l'a engrossée, et auquel elle demande 100 livres pour adultère. Babelette Geoffrin, de Montaulin, est devenue, dans des conditions analogues, la concubine d'un homme marié. Il avoue et reçoit une amende de 4 écus d'or contre un seul à sa victime. Il leur est fait, naturellement, défense de se fréquenter davantage. Quant à Nicole Venlay, de Moussey, qui se plaint, l'année suivante, d'une semblable histoire, débouchant sur un

145. ADA, G 4198, f. 64-65, 68 r, 102 r, 134 v (1527-1528).
146. ADA, G 4199, f. 207-208, 214 v (1530).

enfant mort, et qui exige 100 livres de dot, les témoins de son aventure décrivent surtout le cadre des relations illégitimes du temps. Un adolescent l'a vue avec son amant, peu avant la dernière moisson, dans un champ de froment. Dès qu'ils l'aperçoivent, Nicole fait semblant de chercher des poux dans la tête de son compagnon. Mais le voyeur est sûr qu'ils sont en train de faire l'amour. Un tailleur de pierres, cousin de Nicole, un jour de noces, « à l'époque où les cerises mûrissent », observe au crépuscule, près du moulin à vent, les amants couchés dans les blés, lui sur elle. Il suppose qu'ils s'accouplent mais ne peut vérifier la situation de Nicole. En revanche dès qu'il les remarque son compagnon se relève et remet ses chausses ; le témoin en conclut qu'ils viennent d'avoir des rapports charnels [147].

Les comptes rendus de ces affaires de séduction précisent donc utilement les conditions quotidiennes de la sexualité de l'époque. Elles sont parfois fort libres ainsi que l'attestent les expériences faites, vers la Noël 1503, par Nicole Cournebau, jeune paysanne de Courgerennes venue soigner la femme d'un bourgeois de Saint-Léger, près de Troyes, qui relève de couches. Nicole explique sommairement, dans sa plainte, que son patron la presse et qu'elle lui cède, tout en indiquant que cela se passe pendant qu'elle dort, un jour où il est couché dans le lit commun, entre sa femme et elle. Les témoins sont beaucoup plus explicites sur cette séduction adultère qui aboutit à la grossesse de Nicole. Elle réclame 30 livres et l'entretien de son enfant par le père.

Une voisine de dix-sept ans est allée, un soir, prendre un bain avec Nicole, dans la maison où elle travaille. Si Nicole ne veut d'abord pas se baigner avec elle, elle finit par le faire lorsque son maître, entièrement nu, rejoint la première dans le bain. La visiteuse en sort et, également nue, va se chauffer. Nicole lui demande alors de l'eau chaude et, comme elle refuse, sort, en tenue d'Eve, pour aller en chercher. Elle retrouve son patron dans le bain et ils en sortent,

147. ADA, G 4200, f. 108-109, 133 v, 137 r (1530) ; f. 217 r, 222 (1531).

ensemble et nus, pour aller devant le feu. Nicole lui tient son membre viril. Ils vont ensuite dans le lit où repose l'épouse malade. Pendant que son mari est entre elles deux, la voisine se couche à leurs pieds et s'endort. Cette couturière est venue, à plusieurs reprises, en ce logis, pendant les couches de la maîtresse de maison. Elle a vu plusieurs fois Nicole y dormir dans cette situation.

La sœur aînée de cette voisine, âgée de vingt ans, a été aussi attirée, à l'époque, par les délices de ce bain. Elle s'est également couchée dans le lit du maître, près de sa femme mais derrière elle. Il est alors entré dans le bain, suivi de Nicole qui en sort toute nue pour chercher de l'eau. Ils vont bientôt se coucher, sur le devant du lit, le mari toujours placé entre elle et sa femme. La mère des deux jeunes filles connaît bien cet homme, cousin germain de son époux. Elle l'a entendu conseiller, goguenard, à un voisin souhaitant engager Nicole au service de son épouse qui va accoucher : « Loue-la hardiment car elle chevauche aussi volontiers que fille ni femme de cette paroisse. » A la matrone qui lui demande : « Le savez-vous ? », il répond tranquillement : « Par Dieu oui. » Pour compléter ces plaisanteries sexuelles, où les femmes jouent un rôle actif, Nicole lui offre à boire en le questionnant : « Tenez, buvez-vous aussi bien par là ? »

Un témoin, à qui le patron de Nicole a confié : « J'ai une gentille chambrière, elle fait tout ce que je veux », prétend qu'il n'a pas compris ce que cela signifie. Il l'a pourtant souvent contemplé donnant à boire à Nicole avec cette formule : « Tiens, ma chambrière, bois autant que tu m'aimes. » Quant au chapelain de la localité, il a appris, par beaucoup de personnes, que Nicole est enceinte des œuvres de son maître. Un mois plus tard, il trouve, dans son presbytère, à deux reprises, des femmes portant un enfant. Elles attendent, chaque fois, que s'ouvre la porte de la maison de l'ancien patron de Nicole. Mais elle reste fermée deux jours durant et, lorsqu'elles aperçoivent enfin cet homme, traversant le village pour aller à Troyes, le prêtre les voit lui courir après avec l'enfant. Peu curieux, ce témoin ne sait ce qui s'en est suivi. Les archives de l'officialité mentionnent que son maître fut condamné à verser 100 sous à Nicole, plus 40 à la justice ecclésiastique. Il fit, bien sûr, appel. Son histoire montre un mélange inextricable de complicité entre hommes et femmes et d'exploitation des secondes par les premiers. Elle semble aussi enseigner que la nudité ne rencontre pas, alors, un préjugé aussi défavorable que le croient certains historiens d'aujourd'hui [148].

La dernière de ces affaires de séduction, survenue peu avant, indique l'intensité des passions qu'elles peuvent susciter, comme le rôle ambigu qu'y tiennent les femmes, à la fois victimes et excitatrices, parfois violentes entre elles et toujours intimement liées aux entreprises masculines. Un matin de 1501, dans un faubourg de Troyes, le maire, par ordre du procureur du roi, se rend, accompagné de sergents, chez un homme marié qui entretient avec Perrette Cordier des relations tellement scandaleuses que sa femme l'a quitté. Ils se font ouvrir la porte et pénètrent dans le domicile. Les amants sont couchés dans la ruelle du lit. Les policiers n'ont pas de peine à constater qu'ils viennent de passer la nuit ensemble. La voix publique, au reste, le confirme. Ces pandores sont des vignerons du voisinage et l'un d'eux, regardant par la fenêtre, a vu deux têtes dans le lit. La femme était plus ou moins cachée, vêtue seulement de son cotillon. L'épouse survenant, Perrette l'injurie, lui met le poing sous le nez et l'eût outragée si on ne l'en eût empêchée. Le mari, loin de protéger sa femme, veut la battre et lui dit, montrant une arme : « Vois-tu ce couteau ? Tu en auras ta part. » Une scène presque aussi pénible se déroule à Troyes, dans la chambre de Perrette, où un sergent se transporte parce qu'on y cherche des objets appartenant à son amant. Comme l'épouse, à nouveau, est là, la

148. ADA, G 4190, f. 159 r, 162 v, 164-166, 173-174, 188-190, 267 v (1504-1505). Je suis moins convaincu qu'Olivier Christin (*Le Monde* du 19 mars 1999, p. XIV) et Alain-Gérard Slama (*Le Point* du 3 avril suivant, p. 100-102) de la validité des thèses d'Hans-Peter Duerr (*Nudité et Pudeur. Le mythe du processus de civilisation*, Paris, 1999, traduit de l'allemand), relatives à « l'extrême rareté de la nudité complète » à l'époque médiévale qui n'aurait pas été plus « innocente » que la suivante.

maîtresse la traite, devant lui, de paillarde, ribaude, moinesse. Le mari, qui aurait essayé de se pendre, avec sa ceinture, dans sa prison, prétendit que Perrette avait couché sur son lit sans qu'il ait eu de rapports avec elle. Cela vaut à l'accusé la liberté, au prix d'une amende de 2 écus d'or, de 2 livres de cire et du paiement des dépens [149].

LES AGRESSÉES

Marquée par la violence entre mâles, l'époque l'est, aussi, par leurs agressions contre les femmes. Elles en souffrent, même si elles s'affrontent également entre elles. Lieu par excellence où leur solidarité aurait dû être éclatante, le monastère troyen de Notre-Dame-aux-Nonnains est désolé, en 1466, par les déchirements opposant ses nobles religieuses. Celle qui y exerce l'office de chantre est prise par le bras et violemment poussée contre la porte de sa chambre. Cette Catherine ne se plaint pas seulement d'avoir manqué être étranglée ; elle assure que son ennemie, sœur Jeannette de Grevant, l'a traitée de paillarde. Courant à l'entrée du couvent, Jeannette la ferme et demande à Catherine si elle veut aller avec ses ribauds. La plus grande partie de ces saintes filles reçoit l'injonction de se tenir dans leur cloître. Elles ont en effet l'habitude de se promener par la ville. Elles déclarent se soumettre à des menaces de sanction, résultat de la jalousie de la trésorière du monastère envers Catherine [150].

Quatre ans avant, à l'instigation d'une Troyenne, un clerc célibataire, la nuit du premier mai, jette des immondices contre la porte d'une orpheline. Il en barbouille les murs de sa maison, outre l'inscription d'inepties à son endroit. Ce garçon a l'habitude de ces facéties printanières. Mais celle-ci, manifestement, sert la vengeance d'une femme contre une autre. En 1516, Catherine Lelarge reçoit

149. ADA, G 4186, f. 63 r, 65-66 (1501).
150. ADA, G 4180, f. 60-61.

un coup d'épée qui la blesse gravement. Le coupable est un clerc de Sézanne qui explique au prévôt que, la veille de l'Ascension, sa fille, en âge de se marier, est venue se plaindre d'injures que lui a adressées Catherine. Elle l'a traitée de paillarde et de moinesse. Le père se précipite pour demander des explications à Catherine qui est avec sa mère. Comme il appelle la première « Catin » et menaçe de la « fourbir », les deux femmes se jettent sur lui. Prenant peur, il dégaine contre elles. Catherine est atteinte et perd l'usage de deux doigts pour une dispute entre filles [151].

Le plus souvent, cependant, elles sont victimes d'agressions masculines dont elles ne portent pas la responsabilité, et d'abord de tentatives de viol. Exemplaire, à cet égard, en 1460, la triste aventure de Perrotte Michou, d'un hameau proche de Courtioux. Elle est allée, un lundi, porter quatre boisseaux de blé à un moulin situé près de la maison de son père. A son retour, ramenant de la farine, à un endroit de la route où il y a des broussailles, elle aperçoit un clerc qui vient en sens inverse. Il descend de cheval, la saisit, lui croise les bras derrière le dos, la couche par terre dans cette position, met ses jambes entre les siennes et lui dit qu'elle doit être sa femme. Elle ne peut répondre puisqu'il la tient à la gorge. Elle sait que, si elle dit un seul mot, il l'égorgera. Il la connaît charnellement avec violence, la déflorant et ensemençant. On sait seulement qu'il nie et est mis en liberté contre une caution de 100 livres [152].

Cinq ans après, un prêtre, qui s'est rendu chez un marchand de vin à Nogent, tente d'y violer une servante qui en demeure infirme. L'année suivante, un homme marié de Lhuitre essaie de forcer sa belle-sœur dans les champs. Elle lui résiste, crie qu'il la tue, que c'est un démoniaque. Il s'en tire avec 100 sous d'amende. En 1494, l'officialité interroge solennellement, devant les instruments de torture, un clerc accusé de tentative de viol dans un jardin à Pont-sur-Seine.

---

151. ADA, G 4177, f. 126-127, 130 v, 133 (1462) ; G 4194, f. 69-70 (1516).

152. Etude générale du problème par O. Hufton, « *Women and violence in early modern Europe* », *in* F. Dieteren et E.Kloek ed., *Writing Women in History*, Amsterdam, 1990. *Cf.* ici ADA, G 4176, f. 16 v (1460).

Un autre, l'année suivante, rencontrant en pleine campagne Jeanne de Lyon, la sollicite de se livrer à lui pour de l'argent. Elle le repousse, l'égratigne, lui donne un soufflet. Il s'éloigne avec une expression de dédain : « Tiens, va-t'en puisque tu ne veux faire autre chose. » Emprisonné, il écope aussi de 100 sous d'amende [153].

Survenue en 1501, la disgrâce de Marguerite Boisson met en scène, au service d'une agression sexuelle d'origine cléricale, la responsabilité féminine. Une Troyenne demande à la mère de Marguerite de l'emmener à Mergey. Elle y consent et les deux femmes poussent jusqu'à Villacerf. La compagne de Marguerite y rencontre des moines avec lesquels elle part déjeuner. Marguerite refuse de l'y suivre en raison de leur comportement : il l'a amenée à se sauver derrière une haie où son amie vient la reprendre après le repas. Elles arrivent alors au presbytère de Mergey où ne se trouve que le neveu du chapelain. La compagne de Marguerite y demande à boire et engage la conversation en pays de connaissance. Bientôt survenu, l'oncle dit au neveu de mettre la nappe, tirer le vin, rincer les verres, placer le pain et le fromage. Il lui suggère ensuite d'aller s'occuper du cheval. Marguerite étant restée sur le seuil, le prêtre l'invite à entrer car on pensera du mal de lui si on la voit dehors. Une fois qu'elle est entrée, il ferme la porte pendant que sa compagne sort par celle de derrière. Commence alors, entre la fille demeurée seule avec le curé et lui, une véritable chasse à travers la chambre. Marguerite tourne autour de la table pour lui échapper tandis qu'il la poursuit en lui promettant robe, cotillon, chaperon. Il la saisit et tente de l'emmener sur son lit. Elle lui échappe mais il la rattrape et veut recommencer. Elle se met à crier, réussit enfin à ouvrir la porte de derrière et se sauve par le bourg en pleurant. Le neveu l'y rencontre. Elle refuse de revenir avec sa compagne qui menace de la faire prendre par les gens d'armes. Et l'on entend Marguerite, à travers ses larmes :

153. ADA, G 4179, f. 59 r (1465) ; G 4180, f. 142 v (1466) ; G 4183, f. 54, 7 r (1494) ; f. 188 r, 190 r, 203 v (1495).

« Je ne m'en irai plus jamais avec vous. Vous êtes une mauvaise maquerelle [154]. »

*

* *

Les prêtres ne constituent pas seulement une menace pour l'honneur des vierges. Ils peuvent aussi se montrer violents à l'égard des femmes en général. En 1441, par exemple, le curé de Saint-Léger reçoit une amende pour avoir frappé Marion Chapeau Vert. Un demi-siècle plus tard, celui de Villeneuve-aux-Riches-Hommes écope de quatre écus d'or pour s'être disputé avec une religieuse et l'avoir gravement mutilée. Des compagnes innocentes de ces vicaires agressifs sont parfois mêlées à leurs malheurs. En 1501, la veille de la fête de Saint-Denis, plusieurs chapelains se trouvent au milieu de joyeux compagnons dans une auberge du Buchot lorsque arrive un autre prêtre, avec sa sœur et sa cousine. Les ecclésiastiques jouent à tirer au tranchoir en pariant des pintes de vin ; ils se disputent sur le règlement et en viennent aux mains. Les adversaires du dernier prêtre survenu finissent par se précipiter sur ses parentes, couchées dans l'établissement. Ils écartent leur couverture, les prennent par les pieds, les tirent toutes nues hors du lit en les traitant de paillardes et de ribaudes, ce que ne sont certainement ni sa sœur ni sa cousine. Un témoin, qui ne confirme pas cet esclandre, a du moins vu ces femmes se lever devant le vacarme, presque aussi grand que s'il y avait eu des gens d'armes [155].

Florence, servante du chapelain de Péas, connaît, trois ans après, un destin plus classique. Elle est agressée, un jour de fête, par une bande de justiciers locaux, parce que son maître a eu la mauvaise idée de les battre comme plâtre. Les voyant arriver, pour se venger de lui à travers elle, elle se sauve dans le cimetière voisin et y embrasse la croix. Ils

---

154. ADA, G 4186, f. 28-29, 31 v, 34-36 (1501).

155. ADA, G 4172, f. 96 v (1441) ; G 4216, f. 134 r (1489) ; G 4186, f. 90 v, 96 r, 100, 110 v (1501).

tentent en vain de la lui faire lâcher et se contentent d'abord de lui frapper la tête dessus, en la blessant au visage et aux mains. Réussissant à l'arracher à son refuge, ils l'entraînent, toute en sang, et elle n'est sauvée de ses bourreaux que par l'arrivée des voisins. On la retrouve, l'année suivante, au service d'un autre curé, aussi violent que le premier : il se dispute avec les artisans des alentours, les insulte, leur jette des ustensiles. Jouant de malheur avec ses patrons, mais forte de sa résistance à l'enlèvement précédent, Florence, qui a de la riposte, nie absolument être la concubine de son nouveau maître [156].

Le monde des simples clercs est tout aussi dangereux. En 1461, l'exécuteur troyen de la haute justice s'estime en droit de frapper l'un d'eux, non seulement parce qu'il l'a traité de « bourreau infâme », mais aussi parce qu'il l'a provoqué en injuriant sa servante. Vingt ans plus tard, un de ses semblables, connu pour insulter pêle-mêle les autorités ecclésiastiques et les femmes, nie avoir servi de guide à des hommes d'armes partant enlever, entre autres proies, les servantes de plusieurs prêtres qu'ils violentent et rançonnent [157].

Le cas d'un autre clerc, en cette même année 1483, est moins pendable. On l'accuse d'avoir appelé une religieuse de l'hôtel-Dieu de Troyes, maintenant servante de l'évêque, ribaude, paillarde et putain. Il avoue la dispute mais soutient que cette sœur Simone l'a calomnié auprès de son nouveau maître. Il lui a dit simplement qu'elle parle trop, a la bouche tendre et qu'il lui faut un mors à patenôtres. Elle prend mal cette plaisanterie et le traite de coquin, paillard et truand. Il s'est borné à lui rétorquer qu'elle est plus truande que lui [158].

En ces menus conflits entre les sexes, l'affrontement provient avant tout de la proximité. En 1503, un clerc troyen devient ainsi furieux contre Jaquette qu'il a menée, avec des amies, à la campagne : ingrate, elle lui a préféré d'autres

156. ADA, G 4190, f. 172 (1504) ; f. 242 (1505).
157. ADA, G 4176, f. 81 r (1461) ; G 4181, f. 78-79 (1483).
158. ADA, G 4181, f. 201 v (1483).

garçons. Il lui donne des coups de rapière dans le dos, à leur retour, dans un faubourg de la ville. Il reçoit 20 sous d'amende. Vingt-sept ans plus tard, à Arcis, un de ses pareils se montre aussi nerveux. Présent à un bal de village avec une honnête fille, il aurait emmené de force cette Didière et tenté de la violer tout en l'insultant. Il explique qu'un jeune homme lui a indiqué que cette fille était « méchante » puisque maîtresse d'un autre. Le clerc la prend par le bras, la mène danser et elle va ensuite en sa compagnie, librement, dans une maison où on fait la fête. On devine alors une mêlée confuse entre jeunes gens plus ou moins éméchés, au milieu desquels les compagnes de Didière assurent au garçon qu'elle n'est pas méchante et qu'elles mettraient leur « corps pour le sien ». Elle-même le confirme pendant qu'un de ses amis tire un couteau en avertissant le clerc qu'il n'emmènera pas cette « fille de bien ». Certifiant qu'il n'a pas cherché à la violer, il se voit proposer, par elle, une transaction. Comme l'a admis le père de ce garçon, il reconnaîtra publiquement qu'il l'a enlevée contre son gré, sans attenter à sa pudeur, et qu'elle reste une honnête fille. Il doit, de plus, lui donner 10 livres. Il s'en tire avec une amende de 6 livres mais on voit que l'honneur des filles est fort chatouilleux [159]. La même impression ressort d'autres incidents de la vie quotidienne. En 1494, un clerc troyen appelle pour soigner sa sœur un chirurgien qui se permet de lui dire des choses inconvenantes. Choqué de tels propos tenus à une jeune fille, son frère entre dans une vive altercation avec le visiteur. Huit ans après, Babelette Payen reçoit 2 écus d'or d'un quidam, qui l'a frappée, parce qu'à sa question indiscrète : « Comment te portes-tu ? », elle répond sèchement : « Qu'en as-tu à faire ? ». Il assure naturellement qu'elle y a ajouté des insultes (paillard, ruffian, etc.) [160].

159. ADA, G 4188, f. 52 (1503) ; G 4200, f. 180-182, 198-199 (1530). On comparera avec l'admirable étude d'Yves Castan, *Honnêteté et Relations sociales en Languedoc 1715-1780*, Paris, 1974.

160. ADA, G 4183, f. 86-88, 121 r, 126 r, 139 v (1494) ; G 4187, f. 41-43, 45 v (1502).

Les agressions masculines peuvent présenter des aspects plus graves, notamment lorsque s'y mêlent, contre les femmes, l'intérêt économique ou le ressentiment social. En 1515, la fille de Jean Beau et sa servante sont trouvées, un dimanche, par un habitant de Souligny, en train de ramasser des noix sous un arbre appartenant à un voisin. Le premier enjoint immédiatement au sergent du maire de conduire ces femmes en prison. Elles allèguent en vain le peu qu'elles ont pris. Elles sont d'abord menées à leur maison où on demande au père s'il veut donner caution à ces délinquantes arrêtées en flagrant délit de maraudage. Il s'y refuse et les justiciers entreprennent alors de les emmener. La fille y oppose la force d'inertie et on doit la prendre sous le bras, la porter un peu, la remettre par terre en lui ordonnant d'avancer. « Si tu ne chemines, lui dit-on, je te traînerai. » A ces propos, elle répond à son persécuteur qu'elle l'envoie se pendre. Il la saisit par le poignet et la tire sur une longueur de terrain comparable à celle de l'auditoire de l'officialité. Comme elle pousse des cris, il doit la reprendre sous le bras et la porter à nouveau. Elle se plaint d'avoir été frappée, blessée aux genoux et au dos, mais n'a pas de témoins [161].

Les malheurs de Jeanne Druyn, de La-Chapelle-Saint-Nicolas, douze ans avant, ont été beaucoup plus graves. Cette orpheline est allée, le jour de la fête de Saint-André, réclamer ses gages à son ancien maître à Montpothier. A la sortie, elle est suivie par ses deux fils, dont un clerc, qui la battent atrocement dans les bois. On les emprisonne et ils expliquent qu'ils ont puni la maîtresse de leur père. Il se levait, la nuit, pour coucher avec cette servante. Leur mère en est morte de chagrin. Jeanne, interrogée, affirme qu'elle est vierge et confirme qu'ils l'ont frappée sauvagement. Un rapport de chirurgiens décrit longuement ses blessures et notamment une grave lésion aux « parties secrètes ». Elle provient des coups de pied au bas-ventre qu'elle a reçus du clerc lorsqu'elle a fui, à travers champs, pour échapper à ses

161. ADA, G 4193, f. 7, 9-10 (1515).

agresseurs. Un des spécialistes estime douteux qu'elle puisse, désormais, avoir un enfant et pense que seule une incision pourrait la guérir. Ses bourreaux reconnaissent leurs coups de bâton et de pied et se cautionnent mutuellement pour un montant de 100 livres. Ils ont mis leur victime en danger de mort. Or elle est pauvre et gagne sa vie par le travail. Ne pouvant observer un régime ou bénéficier des aliments nécessaires à son entretien, elle est incurable. Elle obtient de la part du clerc en un premier temps, à titre de provision, 4 livres pour ses besoins. Ainsi se termine précocement le destin d'une travailleuse de la Renaissance semblable à beaucoup d'autres. Exploitée économiquement et sexuellement, elle a sombré dans le fracas tragique d'une de ces vendettas expéditives qui scandent si souvent la vie sociale de l'époque [162].

---

162. ADA, G 4188, f. 118-121 (1503).

3

Les fiancées

LES FIANÇAILLES SONT UN COMBAT

L'« invention » du mariage chrétien, à la fin du Moyen Age, constitue une révolution sociale. Fondée désormais, en principe, sur l'engagement personnel des conjoints, l'institution ne rapproche plus seulement deux familles. Elle résulte du libre choix de deux individus qui s'unissent solennellement par une promesse réciproque sanctionnée devant l'Eglise [163]. Certes, l'intérêt économique et l'obéissance aux parents continuent à orienter les aspirations des fiancés, surtout au sein des classes supérieures. L'Etat devait d'ailleurs accentuer cette tendance. D'autant plus que la liberté des épousailles risquait de favoriser les mariages clandestins dont les autorités religieuses se méfiaient également. D'autre part, les époux se rencontrent toujours, en milieu populaire surtout, dans des cercles géographiquement restreints et socialement homogènes. Mais c'est à tort que l'on en déduit que l'amour et l'attirance physique n'entrent pas en jeu dans leur rapprochement. Condamnés sans doute à se marier dans le cadre où ils sont nés et ont grandi, les jeunes de 1500 n'en ont pas moins devant eux un large éventail de possibilités. Leur pauvreté les libère de

163. Remarquable étude, informée et équilibrée, de Jean Gaudemet, *le Mariage en Occident : les mœurs et le droit*, Paris, 1987.

l'asservissement à des considérations strictement matérielles, même si elle retarde la date de leurs épousailles. Quant à la pression parentale, une simple remarque démographique suffit à la minimiser : ces fiancés sont fréquemment orphelins. Il est sûr que leur union est autant le résultat d'une vaste pression collective qu'un choix personnel. Mais, lorsqu'il s'exerce, celui-ci n'a pas toujours à être soumis à une autorité supérieure, soucieuse, par exemple, des intérêts familiaux bien compris [164].

Les fiancées de 1500 apparaissent, dans les archives de l'officialité troyenne, comme très attachées à la nature autonome de leur engagement conjugal. Il est vrai qu'il s'agit là des traces d'un contentieux et qu'en ces affaires s'expriment surtout des contestataires, acharnées à défendre leurs droits contre ceux qui leur ont fait des promesses et à obtenir l'union qu'elles souhaitent. Mais celle-ci était trop importante, dans le cours et le sens de leur existence, pour que ces combattantes, ces conquérantes, ces révoltées, qui assaillent le tribunal ecclésiastique en vue d'une réparation légitime, ne soient pas représentatives d'une attitude et d'une vision fort répandues dans la jeunesse féminine. On veut d'abord se fiancer et se marier comme on l'entend.

Les domestiques rurales ou les servantes urbaines économisent sou à sou dans cette perspective. Leur labeur leur permet, par le pécule amassé, d'obtenir l'époux qu'elles désirent, pour ses qualités financières ou personnelles. Les archives ont conservé la trace, depuis la fin du XIVe siècle, des biens ainsi possédés par les chambrières de curé, qui ne sont pas toutes des concubines. Il leur faut de la patience pour parvenir à leurs fins puisque la servante d'un prêtre, en 1515, ne lui réclame que 14 livres pour cinq années de salaire [165].

164. Martin Aurell a eu bien raison de maintenir (*L'Histoire*, mars 1999, p. 4) le caractère « révolutionnaire » et « moderne » d'une doctrine canonique du mariage catholique qui le rend indépendant du comportement des parents, n'en déplaise aux pressions officielles de l'Etat français d'Ancien Régime en faveur de l'autorité familiale.

165. ADA, G 4228 (fin du XIVe siècle) ; G 4192, f. 19 v (1515). Voir, sur la stratégie matrimoniale des jeunes filles du peuple d'Ancien Régime, l'admirable chapitre du livre d'O. Hufton, *The Prospect before her*, aux p. 59-98.

Leur présence active a souvent comme horizon leur projet matrimonial. Elles ne manquent pas d'audace pour le réaliser si l'on en juge par le comportement d'une servante des étuves pour femmes à Troyes en 1462. Elle réussit, en ce lieu profane, à se faire dire dans sa chambre, le jour de la Toussaint, une messe personnelle par un franciscain. A l'évêque, remarquant son manque d'habilitation, le moine, fier des privilèges de son ordre, rétorque qu'avec l'autorisation d'un curé il a pu donner, en un tel endroit, la communion à cette fille. Friandes de sacré, ses pareilles le sont tout autant des baisers et des caresses dont elles savent qu'ils peuvent les conduire au précieux mariage. En 1495, Jeanne Legarcherat et son Pierrot, domestiques chez un maître commun, « se giboyaient l'un l'autre » en anticipant sur leur future union, ce qui ne fut pas du goût de leur patron [166]. On en vient donc rapidement aux noces, par un engagement solennel dont l'histoire d'une orpheline d'Isle-Aumont, Marguerite Colement, résume les caractéristiques. L'officialité souhaite qu'elle solennise le mariage qu'elle a contracté, peu avant, avec un garçon de sa paroisse. Ils se trouvent ensemble dans une maison de la localité et il lui présente un morceau de gâteau en lui disant : « Je vous donne ce lopin de gâteau en nom de mariage si Dieu et Sainte Eglise s'y accordent. » Elle s'empare de ce présent symbolique en répondant : « Et je l'y prends. » D'autres filles, plus heureuses (?), sont « créantées » par un diamant (dans le cas d'un notaire troyen et d'une autre orpheline en 1501) ou un bijou en argent. Mais toutes estiment que ce dialogue et cet échange suffisent à affirmer l'engagement [167].

---

166. ADA, G 4177, f. 151 v (1462) ; G 4183, f. 240 r (1495).

167. ADA, G 4183, f. 283 r (1495) ; G 4186, f. 16-17 (1501) ; G 4203, f. 37 v (1530). Ce matériau a été étudié par Jean-Louis Flandrin, « Les créantailles troyennes XVe-XVIIe siècle » *in le Sexe et l'Occident. Evolution des attitudes et des comportements*, Paris,1981, p. 61-82. Nous invitons le lecteur à comparer son analyse, faite dans un autre esprit, et notre chapitre. Elle rappelle justement que les folkloristes ont été les pionniers dans ce genre de recherche. On vient de célébrer, à l'occasion de la réédition de son *Manuel du folklore français contemporain*, sous le titre *le Folklore français*, Paris, 1999, 4 v, l'apport, à ce sujet, du grand Arnold Van Gennep (1873-1957), si méprisé, de son vivant, par l'ensemble de l'Université française, Ecole des hautes études et Collège de France compris (François Lebrun, *L'Histoire*, octobre 1999, p. 22-23 ; Alain-Gérard Slama, *Le Point* du 9 juillet 1999, p. 88-89).

Les autorités religieuses se heurtent donc sans cesse au problème des fiançailles clandestines lorsque ces accords privés ne sont pas régularisés devant elles. L'officialité s'en prend, au début des annés 1470, à Perrette Humbert qui a noué, depuis un an, des promesses secrètes de mariage en échange d'un anneau d'argent remis par son fiancé. Le synode troyen de 1516 se préoccupe d'une fille d'Onjon, Marguerite Fèvre, créantée clandestinement avec Colin Durant [168].

Selon la tradition canonique, le tribunal de l'évêque s'oppose encore à des fiançailles ne respectant pas les interdits de parenté. Ces prohibitions sont fort exigeantes puisqu'on fait des difficultés, en 1502, à une Denise, fiancée avec le fils de sa marraine. Comme les jeunes gens ont eu des rapports charnels, on leur permet de se marier religieusement mais ils devront accomplir une pénitence, sans compter une amende de 20 sous et une livre de cire. Pendant un an, les nouveaux époux diront chaque jour deux *Pater* et deux *Ave* ; ils se rendront, de plus, dans les trois mois, à plusieurs reprises en pèlerinage à Saint-Gond-d'Oyes. Par trois fois pour le conjoint et deux pour Denise, ils y présenteront un cierge ou une autre offrande. Ils pensent sans doute qu'ainsi leur union sexuelle, en principe doublement interdite, leur a au moins valu le bonheur conjugal. L'Eglise se dresse, en 1534, à Laines-aux-Bois, contre une Perrette Collin qui a accepté d'être créantée sans tenir compte des degrés de parenté prohibés. Les membres de trois lignages déposent longuement, au cours de la procédure, à propos de la nature exacte de leurs liens. En 1529, la cousine éloignée d'une accusée, orpheline d'un potier d'étain de Sézanne, définit leurs rapports en expliquant que, si l'une d'elles était un homme, le mariage pourrait avoir lieu [169].

On notera simplement ici, à propos des fiançailles, la précocité et la valeur de l'enquête de Van Gennep comme en témoignent ses *Folklore de la Bourgogne (Côte-d'Or)*, Gap, 1934, p. 31-40, *Folklore de la Flandre et du Hainaut français*, Paris, 1935, p. 71-82, *Folklore de l'Auvergne et du Velay*, Paris, 1942, p. 39-44, *Folklore des Hautes-Alpes*, Paris, 1946, t. Ier, p. 77-115.

168. ADA, G 4302, f. 83 v (1473-1475) ; G 4194, f. 62 r (1516).

169. ADA, G 4187, f. 48 v (1502) ; G 4202, f. 57-58 (1534) ; G 4207, f. 25-26 (1529).

Des familles, parfois, interviennent contre des fiançailles à leurs yeux scabreuses. En avril 1530, les parents de Jean Tartrier le font emprisonner par l'officialité ; il ne comprend pas pourquoi car il vient simplement de se fiancer, dans une église de Troyes, avec une Jeannette et d'avoir des rapports charnels avec elle avant leur prochaine union. Quinze jours plus tard, le père de Jean explique aux juges les raisons pour lesquelles il demande la dissolution des fiançailles. Il les estime incestueuses puisque l'oncle de son fils a eu, avant lui, une liaison avec Jeannette. Le père offre de le prouver. Le garçon a dès lors la maison paternelle pour prison. Il ne peut en sortir sans la permission de son père qui doit, bien sûr, le traiter dignement. L'officialité, en attendant, bloque toute possibilité de mariage pour les jeunes gens. Un artisan affirme bientôt qu'il a observé, une nuit, l'oncle en question accompagné de la fiancée et d'autres femmes de mauvaise vie. Ils allaient par les ruelles d'un quartier mal famé et ce témoin connaît la rumeur selon laquelle l'oncle a été l'amant de Jeannette. L'artisan a vu lui-même, d'ailleurs, ce personnage qui la déshabillait et lui palpait les seins. Une honnête épouse complète ce tableau en évoquant le temps où la fiancée indigne demeurait derrière l'hôtel de l'évêque, à l'enseigne des *Trois Mariottes*, et recevait souvent de nombreux jeunes gens, dont l'oncle de Jean [170].

*

* *

Différentes, les fiançailles de Marion Mathau, quatre ans plus tard, sont à peine moins difficiles. Elle se plaint de celui avec qui elle a échangé des promesses « en face d'Eglise ». Ils ont consommé leur union aussitôt mais elle vient d'apprendre que, longtemps avant, il a agi de même avec sa sœur Catherine. Suivent alors une série de réponses fort embarrassées du fiancé. Il explique d'abord qu'il y a

170. ADA, G 4200, f. 8 v, 13-14, 28 v, 30 r.

dix ans, il a rencontré cette sœur, dans la garenne de Brienne-le-Château, au milieu des buissons. Il lui a demandé si elle voulait se livrer à lui car, dit-il, c'est une fille publique. Elle ne fit aucune difficulté mais, quand il tenta de la connaître charnellement, ce fut un fiasco complet. Il assure aussi que, s'il a eu des relations avec Marion, c'est parce qu'il ne se souvenait plus de sa sœur. Un voisin rapporte, pourtant, qu'il lui en a parlé peu avant. Le pauvre fiancé à qui, progressivement, la mémoire revient, délivre alors sa conscience. N'y va-t-il pas, en effet, du salut de son âme comme, autour de lui, on le lui remontre ? Oui, il y a quelques années, il a rencontré Catherine, dans la même garenne, et cela s'est, cette fois, bien passé. Il invoque, là encore, sa faible mémoire pour expliquer cet aveu tardif. Emprisonné, mis au secret, il se rétracte à nouveau et affirme qu'il n'a jamais eu de rapports avec cette sœur. Il est finalement autorisé à se marier solennellement avec Marion, et condamné à une amende de 8 écus d'or dont profiteront les pauvres. Sa future femme, quant à elle, est punie de 20 sous [171].

Certaines de ces fiancées, telle Marguerite Molot, de Molins, orpheline de père comme Marion et qui reçoit, à la fin de 1487, une amende d'un écu d'or, contractent un engagement matrimonial avec des garçons de deux villages voisins, l'un « fiancé », l'autre « créanté ». Ces filles peuvent être déçues par des hommes aussi incertains qu'elles. Jeannette Boullot, en 1484, manque, par exemple, d'épouser un garçon du diocèse de Langres dont elle ne sait pas qu'il est déjà fiancé, depuis un an, en face d'Eglise, avec une fille de là-bas. Jeannette lui rend sa promesse et leurs fiançailles sont annulées. Elle est autorisée à se marier avec un autre tandis que son ex-fiancé doit épouser la précédente. Il est, de plus, condamné à payer à celle-ci ses lettres de mariage [172].

En 1508, une Marguerite, de La-Chapelle-Saint-Nicolas, est créantée, d'une pomme et d'une poire, par un Bourgui-

---

171. ADA, G 4202, f. 21-22, 40 v, 43 r (1534).
172. ADA, G 4216, f. 73 v (fin de 1487) ; G 4181, f. 238 v (1484).

gnon, dont elle ignore qu'il est déjà marié dans son pays et a quitté sa femme enceinte. Les fiançailles ont été célébrées par le chapelain de Chalautre-la-Grande et les bans publiés, lorsqu'un jeune homme, qui connaît la situation exacte du futur et ses origines, révèle le pot aux roses. Comme il n'y a pas eu de rapports sexuels entre les fiancés, leur séparation ne pose pas de problèmes et Marguerite est autorisée à se marier à un autre. Mais le bigame potentiel reste plusieurs mois en prison [173]. C'est le cas, en 1536, d'un de ses pareils, arrêté à Piney où il vient de se fiancer avec Jeanne Bietry. Il a le front de s'étonner d'être transféré à l'officialité alors qu'il y admet s'être marié, huit ans avant, avec une femme qu'il a vite quittée. Elle était enceinte lorsqu'il l'a épousée, fort jeune puisqu'il n'a maintenant que vingt-quatre ans à peu près. Il sait seulement que, tandis que leur enfant est élevé dans le lieu de sa naissance, sa femme est venue à Troyes où il a entendu dire qu'elle vit. Ce nomade assure avoir toujours fait ses pâques lors de ses déplacements. Depuis qu'il a atterri à Piney et qu'il s'y est fiancé, il a respecté sa promise, ce qu'elle confirme. Elle demande pourtant de pouvoir se marier avec un autre et que cet abuseur soit condamné aux dépens. On le lui accorde. Il subit de plus l'exposition publique à l'échelle, avec une mitre de papier, trois dimanches de suite, devant le portail de la cathédrale de Troyes. Sans compter deux semaines de prison et la recommandation de retrouver sa femme légitime, si elle subsiste, et de la traiter en époux [174].

Barbe Georget, orpheline de père habitant Dolancourt, offre un dernier exemple du parcours du combattant auquel les fiancées de la Renaissance sont parfois confrontées. Elle s'en tire, en 1527, avec tous les honneurs quoique son cas paraisse d'abord difficile. Un orphelin qui a cohabité avec elle chez le frère de Barbe affirme qu'à l'automne, dans les champs, il lui a donné deux grappes de raisin en nom de mariage et qu'elles les a prises et mangées. Elle

173. ADA, G 4191, f. 213 v, 239 r, 262 r (1508).
174. ADA, G 4203, f. 36 v, 38 v.

aurait reconnu, devant des notables locaux, qu'elle l'a créanté. Or elle vient de se fiancer avec un autre, en face d'Eglise. Le premier demande l'annulation de cette procédure et la solennisation de leur précédent engagement. Barbe admet être fiancée depuis un mois mais observe que son accusateur, alors présent, l'a reconduite de l'église à sa maison, avec les jeunes gens du village, sans élever la moindre objection. Elle estime que sa plainte lui a été inspirée par quelqu'un qui la poursuit de sa haine. Pour mieux la diffamer et faire manquer son mariage, son accusateur prétend publiquement l'avoir connue charnellement, ce qui est faux car elle est honnête. Elle demande 50 livres en réparation de son honneur. Elle avoue seulement que ce garçon lui a bien jeté une grappe de raisin dans le sein en disant qu'il la lui donnait en nom de mariage. Mais il n'a pas ajouté « si Dieu et l'Eglise s'y accordent ». Elle n'a d'ailleurs jamais reçu ce présent et l'a rendu aussitôt. Elle n'a nullement reconnu l'avoir créanté. Comme il répète qu'il l'a connue charnellement, elle propose d'être visitée par des accoucheuses. Sa fermeté, sur ce point, amène son adversaire à revenir sur ses imputations. On le met en prison et il prétend avoir agi à l'instigation du frère de Barbe, mécontent du mariage de sa sœur. Celui-ci l'aurait assuré que, s'il affirmait l'existence de relations sexuelles avec elle, il l'obtiendrait pour femme. Ce propos n'a pas de témoins et, pendant qu'on renvoie les accoucheuses, l'accusateur de Barbe renouvelle, d'abondance, ses rétractations. Il est condamné à lui demander pardon ainsi qu'à Dieu et à la justice, à lui donner 10 sous (contre 40 à l'officialité) et passer huit jours en prison, sans compter le jeûne les mercredi et vendredi. Il n'est pas au bout de ses peines car le procureur de Barbe le contraint, pour mieux permettre à sa cliente d'épouser son fiancé, à reconnaître l'inanité des promesses de mariage qu'il certifiait en avoir obtenues. Il n'en est que davantage puni et la liste n'est pas close puisque, le frère de Barbe niant ce dont on l'accuse, le malheureux plaignant doit ajouter une nouvelle dénégation, en se présentant comme une victime du « malin esprit ». Ce parjure supplémentaire lui vaut une ultime condamnation, portant notamment qu'après sa libération, à l'issue de la grand-messe dominicale, il déclarera publiquement que personne ne l'a poussé à s'inventer des rapports charnels avec Barbe. Ainsi apprend-il à ses dépens qu'il ne faut pas calomnier l'honneur des filles, surtout lorsqu'elles sont fiancées [175].

LES FIANÇAILLES SONT UNE CONQUÊTE

Les fiancées présentent souvent à l'officialité troyenne des demandes en exécution de promesses de mariage. Au début de 1530, une orpheline de Thilleux, Claudine Mangin, passe un mois et demi en procédure, à ce sujet, contre le fils d'un voisin. Ces démarches ne sont pas toujours couronnées de succès. En 1484, Guillemette Masure accuse un homme d'Aix-en-Othe de l'avoir tellement sollicitée en lui promettant le mariage, pour un contrat illicite, qu'il l'a déflorée. Elle assure qu'ils ont échangé leurs engagements et, là-dessus, eu plusieurs rapports charnels. Elle demande, après cette consommation de l'union, que celle-ci soit solennisée en face d'Eglise. Mais le garçon nie tout et affirme qu'il n'a pas la réputation de tromper les filles. On leur défend de se revoir pendant le procès tandis que le père du pseudo-fiancé et un ami de Troyes se portent caution pour lui [176].

Perrette Durand, dix ans plus tard, connaît une déception d'un autre ordre puisqu'elle explique qu'elle s'est créantée clandestinement avec quelqu'un, depuis longtemps, mais qu'il s'est, par la suite, fiancé avec une autre. Perrette exige qu'il lui revienne et soit puni et condamné. Elle décrit la scène, survenue il y a plusieurs mois, en présence de sa maîtresse. Le garçon a donné à Perrette une pièce de ruban, en nom de mariage, en accompagnant ce

175. ADA, G 4197, f. 128-129, 131-132.
176. ADA, G 4199, f.196 r, 200-201, 215 r ; G 4212 (1530) ; G 4181, f. 275 r, 334 r (1484).

présent de la formule complète. Elle a répondu, selon le rite, en disant qu'elle était contente. Son fiancé l'aurait d'ailleurs reconnu. Il indique, au contraire, qu'à ce moment, se trouvant à Ramerupt avec Perrette et sa maîtresse, celle-ci lui a parlé de ses noces avec cette fille et qu'elle a fini par lui ordonner : « Il faut que tu la créantes. Baille-lui quelque chose en nom de mariage. » D'où l'offre de la pièce de ruban. Mais il assure qu'en la présentant il s'est tu. Il estime donc avoir pu se considérer comme libre de toute attache. Devant cette manifestation de bonne foi, il est simplement défendu aux parties de faire quoi que ce soit provenant de leur contrat tant que le procès durera [177].

Ainsi se multiplient les contestations entre fiancés. En 1526, une orpheline de La-Chapelle-Saint-Pierre accuse un garçon du lieu de l'avoir sollicitée de se livrer à lui, trois ans avant, au milieu d'une atmosphère, il est vrai, propice à l'ébranlement des cœurs. C'était le temps de l'incendie de Troyes et, dans toute la région, on montait la garde par peur de la catastrophe. Au cours d'une de ces nuits de panique et d'excitation, le jeune homme, qui presse la fille en lui promettant le mariage, la déflore dans le jardin de son père. Il est clair que, pour cette Philippe Contat, l'acte sexuel était porteur d'un semblable engagement et leurs rapports se répétèrent. Son partenaire lui a même donné, il y a cinq mois, une bague d'argent dans cette perspective. Elle l'a reçue ainsi et continué à s'abandonner à lui, certaine de sa loyauté. C'est pour cela qu'elle demande maintenant que cet homme lui soit adjugé. A défaut, au cas où elle ne pourrait rien prouver, elle exige une dot. Emprisonné, l'accusé nie tout et fait d'elle une fille déréglée depuis longtemps. Elle s'est mal conduite avec le maître d'école de l'endroit. Ce garçon est libéré sous caution mais, assez curieusement, comme on lui propose de s'en rapporter à son père, dans le jardin duquel l'aventure a com-

177. ADA, G 4183, f. 177 r (1494).

mencé, il refuse en disant : « Je ne sais quel bien mon père me voudrait [178]. »

Certains de ces fiancés décevants peuvent avoir des motifs plus nobles, sinon parfaitement sincères. En 1504, Jeannette Brodey, de Linthelles, s'en prend à un de ces clercs, pourvus d'un ordre mineur et qui peuvent servir à l'autel sans être prêtre ou diacre. Cet acolyte se serait créanté avec elle, il y a moins de six mois, en présence de leurs parents, et elle réclame sans délai la solennisation. Le jeune homme, fort incertain, rappelle que son père a toujours eu l'intention de faire de lui un prêtre. D'où son statut actuel. Il explique même qu'il a créanté Jeannette parce que l'évêque n'a pas voulu l'admettre au sous-diaconat, alors que son père lui a assigné la somme nécessaire à l'obtention d'un titre patrimonial. Il se dit prêt, en principe, à épouser sa promise mais invoque encore le souvenir de sa mère qui, le jour de sa mort, devant toute la famille, l'a supplié de devenir prêtre. Il a juré, entre ses mains, de lui obéir. Jeannette observe simplement que, lors de leur engagement, son fiancé a nié un tel vœu. L'officialité convoque les témoins tout en défendant aux antagonistes d'entreprendre un autre mariage. Le garçon se voit intimer de ne pas progresser davantage, pour le moment, dans la carrière cléricale [179].

Moins porté sur les choses de l'esprit, un Troyen, cette année-là, est sommé, par Perrette Marinet, avec qui il s'est fiancé en face d'Eglise six mois avant, de procéder enfin au mariage, au moins après la moisson. Il reconnaît sa promesse mais on comprend, en l'écoutant, qu'il tarde parce qu'il reproche à son futur beau-père de ne pas lui donner ce à quoi cet homme s'est engagé lors de la négociation matrimoniale, à savoir 12 livres afin d'acheter des joyaux à

---

178. ADA, G 4197, f. 83, 87 v (1526). Voir, sur ce grand incendie qui marqua l'époque, Pierre Chevallier, « Chronologie des principaux incendies survenus à Troyes depuis 1524... » *in Mémoires de la Société académique de l'Aube*, 1991-1992, t. 116, p. 191-215 ; Françoise Bibolet, « 1524 : un incendie détruit le tiers de Troyes », *Vie en Champagne*, 1991, n° 426, p. 3-5.

179. ADA, G 4190, f. 201 r (1504).

Perrette, son trousseau et 6 livres, pendant deux ans, pour payer le loyer[180]. On ne doit pas accorder à ces considérations matérielles, touchant la dot, une importance primordiale dans les relations entre jeunes gens à l'époque des fiançailles. L'histoire d'une orpheline troyenne, Marguerite Gueux, au début des années 1490, montre bien au contraire, dans un milieu d'artisans, à quel point l'attirance des corps y préside souverainement aux démarches parfois hésitantes des jeunes gens. L'Eglise, en cette affaire, se préoccupe surtout d'y mettre fin au plus vite. Elle rappelle ainsi à Marguerite, à l'été 1494, que, quatre ans avant, un garçon lui a transmis, par diverses personnes, des ouvertures en vue d'une union. Elle lui a fait répondre qu'il fallait en parler à leurs parents et amis mais il n'abandonna pas ses projets. A la Saint-François de 1492, fête des courtepointiers célébrée dans le couvent des Franciscains, il lui présente une poire en nom de mariage. Elle la prend et mange. Il déclare après à sa mère qu'il est fiancé avec elle. Rencontrant Marguerite, cette femme le lui dit et la fille exprime sa satisfaction. Son promis s'est d'ailleurs vanté plusieurs fois, en public, de leurs fiançailles. Aussi demande-t-elle qu'il lui soit adjugé.

Moins assuré, il admet seulement, à propos de l'épisode de la Saint-François, avoir arrêté le domestique d'un pâtissier qui portait des poires sur un plateau. Il les achète et en fait présent à plusieurs femmes ou filles, épouses et célibataires, qui se trouvent là. Après la distribution, il leur dit à toutes, en joyeux luron : « C'est en nom de mariage que je vous les ai baillées. » Mais un témoin certifie que, quelques mois après, rencontrant ce plaisantin dans la rue et le voyant tout réjoui, il le questionne : « J'ai ouï dire que vous avez créanté Marguerite. » La réponse aurait été immédiate : « Elle est mienne comme ma robe, il n'en faut point mentir. » Cela semble confirmer les dires de la fille qui affirme partout qu'il l'a créantée. Il lui a déclaré, le jour de la fête, qu'il veut l'avoir pour femme. Quelqu'un conseille alors à

---

180. ADA, G 4109, f. 162-164 (1504).

Marguerite de réfléchir et de ne pas s'engager sans en parler avec ses amis. C'est à ce moment que serait arrivée la corbeille remplie de poires. Si le garçon les distribue bien à son entourage féminin, c'est à la seule Marguerite qu'il en présente une en lui disant : « Je vous donne cette poire en loyauté de mariage. » Elle la prend et mange, sans répondre, mais toutes ses compagnes s'écrient : « C'est ton mari. » Après cette enquête complexe, où l'obstination féminine à s'emparer d'un homme paraît le plus fort des sentiments en présence, les intéressés se fiancent enfin solennellement dans une église de la ville. L'officialité se hâte de leur demander de procéder au mariage religieux avant la Saint-Martin d'hiver. Ce tribunal juge utile de rappeler qu'il leur est interdit de procéder à une autre union, sous peine d'excommunication et d'une amende de 100 marcs d'argent [181].

*

* *

Marguerite, à sa façon, a été une conquérante et, à son image, d'autres filles utilisent la justice ecclésiastique pour obtenir le mariage, parfois au prix d'un véritable coup de force. Car l'official prend souvent leur parti et ne badine pas avec ceux qui refusent de leur tenir parole. On le voit condamner à 10 écus d'or, en 1492, un clerc qui ne veut épouser une autre orpheline de père, Jeanne Munier. Il devra solenniser son engagement devant l'Eglise puis, après proclamation des bans, contracter mariage avec elle. Le tribunal de l'évêque se montre aussi sévère, en 1530, en contraignant celui que désire Simone Bourjon à l'épouser [182]. Jeanne Branchu a reçu le même soutien en 1484. Son cas est délicat puisque, fiancée par paroles de futur avec un garçon de Vaudes, elle a été déflorée par un autre qui l'a rendue enceinte. Ils se sont unis à leur manière. Le séducteur, qui

181. ADA, G 4183, f. 89-90, 116 r (1494).
182. ADA, G 4217, f. 88 r (1492) ; G 4199, f. 232 v ; G 4233 (1530).

avoue ses rapports sexuels avec Jeanne, dans une grange, après ses premières fiançailles, nie, en revanche, lui avoir promis le mariage. Elle affirme le contraire et exige, avec l'appui des enquêteurs ecclésiastiques, qu'il soit emprisonné et obligé de l'épouser. Plusieurs fois interrogé, il finit par avouer lui avoir dit qu'il n'aurait jamais d'autre femme qu'elle, à quoi, au milieu de leurs étreintes, elle répond : « Je n'aurai jamais d'autre homme que vous. » L'officialité, qui n'attend que cela, annule les premières fiançailles, autorise leur victime masculine à se marier ailleurs, tout en condamnant Jeanne à l'indemniser des frais de justice. Mais elle tient son époux et devra seulement attendre le mariage religieux pour recommencer à coucher avec lui [183].

Vingt ans plus tard, Marguerite Hugot, d'Isle-Aumont, obtient de ces juges féministes un succès encore plus remarquable. Le 9 janvier 1504, elle se plaint d'un garçon qui, sept ans avant, comme ils jouaient dans les champs, prit un glaïeul et le lui présenta en disant : « Tiens, je te le donne en loyauté de mariage. » Elle a accepté et le promoteur de l'officialité trouve normal qu'ils soient condamnés à solenniser. Marguerite, qui a vingt et un ans, exige donc qu'on lui adjuge pour époux celui qui lui a fait cette déclaration quand elle en avait quatorze. Il se récrie, naturellement, assure que cela s'est passé il y a beaucoup plus longtemps, onze ans au moins, et que lui-même n'en avait que dix : s'il a, alors, donné ce glaïeul, ce n'est évidemment pas avec l'intention de se marier. La bureaucratie ecclésiastique n'entend pas ses raisons. Elle établit que, huit ans avant, ce garçon a bien offert cette fleur symbolique. Une amie de Marguerite l'a vue s'en emparer et raconte que tous les assistants ont alors pris leur pain et, à la manière des enfants, l'ont rompu et coupé en s'écriant : « Ils sont fiancés, faisons les fiançailles, ils sont créantés. » Que pèsent, devant l'évidence de ce rituel d'épousailles, les réticences de son héros qui avait, à l'époque, une quinzaine d'années ? Marguerite a gagné. Elle se fiance le 18 mai et

183. ADA, G 4181, f. 223, 234 v, 247 r (1484).

ses noces sont programmées pour avant le 15 août. Son père lui promet d'ailleurs une solide dot [184].

Une orpheline troyenne, Jeanne Guyot, a presque autant d'audace en 1516. Elle affirme à l'official que, deux ans avant, comme elle travaillait chez un huilier, un de ses compagnons lui avait donné une branche de prunelles en nom de mariage. Elle l'a reçue sans dire non. Cela suffit, à ses yeux, pour qu'il lui soit adjugé comme mari et les enquêteurs ecclésiastiques applaudissent à cette solennisation tout en exigeant une amende pour délit de clandestinité. La victime de cette procédure tente d'expliquer qu'un jour, en badinant avec Jeanne, il lui a sans doute présenté la fameuse branche « en loyauté de mariage ». Mais, quand il vit qu'elle voulait la prendre, il se hâta de retirer sa main en disant « Bée ». Ce garçon en conclut qu'il ne s'est donc engagé à rien. Beaucoup plus fine que cet imitateur de Pathelin, sa partenaire lui prête, au contraire, ces propos : « Tiens, je te la baille en loyauté de mariage. Il semble que je te moque mais je le dis à bon escient. » Elle a des témoins et, si le tribunal de l'évêque leur inflige, à tous deux, une légère amende et le paiement des dépens, il décide surtout qu'ils devront solenniser leur union dans les quarante jours. On comprend que le malheureux ait fait appel. Il ne désirait pas commencer sa vie conjugale sous de pareils auspices. Mais l'on voit que, pour Jeanne, si les fiançailles sont un combat, le mariage est bien une conquête [185].

En ce tissu complexe des relations entre les sexes, les proies peuvent être masculines. Leurs chasseresses, qui possèdent leurs coquetteries, disposent de beaucoup plus d'autonomie, d'initiative et de libertés d'allures que ne leur en accordent habituellement les historiens. On en a pour preuve, au sein d'un milieu social plus huppé, la Troyenne Bernarde Guillemi, en 1484. Un veuf explique alors qu'ils s'aiment, depuis un an, en mari et femme, se sont créantés

184. ADA, G 4189, f. 148 v, 155, 173-174 ; G 4190, f. 33 v (1504).
185. ADA, G 4193, f. 259-261, 281 ; G 4194, f. 103 v (1516).

et ont échangé des promesses. Il lui paraît normal qu'elle lui soit adjugée et qu'ils puissent solenniser en sortant enfin de la clandestinité. Il invoque, à l'appui de sa requête, un récent épisode. Le samedi précédent, Bernarde lui a fait dire de venir lui parler. Il s'y rend et ils causent de leurs fiançailles. Introduisant sa main dans sa gibecière, elle l'en retire pleine de monnaie et lui dit : « Me donnerez-vous ceci pour en faire ce que je voudrai ? » Comme il acquiesce, elle lui rend ses pièces en déclarant : « Eh bien tenez, je vous les redonne en loyauté de mariage et vous promets par ma foi que tant que je vis je n'aurai d'autre mari que vous. » Il reprend son argent et lui répond de même. Bernarde, curieusement hésitante, nie ces déclarations mais la veuve quinquagénaire d'un écuyer, mère de la dernière femme du veuf et citée par lui, apporte un éclairage singulier sur la mentalité des filles du temps. Un jour, vers l'heure où l'on chante prime, Bernarde a fait venir cette femme chez un ami commun, dans la grande chambre basse. Bernarde explique à la veuve qu'elle aime beaucoup son ancien gendre et désire fort l'épouser parce qu'elle sait à quel point il a rendu heureuse sa défunte femme, raison pour laquelle Bernarde l'a créanté. Comme son interlocutrice s'étonne qu'elle agisse ainsi sans le consentement de son père, elle lui dit qu'elle ne s'en soucie pas, que, s'il est en colère, il finira par se calmer, et que d'ailleurs plusieurs filles, encore de meilleure maison qu'elle, se sont mariées sans l'aveu de leurs parents et s'en trouvent fort aises [186].

Dans un cadre plus humble, et où les rapports entre les sexes sont plus directs, on observe cet acharnement féminin à préserver son intérêt et obtenir l'indépendance. En 1526, Claude Bourgeois, d'Isle-Aumont, se plaint d'un homme qui a promis de la prendre en mariage, lui a donné une épingle en ce nom et l'a déflorée il y a deux ans. L'accusé, peu galant, prétend avoir, à ce moment, donné à cette fille 2 sols et 6 deniers pour qu'elle lui ouvre la porte de sa

186. ADA, G 4181, f. 274 v, 306 v (1484).

chambre. Elle les prend, l'accueille et c'est alors qu'il la connaît pour la première fois. La femme de l'oncle de Claude est plus loquace à propos d'un épisode survenu chez elle trois ans avant. Claude et l'accusé badinent ensemble comme le font les jeunes gens. Il prie plusieurs fois la maîtresse de maison de sortir car sa présence le gêne. Il la rassure, cependant : « Je n'ai pas l'intention de rien faire de mal avec Claude. » Après plusieurs refus, elle finit par sortir un instant, sans aller très loin. Elle peut donc l'entendre dire à Claude : « Tiens, voilà ce que je te donne en loyauté de mariage si Dieu et la Sainte Eglise s'y accordent » mais elle ne voit ce qu'il lui offre. Claude parle, le lendemain, d'une épingle. Elle a semblé douter de la valeur de l'objet mais il lui a répondu que c'est comme s'il lui avait « baillé un écu : les paroles font le jeu ». Il en a profité, d'après ce témoin, pour coucher avec Claude, une nuit, dans la chambre haute que celle-ci occupe chez elle. La rumeur le confirme. Le séducteur semble estimer que le lit de Claude lui appartient. Une autre nuit, il y a trois semaines, il a voulu entrer dans sa chambre par la fenêtre, et signifié clairement, de façon obscène, qu'il est toujours prêt à faire l'amour avec elle.

Cet homme de trente ans vient du diocèse de Chartres. Il récuse l'histoire de l'épingle. Pour le reste, il explique seulement que, comme Claude et sa tante couchent ensemble, il lui est arrivé de dormir avec elles, « dans la ruelle ». S'il s'est installé seul dans le lit de Claude, c'est qu'elle était partie ailleurs. Niant maintenant avoir jamais parlé de rapports charnels avec elle, il avoue simplement avoir dit que, lorsqu'il repose à ses côtés, sa verge se dresse. Emprisonné, il est condamné à contracter mariage avec Claude dans les quarante jours et lui donner une dot de 20 livres. Son amende envers l'official est de 4 écus. Claude elle-même est taxée à 20 sous pour mariage clandestin. Son amant consent à la payer mais non à l'épouser. Il se résigne, pourtant, à être officiellement fiancé avec elle car c'est le seul moyen d'être libéré. Des cautions garantissent Claude contre les effets financiers de son éventuel refus de se marier avec elle. Il y a, parmi ces garants, un boucher troyen qui veut bientôt se désister parce que l'homme reste en prison. Mais la jeune femme tient à sa proie et rappelle, impitoyable, que cette caution est sans condition : pour elle, en effet, son « fiancé » est d'abord celui dont elle obtient de l'argent, en dot ou pour réparation de son honneur [187].

Certaines de ses pareilles attirent de pauvres garçons dans de véritables guet-apens. C'est, en 1502, le cas d'Henriette Parigot. Domestique dans la maison du seigneur d'Eclance, elle dit y être l'objet des assiduités de quelqu'un qui la fréquente et lui a assuré plusieurs fois qu'il la prendrait volontiers pour femme. Un samedi, il vient la voir à nouveau et a avec elle divers entretiens. Il ne se doute pas qu'ils déboucheront sur des fiançailles qu'il relate avec amertume. Henriette lui dit, le soir, d'aller se coucher sur un lit qu'elle lui désigne. Il veut s'en aller, vers minuit, mais cause du bruit en ouvrant une porte. Le maître se lève et lui demande ce qu'il fait là. Il a beau protester qu'il n'est pas venu avec de mauvaises intentions, ce noble personnage jure que ce garçon va créanter Henriette. Devant ses refus réitérés, le maître menace de lui couper les oreilles. Impressionné, le malheureux se fiance avec Henriette, mais explique aux juges ecclésiastiques que ce fut sous le seul empire de la crainte et sous réserve de l'accord de son père. Le seigneur a manifestement manigancé cette opération en compagnie de sa domestique et devant des témoins qui dépendent de lui. Il a envoyé sa femme les réveiller pour qu'ils y assistent. Malgré les objections de la victime qui argue de l'absence de son père et de sa peur d'être battu par lui s'il se fiance à son insu, son hôte prend ses mains et celles d'Henriette et dicte aux jeunes gens les formules rituelles et réciproques d'engagement matrimonial. Il se garde bien de mentionner, devant le tribunal de l'évêque, les menaces qu'il a proférées. Mais d'autres les attestent [188].

187. ADA, G 4197, f. 98 r, 100-101, 106-108 (1526).
188. ADA, G 4186, f. 165 v, 175-176 (1502).

*
* *

Ces conquérantes connaissent des déceptions, lorsque leurs fiancés rompent l'engagement qu'elles pensent avoir conclu. Cet échec leur est souvent indiqué avec brutalité. Au début des années 1470, plein de mépris, un homme dit avoir créanté une Jeanne en lui offrant « une soupe en nom de mariage » et un autre, chez un maréchal d'Arcis, explique qu'il a abandonné une fille trop facile qui a rencontré jusqu'au « refus des gens d'armes ». Au même moment, Jeannette Rude a la douleur de constater que celui avec qui elle a noué des fiançailles clandestines s'unit, en face d'Eglise, avec l'orpheline d'un bon bourgeois. L'infidèle s'en tire en assurant qu'il ne s'estime pas engagé, et se contente de payer une amende de 10 livres [189].

Jeanne Dame, en 1495, est également victime de sa naïveté. Cette orpheline de père reçoit une nuit, vers la fête du Saint-Sacrement, la visite d'un habitant de Clérey. Elle accepte de lui ouvrir sa porte. Ils parlent mariage et il promet de l'épouser à la prochaine fête de saint Martin. Elle répond que ce n'est rien de le dire et qu'il doit donner quelque chose en nom de mariage. Il lui offre alors une pièce de monnaie qu'elle accepte en ce nom. Ils ont été, depuis, signalés au curé, qui les a fait citer, mais comme elle n'a pas de témoins et qu'il nie, elle est condamnée à une amende d'une livre de cire, pour fiançailles clandestines, et au paiement des frais de l'instruction [190]. Henriette Garnier, de Pougy, n'a pas plus de chance en 1530. Elle se trouve, d'ailleurs, dans une situation encore plus délicate. Le jour de la Saint-André, où il y a foire à Brienne-le-Château, elle couche avec un voisin qui lui dit le faire « en nom et loyauté de mariage ». Malgré cela, il se fiance avec une autre en face d'Eglise. Henriette s'oppose à la publica-

189. ADA, G 4301, f. 4 (1473) ; G 4302, f. 100 r, 118 r (1473-1475).
190. ADA, G 4183, f. 201 r (1495).

tion de leurs bans en réclamant, pour elle, ce garçon avec qui elle a déjà consommé l'union. Elle demande, sinon, une dot de 100 livres. Si l'intéressé avoue leurs rapports charnels, il nie la promesse de mariage. Emprisonné, il est libéré et peut épouser sa nouvelle fiancée car l'ancienne ne dispose d'aucune preuve [191].

Le mépris des auteurs de ruptures peut être encore plus grand. Didière Belon en constitue une victime caractéristique au début des années 1490. Elle a travaillé, pendant deux ans, chez un habitant de Pruney-Belleville dont le fils la sollicite à plusieurs reprises. Il lui promet de l'épouser et elle s'y engage de son côté. Leurs premiers rapports sexuels ont lieu dans la grange du père ; ils se renouvellent, les derniers dans son grenier. Elle assure que ce garçon l'a déflorée et qu'elle est enceinte. Elle fait agir l'officialité pour obtenir le mariage avec son amant, qui est emprisonné. Didière exige au moins qu'il la dote selon le droit. Elle certifie sa franchise et son honnêteté avant de le fréquenter. Ce n'est pas l'opinion de son séducteur qui la présente comme notoirement connue pour son inconduite. On l'a souvent rencontrée seule avec un valet dans de nombreux endroits car, assure, plein de rage, celui qu'elle accuse, c'était une « pute au lit, au jardin » et dans tous les autres lieux de l'exploitation. Il se dit capable de le prouver. Quant au reste, il nie tout. C'est elle qui, dans la grange ou au grenier, lui a fait des avances. Puis on le voit, sans doute pour être libéré, se rétracter, admettre ce qu'on lui reproche, ne plus parler de l'inconduite de Didière. Il revient sur ce dernier point dès qu'il est élargi, afin de ne pas être obligé de la doter. Lorsqu'il a couché avec elle, indique-t-il, elle était déjà perdue de réputation à cause d'un jeune inconnu. En service à Fontvanne, elle y a été renvoyée parce qu'une nuit, couchée avec deux petites filles de la maison, de douze et sept ans, elle a accueilli cet individu, qui frappait à la porte, et s'est donnée à lui aux côtés des fillettes endormies. De nombreux témoins confirment cette image de femme

191. ADA, G 4200, f. 62 v, 68 v (1530).

publique qui vend son corps, non seulement dans diverses localités mais dans les champs des environs. On cesse, dès lors, d'inquiéter son amant [192].

L'échec des fiançailles peut avoir des causes sociales, liées, en particulier, au statut spécial entraîné par le servage. Deux affaires de 1516 en apportent des exemples. La première met en présence d'une orpheline de Chavanges, Catherine Mangin, qui pensait avoir tout mis en œuvre pour réussir à se marier. Elle travaille chez le receveur de la dame d'Arvillières et y est assez entrée dans la confiance d'un de ses compagnons pour qu'il lui donne en garde de l'argent. Vers la Saint-Georges, il lui offre, en nom de mariage, un lacet de laine qu'il a trouvé. Elle le reçoit d'abord en ce nom mais, le dimanche suivant, dit à son futur que cela ne vaut rien. Il lui répond : « Or bien tu me gardes de l'argent. Je te le baille en loyauté de mariage. » Elle accepte et il l'embrasse. Catherine demande qu'il lui soit adjugé par une union solennelle. Mais le garçon indique qu'il a toujours ajouté à ses propos la réserve suivante : « à condition que la dame d'Arvillières y consente ». En effet, il en est serf et ne saurait épouser qu'une fille de sa condition ou autorisée par sa maîtresse. Or celle-ci lui a refusé son accord et interdit, sous des peines sévères, de se marier avec Catherine. La pauvre fille a beau nier qu'il se soit exprimé ainsi lors de ses promesses, elle est déboutée et condamée aux dépens, sans compter la livre de cire habituelle pour délit de clandestinité [193].

Léonarde Brissot, peu après, est presque aussi déçue. Comme un garçon la créante, devant témoin, à Saint-Saturnin, elle lui rappelle qu'elle est serve et ajoute : « Ta mère et ta mère-grand ne seraient pas contentes. » Il rétorque : « Je sais bien quelle tu es. J'aime mieux mon profit que celui de ma mère. Je te mènerai à la ville franche et t'affranchirai. J'ai aussi bien 9 ou 10 francs pour t'affranchir comme mon oncle. » Celui-ci a épousé une serve, apparte-

192. ADA, G 4183, f. 247-249, 251 r, 255 r, 259-260, 263 v, 270 v, 275 r (1495).
193. ADA, G 4194, f. 214 (1516).

nant au même seigneur que Léonarde. Son fiancé lui fait déjà miroiter ses futures lettres d'affranchissement. Il doit sans doute oublier, assez vite, ces belles paroles puisqu'on la retrouve déposant une plainte sans suites à l'officialité [194].

Une ultime cause des ruptures de fiançailles réside dans la nature éminemment discutable des rites qui y conduisent. Nicole Loiseau explique en vain, en 1498, aux juges ecclésiastiques qu'un garçon lui a présenté, un mois avant, un récipient contenant de l'eau en lui disant : « Tenez, buvez en nom de mariage. » C'est ce qu'elle fait et, comme il se vante, maintenant, selon elle, de l'avoir créantée, elle exige la solennisation en face d'Eglise. Des témoins confirment que la scène s'est passée dans la maison de leur maître commun, un huilier. Il y a là plusieurs filles et l'une d'entre elles, qui n'est pas Nicole, dit au garçon : « Mon tendre amoureux, baille-moi à boire. » Il veut lui offrir de l'eau, « en nom de mariage », mais c'est Nicole qui s'empare du récipient et boit son contenu sans rien répondre. Depuis ce moment, le garçon, d'après lui, passe son temps à protester : « De bailler à boire en nom de mariage, est-ce créanter ? » Le tribunal de l'évêque lui donne raison mais on voit qu'en leurs rites d'approche les jeunes gens de 1500 frôlent souvent, à leurs risques et périls, le précipice désirable du délicieux mariage [195].

Les garçons font volontiers les coqs au milieu de filles qu'il leur arrive de décevoir. Denise Bazin, de Saint-Phal, sept ans plus tard, est persuadée qu'Antoine Robin et elle se sont mutuellement promis le mariage un dimanche de carême. Ne lui a-t-il pas pris les mains, devant tout un groupe, dont le sacristain du prieuré local, en assurant qu'il n'aurait pas d'autre femme qu'elle ? Elle s'estime donc en droit de demander la solennisation. Or elle apprend, au cours de la procédure, qu'il est déjà fiancé. Il indique aux juges, sans avoir l'air, apparemment, trop gêné, que, le jour en question, ceux qui l'entourent, parlent, en riant, de le

194. ADA G 4194, f. 261-262 (1516).
195. ADA, G 4184, f. 81 r, 83-85 (1498).

fiancer avec Denise. Il se serait alors exclamé, toujours sur le mode de la facétie : « Je suis content, je suis déjà fiancé, j'en aurai deux. J'ai fiancé la mienne de la main droite. Je suis content de fiancer celle-ci de la main gauche. Mais je veux épouser le grand vendredi. » Poursuivant ces joyeusetés de carême, le sacristain prend la main gauche du gars, la droite de Denise et les accorde. Le pseudo-fiancé assure, évidemment, n'avoir jamais eu l'intention sérieuse de contracter avec elle. Mais elle a pu s'y tromper et ces fiançailles à plaisanteries juvéniles sont grosses de malentendus [196].

On en observe un dernier effet dans le cas de Barbe Montaigne, de Moussey. Elle affirme qu'un jour de 1528 un voisin lui demande, devant plusieurs personnes, si elle est mariée. A sa réponse négative, il lui dit que ce serait mieux pour elle si elle l'épousait. Comme elle assure qu'elle veut bien, un des assistants propose de les fiancer sur l'heure. L'intéressé rejette son offre : « Tu ne sais ni A ni B. Tu ne nous fianceras point. » Mais il s'exclame aussitôt, le maître d'école du lieu passant providentiellement par là : « Voici le magister qui nous fiancera bien. » D'accord avec cette suggestion, le notable préside, le plus sérieusement du monde, à l'expression de leurs promesses mutuelles. Rien n'y manque, à en croire Barbe. Prenant ses mains et celles du maître d'école, son futur s'engage à ne pas changer de sentiments pour elle « ni pour pire ni pour meilleur jusqu'à la mort ». Il l'embrasse en ce nom. A la demande d'un de leurs compagnons, elle proclame qu'elle accepte d'être créantée par lui comme lui par elle. Deux ans plus tard, le héros de l'histoire ne s'en souvient pas. Le maître d'école, qui a trente ans, se rappelle très bien, au contraire, ce jour de fête où, après une conversation au cours de laquelle Barbe et l'accusé évoquent leur futur mariage, il l'embrasse en ce nom devant plusieurs personnes. Elle accueille volontiers cet engagement. Un vigneron indique la promesse, demandée alors par le maître d'école au garçon, et sa réponse : « Oui, sire. » Un laboureur, enfin, décrit plutôt

196. ADA, G 4190, f. 297 (1505).

un silence embarrassé des deux jeunes gens. Il aurait été seulement rompu par les « oui » de l'accusé. Quant à Barbe, elle se serait bornée à remuer la tête. Etait-elle contente ? Que voulait dire ce geste ? Les enquêteurs se font expliquer, par leurs interlocuteurs, qu'à la campagne remuer la tête, en réponse à des questions, est un signe de consentement. On comprend que des rites de fiançailles aussi précis, complexes et incertains, à l'image de la sociabilité, mi-bavarde mi-taciturne, dont ils constituent le reflet, soient riches en possibilités de contentieux [197].

LA LIBERTÉ DU REFUS

Les filles qui se présentent devant les juges viennent souvent casser elles-mêmes leurs fiançailles. Ils punissent d'une amende cette démarche, dès le début du XVe siècle, mais ce type de plaignantes ne disparaît pas. Leurs motifs ne sont pas toujours clairs mais leur volonté suffit, comme pour Jeannette Pyot, orpheline de Précy-Saint-Martin, en 1494. Déjà créantée avec un garçon, dont le père figure parmi les témoins en compagnie du curé, elle s'est fiancée avec un autre et ne désire plus le premier. Malgré deux mois de procès, à la fin de 1529, un papetier troyen ne parvient pas à apaiser ou convaincre une autre orpheline, Robine Jaquot, à qui il réclame en vain l'exécution d'une promesse de mariage qui lui aurait été faite sans condition. L'année suivante, Catherine Dutartre, de Vaudes, se voit de même rappeler, par un voisin, la pièce d'argent et la « brelingue » valant 6 sols et 8 deniers qu'il prétend lui avoir données en nom de mariage. Des filles et des veuves font chorus mais Catherine n'a plus l'air d'accord [198].

Certains de ces refus peuvent avoir des raisons sérieuses et d'abord sociales. Fiancée à Jean Miot, une Antoinette, en

197. ADA, G 4200, f. 64 r, 77-78, 144 r (1530).

198. ADA, G 246 (1413-1416) ; G 4183, f. 46-48, 52 v, 56 r ; G 4211 (1525) ; G 4199, f. 16 v, 166 r, 175 v (1529) ; G 4200, f. 102 r, 107 (1530).

1503, ne veut pas solenniser car elle a appris, depuis leurs fiançailles, que c'est un serf. Il en convient. D'après un témoin, lorsque le mariage s'est traité, au père d'Antoinette qui l'interrogeait sur sa condition, le garçon répondit qu'il n'en savait rien. Le père, d'ailleurs, dit que cela lui importe peu. Il assure parler au nom de sa fille, absente. On voit qu'elle finit par se montrer beaucoup plus délicate que lui sur ce point [199]. Un tiers de siècle plus tard, à La Villeneuve-au-Chatelot, une servante et orpheline, Guillemette Martin, est aussi attentive à cet aspect du mariage. Elle a été créantée, avec une image d'argent de Notre-Dame, par un homme qui lui demande de conclure. Mais elle explique qu'elle n'y est pas tenue car il est serf et mainmortable. Elle ajoute que, lors de leurs conventions, il ne lui a avoué qu'une dizaine de livres de dettes. Or elle sait maintenant que leur montant est de dix fois supérieur. Tout en convenant avoir été serf du chapitre de Troyes, son partenaire se proclame racheté et affranchi. Il certifie qu'il le lui a dit, lui a fait voir des lettres, qu'il exhibe maintenant et relit. Ils se sont créantés le lundi précédent et, huit jours avant, il a informé Guillemette de sa situation. Elle nie en bloc et ne veut rien entendre [200].

Les motifs sanitaires sont cruciaux dans ce refus féminin des fiançailles. Un malheureux garçon du diocèse, au début du XVIe siècle, en est victime à deux reprises. En avril 1502, sa première fiancée, Nicole, s'oppose à la solennisation parce qu'il a le nez fétide, « punois ». Elle ne s'en est pas aperçue avant les fiançailles. Il tente de nier mais une femme, citée par Nicole et voisine du père de ce garçon depuis plusieurs années, confirme, après lui avoir souvent parlé, qu'il pue de la bouche ou du nez. Personne, du coup, ne peut faire société ou conversation avec lui. Il rend donc sa parole à Nicole mais, l'année suivante, en février, il n'a pas plus de chance avec Guillemette Coqu, avec qui il a

199. ADA, G 4188, f. 12 v (1503).
200. ADA, G 4203, f. 19 r (1536).

réussi à se fiancer. Sa mauvaise haleine est, selon cette fille, un motif suffisant pour ne pas l'épouser [201].

Ses pareilles peuvent invoquer des ennuis plus graves. En 1516, Jeannette Courent, de Villemaur, refuse de solenniser avec un voisin qui est son fiancé en face d'Eglise depuis un an. Elle explique aux juges que tout le monde assure, dans le village, qu'il est lépreux. On l'y appelle quotidiennement « ladre » ou « museau » sans qu'il ne dise rien. Elle ne veut pas certifier qu'il l'est mais ne peut souffrir cette situation. Interrogé, il affirme qu'il n'a pas la lèpre et demande une visite médicale aux frais de Jeannette. Comme celle-ci ne prétend pas qu'il soit lépreux, l'officialité leur prescrit de solenniser dans les quarante jours mais la fiancée récalcitrante pousse jusqu'à l'appel [202].

Le nouveau mal de Naples (la syphilis), dès le début du XVIe siècle, est une source de semblables difficultés. En 1504, une orpheline de père, Jeannette Vincent, qui a contracté mariage par paroles de futur il y a huit jours, ne veut plus épouser celui qui l'a créantée car, dit-elle, il est atteint de cette maladie incurable. Son fiancé explique qu'il en a été affecté mais est guéri. Jeannette, d'ailleurs, le sait puisque, lorsqu'il a été question de mariage entre eux, elle a voulu, à cause de cela, le voir nu. Elle a donc, estime-t-il, contracté avec lui en connaissance de cause. Elle répond qu'elle sait, en effet, qu'il a été malade mais qu'elle ne l'a vu nu que jusqu'à la ceinture. Elle est persuadée qu'il souffre encore de ce mal. Aussi est-il soigneusement visité par des chirurgiens barbiers de Troyes qui ne discernent aucune tache ou apparence suspecte sur les parties qui sont le siège de cette maladie. Un ulcère, à sa jambe, est accidentel. Il est facile à guérir, jugent ces hommes de l'art, qui caractérisent ce fiancé comme sain et net. Malgré cet examen médical, consciencieusement ordonné par l'officialité, il ne semble pas que Jeannette soit satisfaite [203] Un quart de

201. ADA, G 4187, f. 4 v, 9 (1502) ; 157 r (1503).
202. ADA, G 4194, f. 289 (1516).
203. ADA, G 4190, f. 187 r, 194 r, 199 r (1504).

siècle plus tard, Gilette Blondel, de Saint-Martin-ès-Vignes, fiancée depuis longtemps en face d'Eglise, refuse toujours la solennisation parce qu'elle croit que son promis a le mal de Naples. Elle demande qu'on le visite. Il nie, tout en confessant qu'il a été « rongneux ». Il semble bien qu'on s'oriente vers une longue information où Gilette poursuivra son action jusqu'à l'examen médical le plus complet de l'homme dont elle ne veut plus [204].

Les fiancées peuvent aussi changer d'avis pour des motifs de nature plus morale. En 1529, Jeannette Coffinet refuse désormais celui avec qui elle s'est créantée du consentement de leurs parents. Elle l'explique par le fait que, depuis l'échange de leurs promesses, il a commis un homicide sur la personne d'un de ses oncles. Il avoue ce crime, en légitime défense, mais observe que des lettres royales ont rétabli sa première réputation. Jeanne n'en est pas convaincue et, après discussion, le tribunal ecclésiastique lui donne raison [205]. L'année suivante, Jeanne Preudhomme, de Méry-sur-Seine, est accusée, par un voisin, de ne vouloir l'épouser alors qu'il lui a donné, le 15 août, une verge d'argent en nom de mariage et qu'elle l'a acceptée. Elle nie ce dernier point mais indique surtout, pour expliquer son refus, que ce garçon est toujours entouré de nombreuses femmes ou filles dissolues avec lesquelles il se livre quotidiennement à la débauche. Tout le monde le traite, à juste titre, de ruffian. Blasphémateur, joueur de dés et de cartes, il ne connaît, à part cela, aucun métier. On devine la force de pareils arguments auprès de l'official [206].

Restent, à la base de la défection des fiancées, les impondérables et les variations de l'« éternel féminin ». Certaines affaires en portent la trace. Les fillettes elles-mêmes peuvent participer à ce jeu et l'on a vu que, dans l'atmosphère du temps, les plaisanteries les plus innocentes risquent d'être utilisées contre elles comme contre de jeunes gar-

204. ADA, G 4198, f. 103 v (1528).
205. ADA, G 4199, f. 130 v (1529).
206. ADA, G 4200, f. 111 r (1530).

çons. Un foulon troyen, en 1505, ne craint pas de demander en mariage une orpheline de père, Jaquette Gaudevart. Il a été domestique, quatre ans avant, chez le second mari de la mère de l'accusée, mort depuis. Un jour où l'on fiance une servante avec un autre domestique, Jaquette lui dit : « Chacun se fiance sauf nous. Il vaut mieux que nous nous fiancions. » Il répond : « Je suis content. » Elle prend alors un gobelet d'étain et le lui présente, en loyauté de mariage. Il s'en empare en ce nom en répétant son acceptation. Il voit là une volonté manifeste de contracter une union et assure que Jaquette a toujours déclaré qu'il l'a créantée. Tout s'éclaire lorsque son conseiller, en réponse, rappelle aux juges qu'elle n'avait que neuf ans à ce moment. Il lui était donc impossible d'envisager des épousailles. Elle entend d'ailleurs elle-même rétablir les faits. C'est par manière de jeu, dit-elle, qu'elle lance à ce domestique : « Tenez, Rousseau, je vous donne ce gobelet en nom de *male rage* », pour participer évidemment à l'atmosphère de fête nuptiale qui règne dans la maison. Mais elle ne s'est sentie fiancée ni d'intention ni de volonté. Elle nie avoir jamais reconnu qu'il l'ait créantée. C'est lui, assure-t-elle, qui le lui rappelait souvent, et cette petite peste de rétorquer en riant : « Je suis votre male rage. » Elle ne manque pas de témoins mais, même à moins de dix ans, elle a joué avec le feu en entrant, fût-ce par dérision, dans le cercle magique des paroles rituelles de fiançailles, acte sérieux par excellence aux yeux de la société et de l'Eglise, dont les deux derniers cas, survenus en 1530, illustrent les ambiguïtés [207].

Marguerite Royer se trouve un jour au milieu d'un groupe de jeunes gens dont l'un tient une flûte appartenant à son ami Marguin. Voyant l'instrument, elle le demande pour en jouer. Sans doute, on le lui refuse, mais elle s'en empare et le porte à ses lèvres. Marguin lui dit alors que, si elle en joue, ce sera en nom de mariage. Elle s'empresse de le faire. Et les assistants de s'écrier qu'elle est créantée. Elle aurait accepté et promis à Marguin qu'elle n'en aurait

207. ADA, G 4190, f. 260-261, 267-268, 280, 281, 287-288 (1505).

« jamais d'autre que lui ». Il s'engage à la réciproque. Il la fréquente d'ailleurs depuis longtemps en vue d'un mariage qu'il a demandé à ses parents. Il réclame maintenant la solennisation. Elle s'y oppose en disant qu'elle a bien pris et emporté la flûte mais que, dès qu'elle a entendu les paroles de Marguin, elle l'a rendue car elle ne voulait pas l'épouser. Soutenant la permanence de son refus, niant la fréquentation de Marguin ou sa demande en mariage, elle réussit à lui faire retirer sa plainte et il est condamné pour clandestinité et aux dépens. Les jeunes filles de ce temps sont plus libres qu'on ne pense [208].

A Beaufort, le jour de la fête du Saint-Sacrement, Jeanne Lepage a reçu d'un orphelin de père une épingle, en nom et loyauté de mariage. Il prétend qu'elle l'a acceptée et qu'ensuite, comme il lui demandait quelle ceinture elle voulait, elle répondit « une noire et non une rouge ». Laboureurs et manouvriers, les témoins de la scène, expliquent aux juges que l'échange de ceintures, entre créantés, fait partie de leurs rites. Une orpheline de vingt ans précise que, ce jour-là, Jeanne enlève à son futur une épingle qu'il tient à la main et refuse de la lui rendre. Il en aurait profité pour lui dire : « Eh bien puisque tu ne me la veux rebailler, je te la baille en loyauté de mariage si Dieu et Sainte Eglise s'y accordent. » Un des assistants admoneste Jeanne : « Jeanneton, comment l'entends-tu ? Tu te laisses créanter à tes yeux voyant ? » Connaissant la règle du jeu, elle croit l'apaiser en répondant : « Il n'a pas bien dit. » Mais le garçon, pour la démentir, répète avec emphase et précision la formule rituelle à laquelle il ajoute : « Que veux-tu de plus ? » Jeanne se serait mise à rire et à fixer, sans rien répondre, l'épingle sur sa poitrine. Elle n'en est pas mariée, pour cela, à celui avec qui elle a joué aux fiançailles. Mais celles-ci, élément d'un processus religieux pour l'Eglise, appartiennent d'abord, pour les jeunes gens de 1500, à leurs rites de sociabilité amoureuse [209].

---

208. ADA, G 4200, f. 144, 167 r (1530).
209. ADA, G 4199, f. 202 r, 235, 247 v (1530).

*
* *

Il arrive à des fiancées, révoltées contre leur engagement matrimonial, d'y être contraintes par l'officialité. Leur destin désolant permet de comprendre l'acharnement, mis par certaines de leurs sœurs, à éviter un sort analogue. Agnès Le Bry est ainsi adjugée, malgré ses réclamations, à Etienne Regnault en 1515. Ils ont échangé des promesses de mariage mais elle ne veut plus y procéder pour deux raisons. Il ne sait, d'abord, aucun métier et ne pourra donc gagner leur existence. D'autre part, elle a appris, depuis leur accord, qu'il n'est pas apte à procréer. Il proteste du contraire et suggère qu'on le visite. Le jeudi après la Circoncision, les fiancés consentent finalement à solenniser leur union [210]. L'année suivante, Catherine Naquerye, fiancée en face d'Eglise avec Bonaventure Pinton, refuse de lui être adjugée parce qu'elle a su, depuis cette époque, qu'il est atteint du mal de Naples et incurable. Elle estime ne pouvoir habiter avec lui sans danger pour sa propre santé. Il avoue avoir eu une maladie mais il n'est pas prouvé que ce soit la syphilis. D'ailleurs, il a été bien soigné et se trouve guéri. Lui aussi accepte une visite médicale. Elle est décidée, confiée à deux chirurgiens, dont l'un représente la plaignante. Son fiancé refuse son offre de le tenir quitte de sa promesse, comme Agnès a également procédé dans l'affaire précédente, en vain. Joignant à l'accusation sexuelle un autre reproche, Catherine indique que Bonaventure a volé un chaudron, fait de la prison et reçu une condamnation pour cela. Il nie et remarque que, même exacte, cette peccadille ne peut l'empêcher d'obtenir la solennisation. Au bout de plusieurs semaines, Catherine propose une transaction, qu'il refuse, et qui aurait consisté à attendre jusqu'à la Nativité de Saint-Jean : s'il ne présente pas, alors, de symptômes de sa maladie, sa fiancée acceptera de s'unir à lui.

210. ADA, G 4193, f. 155 r (1515).

Elle y est bientôt condamnée, avant cette date, par les juges ecclésiastiques. On peut, évidemment, rester sceptique sur la réussite d'un mariage engagé sous de pareils auspices [211].

La même année, deux autres filles du diocèse ne sont pas mieux traitées par le tribunal. Marion Damoiseau, de Nogent-sur-Seine, a reçu, vers la Noël 1515, en présence de leurs parents respectifs, de la part de son voisin Jean Hucherot, un anneau en nom de mariage. Elle l'a accepté, du consentement de son père, et son fiancé demande qu'elle lui soit adjugée. Marion explique son opposition par une information recueillie depuis leurs créantailles : la rumeur court, à Nogent, que Jean a commis un vol et qu'une transaction a été conclue avec le prévôt. La fiancée ne veut plus, en conséquence, épouser ce garçon. Il se prétend, en réponse, innocent de ce délit. Il a lui-même négocié, à ce sujet, une composition avec le fermier des amendes du prévôt. Si un de ses oncles s'est directement entendu avec ce dernier, Jean le désavoue. Il refuse donc la proposition de Marion visant à annuler leurs fiançailles. Elle doit payer les dépens et ils sont mariés dans les quarante jours [212].

Anne Gambey n'eut pas plus de chance avec Jean Robinet, de Bossancourt. Sa fiancée depuis plus de sept mois, elle ne s'estime pas tenue de solenniser car, parti trois jours après pour Dijon et rentré au bout de cinq semaines, il n'est pas venu la voir. Elle a été malade des fièvres et il ne s'en est pas inquiété. Il a même menacé de la battre, le jour où ils seraient époux. Il répond qu'à son retour de Dijon il s'est bien rendu chez les parents de sa fiancée pour la voir. Ils l'ont accueilli avec des injures : « Qui diable t'a apporté ici ? Le diable qui t'y a apporté t'en puisse reporter. » Malgré cela, il est toujours prêt à la prendre pour femme. Plus diplomate que ses prédécesseurs, il se déclare disposé à lui rendre sa parole si elle le désire. On voit alors avec surprise, malgré la gravité de ces accusations, le père et la fille accep-

211. ADA, G 4194, f. 3, 13 r, 33 r, 42 v (1516).
212. ADA, G 4194, f. 64-65 (1516).

ter l'union en disant bien que Jean, lui aussi, peut se considérer comme libre s'il le souhaite. Le mariage religieux est décidé, finalement, dans les quarante jours mais il succède à des fiançailles agitées et propices en disputes [213]. L'aspect de contrainte et d'échec est plus net dans un épisode en date de 1527. Gabriel Songis poursuit une orpheline de Semoine, Marguerite Cadenelle. Ils se sont créantés clandestinement et il lui a donné, à cette occasion, un ruban qu'elle a accepté. Il exige qu'elle lui soit adjugée. La pauvre fille explique vainement qu'elle a été forcée à ces accordailles par ses tuteurs, à une époque où elle avait à peine onze ans. Comme elle en a maintenant près de quatorze, et au bout de huit mois de procédure, l'officialité, qui lui fait payer les dépens, la livre à son futur époux comme correctement fiancée [214].

La résistance héroïque et victorieuse de certaines filles à une union qui ne leur convient pas mérite d'autant plus d'être soulignée. La Troyenne Perronne Platat, par exemple, agit avec une détermination et un beau sens stratégique, la journée du vendredi 22 août 1494. On connaît l'affaire parce qu'une semaine plus tard Perronne est accusée, devant le tribunal de l'évêque, d'avoir contracté, ce jour-là, tour à tour un mariage clandestin avec Garin Lechat et des fiançailles en face d'Eglise avec un autre homme, barbier de son état. Le promoteur de l'officialité, d'ailleurs, demande plutôt l'annulation des secondes et la solennisation du premier, tout en soumettant Perronne à une amende légitime en raison de ses deux contrats simultanés. L'enquête apprend ses démarches du fameux vendredi. En début d'après-midi, elle fait dire à Garin de venir la trouver chez un ami commun. En présence de celui-ci et de sa femme, plus un autre témoin, les jeunes gens échangent leurs promesses : elle sera son unique femme et lui son seul mari. Il lui demande si son père est consentant et elle l'affirme. Deux heures plus tard, elle se fiance avec le barbier. Perronne l'explique par sa peur d'être battue par ses parents,

213. ADA, G 4194, f. 284 r (1516).
214. ADA, G 4198, f. 5 r (1527).

auxquels elle n'a rien dit de l'événement précédent. Devant ces révélations, le barbier, bon prince, consent à l'annulation de leurs fiançailles à condition que Perronne lui rende les objets et joyaux qu'il lui a donnés et paie les dépens. Il lui accorde, en plus, la permission écrite, et nécessaire, d'en épouser un autre. La chose est décidée, le 5 septembre, et fixée dans les quarante jours. Perronne s'en tire avec 10 sous d'amende ; elle aura à payer les frais d'un éventuel mariage du barbier. On devine qu'elle s'en moque puisqu'elle a acquis l'homme qu'elle désire, en dépit des siens [215].

*

* *

Deux derniers épisodes permettent de pénétrer, de manière plus approfondie, à l'intérieur de familles perturbées par le refus féminin des fiançailles obligées. Il faut ainsi cinq mois à l'officialité, au début de 1529, pour apprécier la plainte dirigée contre une autre orpheline de père, Catherine Gent, de Sézanne. François Martin, après accord entre les parents, lui a donné deux verges d'argent en nom et loyauté de mariage et elle les a acceptées. Fiancée en face d'Eglise, elle refuse maintenant la solennisation. Elle indique que ces promesses lui ont été arrachées par violence. On l'a conduite de force au sanctuaire. Elle ajoute que, même si ces fiançailles sont régulières, elle n'y est pas tenue puisque François est châtré. Catherine fait présenter, par ses conseillers, l'exposé de ses récriminations. Sa mère, son beau-père, François et ceux de connivence avec lui ont eu peur qu'on la voie pleurer, en plein jour, à l'église. Il l'y ont conduit de nuit et il y faisait si noir qu'on n'y apercevait rien : Catherine ne sait même pas, du coup, si elle s'y est bien fiancée avec François. Celui-ci, devant ses pleurs, ses protestations contre la contrainte et ses déclarations selon lesquelles elle ne l'aimera jamais, est passé aux provocations : « Par la vertu Dieu, elle me fera coûter de

215. ADA, G 4183, f. 131, 135 (1494).

l'argent parce qu'elle ne veut point de moi mais quand je l'aurai épousée, je la ferai suer et acheter aux quatre membres de son corps ce qu'elle m'aura coûté. » Encore plus odieusement : « Je garderai et ferai bonne chère de tout son bien. » Il la battra, l'abandonnera.

Des témoins viennent appuyer la cause de l'orpheline. Un notaire royal à Sézanne, son beau-frère, confirme son refus d'épouser François. Sa mère, devant cette attitude, a menacé de la déshériter. Et Catherine de répondre : « Je n'en veux point. J'aimerais mieux mendier ma vie et mourir que de l'avoir. » La veille des fiançailles, sa mère est tombée subitement malade chez un voisin et le beau-père et la sœur de Catherine sont allés la soigner. A son retour, le premier lui dit : « Par le sang Dieu, madame, c'est par vous que ma femme se meurt. Mais si elle meurt je vous romprai le cou. » Elle se sauve alors chez un autre notaire du lieu et se lamente auprès de sa femme : « Cet homme m'a dit que c'est par moi que ma mère se meurt et que si je ne prends en mariage ce compagnon il me rompra le cou. Hélas ! Je ne sais que je ferai. » C'est donc par crainte qu'elle promet, le lendemain, d'épouser François. Deux ou trois heures avant, comme son beau-frère lui dit que c'est un garçon honnête, de bonne réputation et qu'elle doit se marier avec lui, elle fond en larmes en expliquant : « Il est bien jeune. » Peu après les fiançailles, elle quitte la maison de sa mère et va chez l'autre notaire où elle reste plusieurs jours, malade de chagrin. Elle supplie sa mère de la conduire dans un couvent. Elle espère qu'ainsi François, ne sachant où elle se trouve, en épousera une autre.

La fille d'un sergent, âgée de seize ans, a entendu Catherine dire à sa mère, au milieu des débats précédents : « Ma mère, ma mère, je vous prie que je ne l'aie point. Si vous êtes lassée de me nourrir, mettez-moi servir et que je n'aie qu'un pauvre habit de toile dessus mon dos. » Elle ne cesse de pleurer, se jette souvent aux genoux de sa sœur, les mains jointes et en larmes : « Ma sœur, ma mie, je vous prie, dites à ma mère qu'elle se garde bien d'en faire la chose car si elle le fait elle me fera la plus malheureuse de mon lignage. » Ce témoin confirme les fiançailles nocturnes (on n'y voyait qu'aux chandelles) et indique que Catherine, résistant toujours, « se recula » lorsqu'on l'appela pour y procéder. Il fallut qu'une femme la saisisse par le bras et l'amène au prêtre : « Tenez, voyez-la là. » Le témoin se souvient des menaces antérieures de la mère, fréquentes et publiques : « Vilaine punaise, par la merci Dieu, si tu ne le prends, je te ferai bâtarde de tous mes biens et te mettrai en tel état que tout le monde aura pitié de toi. Vilaine punaise, trouve maître et t'en va car jamais tu ne demeureras en ma compagnie si tu ne le prends à mari. » Catherine rétorque : « Bien, ma mère, je suis contente de servir. Ou si ne me voulez faire servir, tuez-moi plutôt que je l'aie. Et vous pardonne ma mort. » Après les fiançailles, avant de quitter la maison de sa mère, elle y est restée deux ou trois semaines, pleurant sans cesse, ne buvant ou mangeant pratiquement rien. Ce témoin observe qu'elle n'a pas, alors, dépensé un liard pour sa nourriture. Une fois partie, elle affirme ne plus vouloir retourner chez sa mère ; elle supplie qu'on la conduise dans un pays éloigné ou un couvent, afin qu'on ne puisse la découvrir. Elle tombe alors gravement malade et on croit qu'elle va mourir. A ce moment, sa mère, par des discours insinuants, lui promet enfin qu'il n'est plus question de ce mariage et la décide à retrouver la santé. Cette mère revient de loin puisqu'on l'a encore entendue braver sa fille, le jour des fiançailles : « Par la promesse Dieu, vilaine, si tu ne prends pas ce compagnon ici qui est honnête fils et qui a tout plein de biens en mariage, je te baillerai du poing sur le nez. En sorte que je te ferai venir le sang jusqu'à tes pieds. » On comprend que Catherine, en revenant de l'église, ait beaucoup pleuré : « L'on me contraint par force prendre à mari celui-ci. Je ne sais comment il m'en prendra. » Mais, maintenant, tout est oublié. Après une très longue procédure, le tribunal de l'évêque déboute entièrement son fiancé. Catherine l'a emporté, sur lui et sur les siens [216].

216. ADA, G 4207, f. 1-7, 11-20, 22-26, 28-29 ; G 4199, f. 32 r (1529).

Cinq ans plus tard, c'est avec son père que Jeanne Roujat, de Saint-Christophe, a maille à partir. Ressemblant un peu à Perronne Platat, elle s'est créantée, en vingt-quatre heures, avec deux hommes, le premier par amour et le second pour contenter ses parents. Le deuxième, Jean Maillart, de Bétignicourt, la poursuit pour cela. Il s'oppose à la publication de ses bans avec le premier, François Coulas. Le dimanche suivant la fête de saint Christophe, les parents de Jean et ceux de Jeanne ont conclu une convention de mariage à leur sujet. Puis les jeunes gens se sont accordés en buvant en ce nom. Or la rumeur a appris à Jean, peu après, que Jeanne s'est fiancée, la veille, avec François qui n'a pas craint pourtant d'assister, le lendemain, à ses secondes fiançailles.

Elle avoue tout et explique qu'elle n'a créanté Jean que par force et peur de son père. La veille, elle s'est bien fiancée avec François qui lui a promis de n'avoir jamais d'autre épouse qu'elle. Elle dit d'abord que cela se passa sans témoins et que, lorsqu'il lui prit la main, en symbole de sa promesse, elle ne lui répondit rien. Elle assure que son père, pour la contraindre à créanter Jean, l'a menacée de la battre et chasser de sa maison. François, après leur accord de la Saint-Christophe, s'est, depuis, fiancé solennellement avec elle devant l'official. Il affirme qu'il y avait, la première fois, des témoins, ce que, maintenant elle confirme. Jean est, bien sûr, scandalisé et refuse d'abandonner sa poursuite. Son rival, présent aux fiançailles familiales de Jeanne, ne lui a-t-il pas dit qu'il en était fort aise et donné le baiser de Judas ? François se justifie en expliquant qu'il est arrivé au milieu de la cérémonie et n'a pas embrassé Jean. Il ajoute que, s'il ne dit alors rien de son accord de la veille avec Jeanne, ce fut par peur de son père. Cet accord a été passé devant deux femmes mariées des environs. On remarque que si l'une, comme Jeanne, indique que celle-ci ne répondit pas à François, l'autre, au contraire, assure qu'elle exprima son consentement.

Le nœud de l'affaire est la terrible réputation d'autoritarisme du père. Le frère germain de Jeanne l'a entendu, le dimanche en question, appeler plusieurs fois sa fille pour qu'elle créante Jean. Elle refuse d'abord de venir puis finit par le faire, par peur de cet homme qu'elle craint comme le feu. « Viens ça, voici Jean Maillart que je te veux bailler en mariage. Le veux-tu bien ? » lui dit-il. Elle ne peut que lui répondre : « Ce qu'il vous plaira, mon père. » Ce dernier, continuant à présider à l'opération, ordonne au futur : « Tiens, Jean, baille-lui à boire en nom de mariage. » Ce frère, peu après, a vu Jeanne se jeter sur son lit et y rester deux jours durant, pleurant et se lamentant. Un de ses oncles, laboureur à Saint-Christophe, l'a observée, ce dimanche, tentant d'amadouer son père, le suppliant avec instance de lui épargner les créantailles avec Jean. Elle le caresse, le prend par le menton : « Mon père, je vous prie, ne faites rien jusqu'à dimanche prochain. » Il la repousse brutalement du coude : « Par la Fête-Dieu, tu le seras tout à cette heure. » Elle se retire alors à l'écart et pleure amèrement. Son entourage la gronde de vouloir ainsi désobéir à ses parents. Elle l'apaise en répondant finalement qu'elle fera ce qu'il leur plaira. Mais, lorsque Jean lui présente à boire en nom de mariage, si elle prend le verre et le porte à ses lèvres, elle prétend n'avoir pas bu. Le lendemain, elle vient trouver son oncle et lui dit qu'il faut dissoudre ce mariage, qu'il n'y a pas d'autre remède car sa décision est irrévocable : « Si on lui faisait prendre Jean, elle ferait le plus grand déshonneur et la plus grande honte à son lignage que jamais ne fit fille. » Elle précise que, de toute façon, elle aime mieux se pendre ou se noyer. Et elle répète qu'elle n'a pas goûté au vin de Jean. Peu après, elle déclare encore, de manière énigmatique, à un cousin, que ses parents ne savent pas ce qu'elle a fait avec un autre. Ils l'apprennent vite et, au bout d'un mois de procédure, l'officialité la délivre provisoirement de Jean, tout en lui infligeant 40 sous d'amende. Celui qu'elle refuse continue le procès en appel mais elle peut légitimement espérer en être débarrassée [217].

217. ADA, G 4202, f. 49 v, 52-54, 59 v, 61 r, 70 r (1534).

*

* *

Les juges ecclésiastiques de Troyes annulent, de la fin du XIVe au milieu du XVIe siècle, de nombreuses fiançailles, et ce n'est pas toujours au détriment de celles qui les ont d'abord conclues. Certaines, sans doute, en sont pour leurs frais telle cette demoiselle Claude Vincent, de Villiers-Saint-Georges, prétendant, en 1519, avoir créanté clandestinement un gentilhomme et qui est déboutée. Mais, le plus souvent, l'arrangement est mutuel. C'est le cas, dès 1390, pour une servante de noble, Simone, et son fiancé. Ils se présentent devant l'official et expliquent qu'en raison de la haine survenue entre eux ils ne pouvent donner suite à leurs projets de mariage et désirent se rendre, réciproquement, leur foi. Ils affirment qu'ils n'ont pas eu de rapports charnels et les autorités religieuses accèdent à leur demande. Simone, en pénitence, doit faire dire une messe des morts [218].

En 1534, une Troyenne, Louise Marmot, qui s'est fiancée avec un peintre parisien, en face d'Eglise, n'a, de même, aucune peine à faire annuler, en sa compagnie, leurs accordailles. Une orpheline, Guillemette Guéry, a connu, elle, quelques problèmes, quarante ans avant. Son éventuel mariage avec Guillaume Morin est sans doute dissous sans histoire, « pour certaines causes ». La difficulté tient à une ceinture de velours noir, garnie d'argent doré, que ce dernier lui a donnée à l'occasion de leurs fiançailles, et qu'il entend récupérer. Or à l'origine elle était d'une autre couleur et garnie d'or blanc, mais Guillemette l'a fait teindre et recouvrir d'une dorure. De plus, en la portant, elle lui a causé une dépréciation. Tant pour l'objet que pour son revirement, elle doit, selon Guillaume, lui verser un dédommagement qu'il évalue à 20 sous [219].

---

218. ADA, G 4218, f. 27 v (1519) ; G 4170, f. 6 v (1390).
219. ADA, G 4202, f. 41 v (1534) ; G 4183, f. 279 v (1495).

L'histoire de Denise Fouroy, de Vaudes, au début de 1504, confirme l'influence exercée par la syphilis, on l'a déjà vu, dès ce moment, sur la vie des femmes. Cette fille s'est fiancée en face d'Eglise avec Jean Bridole ; il la veut toujours comme épouse mais elle refuse de solenniser car elle a été informée qu'il est atteint du mal de Naples. Elle rappelle à quel point cette maladie est grave, incurable, « infecte », contagieuse et que très peu en guérissent. Jean avoue tout cela mais estime que son infection n'est pas un empêchement au mariage. Il indique que Denise connaissait sa maladie avant leurs fiançailles puisqu'elle l'a fait visiter en vue de savoir s'il était guéri. Elle le nie et juge, au contraire, que ce mal suffit à annuler leur engagement. Comme il y a contestation entre Jean et elle sur sa connaissance de la maladie à l'époque des fiançailles, l'officialité ordonne une procédure qui dure plus de deux mois et demi.

Elle renseigne sur ce que sont des fiançailles difficiles et mouvementées, pour des raisons sanitaires, autour de 1500. Denise a abordé un voisin, au moulin de Clérey, afin de le questionner au sujet de la maladie de Jean. Il n'en sait rien et elle lui demande le secret. Une femme mariée de ses amies n'est pas mieux informée mais Denise, un jour, seule avec elle dans la demeure de son père, lui en a parlé. Elles causent toutes deux du mariage projeté et Denise lui explique : « Je ne crains à l'avoir que pour cette maladie. » Son interlocutrice lui dit qu'elle doit y réfléchir. Denise cherche alors à se rassurer : « Il n'en est plus malade, il est guéri, ma mère l'a visité tout nu et n'y a rien trouvé. » Des jeunes filles du voisinage, âgées de dix-huit et vingt-deux ans, confirment ces indications.

Le témoignage et l'action de la mère de Denise furent décisifs. Cette femme se rappelle qu'avant les fiançailles Jean est venu chez elle, comme il en a l'habitude, avec une tante. La mère lui dit, en présence de celle-ci, qu'elle craint, pour lui, le mal de Naples. Elle lui lance : « Vois ça, dépouille-toi ici. » Il accepte le défi et se déshabille tandis qu'elle ajoute : « Il ne me chaut que tu le fasses. » Or, apprend-elle maintenant aux enquêteurs, elle aperçoit, sur le corps de Jean, les preuves de cette maladie, à savoir une multitude de taches : sa peau ressemble à une écaille de poisson. Elle en fait immédiatement part à sa fille.

On peut s'étonner qu'après un tel examen les fiançailles aient bel et bien eu lieu et que Denise ait tant tardé à les rompre. Outre son attachement probable à Jean, attesté par les témoignages précédents, celui de la mère achève de faire comprendre pourquoi sa propre influence de matrone, informée et experte, mit longtemps à s'exercer. Le père de Denise, en effet, selon sa femme, est un homme terrible qui a forcé leur fille, par la frayeur qu'il lui inspire et les coups qu'il lui donne, à se fiancer avec Jean. La réalité est sans doute plus compliquée mais l'évidence du mal et l'empêchement au mariage qu'il constitue s'imposèrent. Les parties se rendirent mutuellement leur parole et, condamnée aux dépens, Denise dut méditer sur les aléas de la condition de fiancée [220].

---

220. ADA, G 4189, f. 160, 165-166 ; G 4190, f. 27 r, 32 r (1504).

4
Les épouses

LE JOUR DES NOCES

Le mariage, préparé par des fiançailles parfois mouvementées, demeure en partie une affaire d'argent. Les archives ecclésiastiques ont conservé quelques-uns de ces contrats qui abondent dans celles des notaires. En 1526, Jeannette Maillet, future épouse, reçoit de ses parents deux robes (une fourrée et une doublée) plus un cotillon et d'autres habits. Elle dispose d'une chambre fournie d'une broderie toute neuve. Sans compter du linge, comme il convient à une fille de bonne maison. Elle apporte à son mari 30 livres d'argent, dont 20 comptant, le reste étant dû dans un an. Elle est riche aussi de deux lits et deux chaperons neufs [221]. Onze ans avant, lorsqu'un clerc célibataire de Sézanne, âgé de dix-neuf ans et incarcéré plusieurs fois, demande le pardon de l'officialité, il indique qu'il veut désormais fuir le vice, vivre honnêtement, se marier. Et ce garnement déclare, à l'appui de sa requête, qu'il va bientôt épouser une personne appartenant à une famille aisée. Ce récidiviste finit, en attendant l'heureux événement, par être libéré sous caution [222]. Lors de l'été 1534, un de ses pareils, à l'orientation plus intellectuelle, compose et fait représen-

221. ADA, G 4157, f. 46 r ; G 4231 (1526).
222. ADA, G 4192, f. 17 r, 19, 22-24 (1515).

ter à Troyes, avec ses complices, une moralité sur le « désir d'acquérir ». Empruntée à l'histoire de Midas, elle enseigne qu'il ne faut pas se marier par avarice. Les autorités ecclésiastiques n'apprécient guère que cette « farce ou tragédie », qui tourne en dérision les robes longues et les bonnets ronds en les affublant de grandes oreilles d'âne et d'une queue, soit jouée à l'occasion d'une noce où se trouvent plus de cent honnêtes gens, dont beaucoup d'avocats et de procureurs [223].

La cérémonie de mariage est, en effet, une des grandes occasions festives de l'existence privée. Les enseignes de cabaret en offrent souvent la représentation aux passants. En cas de remariage discutable, la tentation du charivari reste puissante, comme à Chalautre-la-Grande au début du XVe siècle. Les mariés, ce jour-là, sont l'objet des pressions des gars du village qui exigent d'eux le versement d'un droit. On l'appelle « couillage » et l'affaire peut tourner mal, comme à Dampierre, en 1515, où un clerc, qui y participe, est maltraité au cours d'une rixe [224]. La messe de mariage risque elle-même d'être troublée, en ce moment de forte excitation. En 1527, à Sézanne, dans l'église où se déroule un tel service, un paroissien, voyant un assistant ramasser l'argent jeté par quelqu'un en signe de fête, lance, à la tête du premier, une pierre qui le blesse au sang. Devant la bagarre et la bousculade, il faut procéder aux rites de réconciliation du sanctuaire [225].

Les prêtres ne comprennent pas toujours les coutumes associées aux réjouissances nuptiales par les fidèles, qui peuvent se prolonger un an durant. A Rumilly-lès-Vaudes, un dimanche de 1527, le chapelain assiste à un esclandre pendant la grand-messe. Hommes mariés et autres compagnons célibataires prétendent mener à l'offrande une récente épousée. Il leur intime de n'en rien faire mais ils ne

---

223. ADA, G 4202, f. 37 r (1534) ; voir, sur la société troyenne à cette époque, « le Beau XVIe Siècle troyen : réalités culturelles et sociales, aspirations religieuses, 1480-1560 » *in Vie en Champagne*, 1985, n° 357 ; K. Böse, « *Städtische Eliten in Troyes im XVI. Jahrhundert* », *Francia*, 1983, p. 341-363.

224. ADA, G 4201, f. 88 (1533) ; G 423 (1403-1406) ; G 4193, f. 122 v, 134 (1515).

225. ADA, G 4199, f. 206 v (1530).

l'écoutent pas car, expliquent-ils à l'official, la tradition locale leur attribue ce privilège. C'est en son nom qu'ils ont pris cette femme par la main pour la conduire à l'autel. Le malheur veut que d'autres assistants ne soient pas d'accord et une discussion orageuse éclate. Elle conforte l'intention du curé, qui parvient à rétablir le calme, de supprimer pareilles habitudes [226].

S'il est l'occasion d'un rassemblement joyeux dont les mariés se souviennent toute leur vie, le repas de noces offre prétexte à de dangereux débordements. En effet, après avoir bu et mangé, on ne se contente pas de danser au son des ménétriers, loués pour la circonstance ; on se livre à des compétitions sportives qui peuvent déboucher sur la violence. Le dimanche 21 octobre 1515, à Pouan, lors du mariage de Colas Colot avec une orpheline du lieu, le nouvel époux organise une course dont le prix sera une coiffe. On discute ferme sur les conditions de l'épreuve et on en confie la présidence à un des deux frères Petitjean, clercs de Mesnil-la-Comtesse venus participer aux réjouissances. Il donne le signal du départ en laissant tomber son bonnet mais, comme le vainqueur n'est pas un gars de Pouan, cela mécontente les jeunes mâles du cru. Ils le manifestent en accusant le président de partialité. Maltraité, tiré par les cheveux, il menace de se venger. Le soir, après souper, on ramène, dans la maison des conjoints, un habitant de la localité, le ventre ouvert d'un coup de couteau. Les tripes lui sortent du giron. Une des femmes qui se trouvent là met la main sur la plaie pour comprimer les boyaux et demande au blessé l'auteur du méfait. Il désigne, parmi les frères Petitjean, celui qui, dans la journée, « avait baillé l'amandier au prévôt ». Le malheureux meurt bientôt et sa veuve, trois mois plus tard, doit constater l'inanité de ses poursuites. Avec ses compagnes, elle a pu contempler, impuissante, en ce jour des noces, la sanglante stupidité des surenchères de virilité [227].

---

226. ADA, G 4197, f. 133 r (1527).

227. ADA, G 4193, f. 83-4, 107, 118 r, 123-125, 130-133, 137-138, 140, 193 r (1515-1516).

*
* *

En matière matrimoniale, l'Eglise se préoccupe surtout de lutter contre les unions clandestines dont les femmes peuvent être actrices ou témoins. Cette hantise, présente dès le début du XVe siècle, n'abandonna jamais l'officialité. Elle s'inquiète, en 1484, d'un prieur de l'ordre teutonique qui aurait permis le mariage non autorisé d'une Jeannette dans son église de Beauvoir. Une vingtaine d'années plus tard, des poursuites sont engagées contre une femme que son cousin post-germain au premier degré vient d'épouser en secondes noces. Il y a bien empêchement pour consanguinité mais cet Adam Belon a trouvé le moyen de faire célébrer leur union par un prêtre parfaitement inconnu, dans une chapelle dont ils ont réussi à obtenir les clés. Le mari sait seulement l'adresse personnelle de l'ecclésiastique tandis que sa femme avoue qu'ils sont d'abord allés dans le diocèse de Sens, à Séant-en-Othe, où le curé n'a pas voulu les marier. On la met en prison dans la cuisine de l'hôtel de l'évêque. Elle déclare, par la suite, qu'Adam l'a connue charnellement avant de l'épouser. Il lui aurait dit qu'ils ne pourraient se marier sans ces rapports préalables. Le père et le frère de l'épouse, également emprisonnés, expliquent qu'ils sont allés trouver le prêtre en question en compagnie d'Adam le matin de ces noces clandestines, à Troyes, dans leur paroisse familiale. Le père et le fils s'en tirent avec une amende de quelques écus [228].

La vigilance du tribunal ne faiblit pas. En 1523, il excommunie plusieurs personnes de Méry-sur-Seine qui ont trempé dans un mariage clandestin de nuit, sans publication de bans, célébré, là encore, par un prêtre inconnu. Il

228. ADA, G 243 (1403-1406) ; G 245 (1409-1413) ; G 246 (1413-1416) ; G 4181, f. 238 r (1484) ; G 4187, f. 129, 131-132, 134-135, 140-142 (1503). *Cf.* B. Gottlieb, « *The meaning of clandestine marriage* », *in* R. Wheston et T. Hareven éd., *Family and Sexuality in French History*, Philadelphie, 1980.

s'agit, outre le mari, de sa femme Marguerite, qui est orpheline de père, de la veuve de ce dernier, qui a donné son consentement à sa fille, et de deux témoins. Tous paient deux fois plus, en moyenne, que les condamnés précédents [229].

Ces unions interdites frisent parfois le picaresque. Le mardi 26 février 1527 des poursuites sont engagées contre deux religieux de Ramerupt dont un y dessert le prieuré. Peu avant, deux hommes sont venus trouver le premier de ces bons pères pour lui demander de célébrer le mariage entre l'un d'eux et une certaine Jeanne qui les accompagne. La cérémonie, disent-ils, peut se faire au prieuré puisque les futurs mariés viennent de s'y fiancer. Ces hommes ajoutent que la femme est importunée par un noble qui veut l'épouser. Une fois mariée et l'union consommée, elle en sera délivrée. Bien que les fiancés ne possèdent pas les autorisations officielles, le moine publie les bans nécessaires dans l'église du prieuré. Son confrère entend les futurs mariés en confession, se fait confirmer qu'ils n'ont pas promis de s'unir à d'autres, prononce les paroles requises et enregistre les promesses d'usage. Là-dessus, le mariage réalisé, il se retire. Il est 8 heures du matin. Resté seul, le premier religieux célèbre la messe et donne la bénédiction nuptiale. Il s'occupe enfin du certificat de mariage tout en ne sachant ni le lieu de naissance, ni la filiation de Jeanne. L'officialité est persuadée que les moines se moquent des avis de l'évêque et qu'ils ignorent ses reproches. Les deux hommes nient. Pourtant, l'abbé du premier lui a recommandé de ne pas se mêler de pareilles épousailles et ils ne disposent pas d'un mandat du curé titulaire. On comprend les raisons de leur audace en apprenant du second de ces religieux, emprisonné, qu'il a eu pour maîtresse, dans ce prieuré, quatorze ans avant, sa servante Bertrande. Elle logeait dans une chambre séparée mais il se rappelle l'avoir connue charnellement plusieurs fois. Il était donc fait pour apprécier les histoires d'amour [230].

229. ADA, G 4128, f. 120.
230. ADA, G 4197, f. 143-147.

Les recherches des juges n'épargnent pas les délinquants ; ainsi, en 1531, ils poursuivent le seigneur de Crespy et « damoiselle Jeanne de Foix, sa soi-disant épouse ». Tous deux ont procédé à une union interdite, en un temps prohibé, à une heure indue, par un prêtre inconnu, dans une chapelle de la paroisse du mari. Ils sont menacés par le tribunal d'une annulation en attendant une décision de justice. En réponse, ils disent avoir été fiancés en face d'Eglise, à Juzanvigny, par le vicaire de l'endroit. Les bans y ont été publiés par la suite, comme à Crespy. Les époux en montrent les lettres et avouent avoir été mariés, vers 5 heures du matin, dans la chapelle indiquée, par un prêtre qu'un parent de Jeanne a amené. Le premier serait du diocèse d'Autun et ils ne savent son nom. Ils sont emprisonnés, le mari dans l'hôtel de l'évêque et Jeanne dans la maison de son propre procureur. Il leur est défendu de jouir de leur union avant que sa validité ait été établie. Ils confirment, le lendemain, que la cérémonie s'est déroulée selon les règles, avec remise d'anneau et bénédiction. Quatre nobles y assistaient, dont une femme, le frère et le beau-frère du mari. Ce dernier et son épouse sont presque immédiatement libérés sous la caution d'un seigneur du voisinage [231].

*

* *

La répression du concubinage constitue l'autre souci des autorités religieuses. On les voit, dès le début du XVe siècle, poursuivre avec acharnement des couples irréguliers dont un prêtre n'est pas toujours responsable. Le concubin, en effet, peut être un clerc boucher ou un autre qui, après avoir couché avec sa servante, a des relations avec la fille de celle-ci. Puni d'une longue prison, il obtient sa grâce contre le paiement d'une somme de 10 livres [232]. Un vigneron se voit enjoindre par l'official, en 1424, de cesser sa vie mari-

231. ADA, G 4199, f. 80 (1529) ; G 4200, f. 260-262 (1531).
232. ADA, G 423 (1403-1406) ; G 245 (1409-1413) ; G 246 (1413-1416).

tale avec sa servante. Si le tribunal demande qu'on fiance à nouveau, avant de les marier, des couples dont il a une première fois rompu les fiançailles, on devine qu'il n'est pas moins sévère pour ceux qui se moquent beaucoup plus ouvertement des règles. Tel est le cas, au début des années 1490, du maître d'école de Droupt-Sainte-Marie qui n'épouse sa concubine qu'au bout de quinze mois et est puni d'une amende. En 1502, plusieurs témoins se plaignent d'un Nicolas qui, depuis près d'une décennie, au scandale de ses voisins, vit ainsi avec sa servante [233].

Une telle situation peut entraîner des conflits locaux où l'Eglise se trouve impliquée. Vers le milieu des années 1450, à Romilly, le maître d'école semble avoir pour femme légitime Hélène, qui partage depuis longemps son existence. Ce n'est en fait que sa concubine mais personne ne le sait. Le prieur de la paroisse l'aurait révélé après l'avoir appris du coupable se confessant à lui pour la Toussaint. Révolté par cette faute professionnelle de l'ecclésiastique, le maître d'école ne communie pas à Pâques. Il est emprisonné pour cela par l'officialité mais en profite pour se plaindre de son curé. Celui-ci attribue à un confrère, rencontré à un synode, la source de l'information qui dévoile une irrégularité conjugale sans doute plus répandue qu'on ne croit. Hélène et son amant en sont punis par 20 sous d'amende chacun. Cinq ans plus tard, un clerc, maître d'école à Arcis-sur-Aube, joint à ses violences contre le curé ou des laïcs, et à ses irrégularités, la tranquille relation à sa concubine. Il lui en coûte un marc d'argent [234].

BONNES ET MAUVAISES ÉPOUSES

Le mariage représente en principe, pour les femmes de ce temps, une source de prestige et une garantie de sécurité.

233. ADA, G 4171, f. 9 r (1424) ; G 4183, f. 213 v (1495) ; G 4187, f 41 v (1502) ; G 4194, f. 94 (1516).
234. ADA, G 4174, f. 14 v, 20 r, 22 r (1457) ; G 4177, f. 97 v (1462).

Cela est particulièrement vrai dans les milieux aisés où les épouses échappent au sort scandaleux des clandestines, telle cette mystérieuse silhouette féminine, « en habit dissimulé », que le prieur et le maître d'école de Brienne-le-Château, en compagnie de deux curés du voisinage, conduisent, en 1464, jusqu'à Bar-sur-Aube. Au même moment, témoin ou accusée, « damoiselle Guillemette », femme de maître Jacques de Roffey, ou Olive, épouse de « Philebert de Brissy, chevalier », possèdent évidemment un tout autre standing [235].

Celui des femmes mariées, dans la société d'alors, n'est pas négligeable. En 1502, le vendredi suivant la Saint-Barthélemy est chômé, à Troyes, en raison du décès de la femme d'un tabellion de l'officialité. On perçoit l'importance de l'image laissée par ces épouses aux allusions faites, après leur mort, à leurs testaments. Une lettre du chapelain de Saint-Rémy à un tabellion troyen, en 1516, mentionne les suites financières d'un de ces documents qui confirment, dans la bourgeoisie ou la noblesse, une relative indépendance économique féminine. En 1504, le chapelain de Notre-Dame-aux-Nonnains éprouve des difficultés au sujet du testament rédigé par lui, six mois auparavant, à la demande d'une veuve. Elle veut interdire à ses héritiers de réclamer un certain type de rentes et prie le prêtre de l'insérer dans son acte. Pour complaire à un de ses bénéficiaires, il n'en fait rien et paie de 60 sous et 3 livres de cire cette infidélité à une volonté féminine [236]. On la retrouve, plus marquée encore, chez « damoiselle Guillemette Domandier », épouse successive de deux nobles et dont une abbaye champenoise conteste, en 1507, le testament. Les moines prétendent qu'elle leur y léguait, initialement, des droits

---

235. ADA, G 4178, f. 157 r (1464) ; G 4179, f. 142 r (1465) ; G 4180, f. 39-40, 63 r, 69 v (1466). On se reportera, en général, à François Lebrun, *la Vie conjugale sous l'Ancien Régime*, Paris, 1975.

236. ADA, G 4187, f. 68 r (1502) ; G 4227 (1516) ; G 4188, f. 147-148, 164 v (1504). On comparera avec l'étude de N. Prior, « *Wifes and wills 1558-1700* » *in* J. Chartres et D. Hey éd., *English Rural Society 1500-1800 : Essays in honour of Joan Thirsk*, Cambridge, 1990.

fonciers et que, là aussi, le curé, chargé de la rédaction, est intervenu en rayant des articles de son propre chef. Il affirme le contraire et reçoit un puissant appui d'un de ses cousins, serviteur d'un seigneur local. Ce parent a été employé par cette dame de Verdey et la décrit dans toute sa majestueuse autorité de douairière. Elle s'est rendue un matin chez le prêtre, après la messe, et lui a affirmé que des personnes, qui lui avaient rendu autrefois de bons offices, la trahissaient. Sa conclusion fut claire : « Ils n'hériteraient jamais d'elle. » Elle ne prononça aucun nom mais tira le testament de son sein et demanda au curé d'effacer des passages du texte. Il s'exécuta immédiatement tandis que son cousin tenait le vase contenant l'encre nécessaire à l'opération. Cet auxiliaire précise même qu'il a fabriqué l'encre la veille. Quand on lui montre le document et les articles qui y sont rayés, il certifie qu'il s'agit bien là de l'application des volontés de la rancunière testatrice [237].

Le lien conjugal a pour effet premier de créer un partenariat entre les époux. Mille incidents de la vie quotidienne le confirment. La solidarité des couples, dans les querelles de voisinage, est courante. Lorsqu'un clerc se rend, en 1484, chez un tabellion de l'officialité, pour lui réclamer le texte d'un procès où celui-ci a été notaire, et que ce personnage exige qu'on lui paie d'abord ce qu'on lui doit, la femme du clerc, qui l'a accompagné, se sauve avec le document qu'il a réussi à extorquer à son adversaire [238]. Les épouses de cabaretier illustrent cette intervention active, dans la vie sociale, aux côtés de leur mari. En 1465, celle de Jacques Varmot, dont l'établissement est troublé par un prêtre violent, le prend au collet tandis que son fils le frappe et que les tables se renversent. Plus pacifique et presque philosophe, Jeannette Bajot, de Montsuzain, quarante ans plus tard, se désole des affreux propos lancés un soir, chez son

237. ADA, G 4191, f. 131-132, 137 v, 187-190.

238. ADA, G 4181, f. 105 r, 135, 138 r (1483) ; f. 284 v, 286 v (1484). Un des points forts du livre d'O. Hufton (*The Prospect before her*) me paraît être d'avoir montré qu'après la recherche du conjoint (p. 59-133) l'établissement d'un *partenariat* avec lui (p. 134-172) constitue un aspect fondamental de l'existence *féminine* d'autrefois.

époux, par deux clercs qui soupent en compagnie. La matrone n'y va pas par quatre chemins : « Viens-ça, triste larron, comment jures-tu ainsi en la présence de ces gens de bien qui te devraient prendre et jeter contre le pavé. Que feras-tu ? » Et, au milieu d'un curieux dialogue théologique, elle explique à son interlocuteur qu'aucun confesseur ne l'absoudra. Son mari, qui connaît bien ceux à qui elle s'adresse, juge qu'il s'agit de « bons enfants » qui, lorsqu'ils ont bu outre mesure, cèdent au déluge des blasphèmes [239]. Le 1er juin 1516, dans le cabaret tenu par son époux à Saint-Léger-sous-Brienne, la femme de Jean Poley montre à sa manière qu'elle n'a pas froid aux yeux et qu'elle est capable d'initiative. Elle a déposé deux couvre-chefs sur le lit d'une chambre où se trouvent des buveurs et, entrant après leur départ, constate qu'ils n'y sont plus. En un clin d'œil, elle court après les clients et les oblige à revenir. Elle préside ensuite au déshabillage d'un clerc sur qui l'on trouve les deux couvre-chefs, l'un dans sa manche, l'autre dans son caleçon [240].

Par solidarité conjugale, il arrive à des femmes d'être mêlées aux querelles de leurs maris, par exemple avec des ecclésiastiques. Un clerc de Vauchassis a ainsi été rendu furieux, en 1503, par la publication de son excommunication qu'il ne comprend pas. Non content d'en discuter au milieu de ses vignes avec le curé, il n'a pu résister, voyant celui-ci exposer sa couette au soleil, au plaisir de la déchirer à coups de serpe et d'en jeter les plumes au vent. C'est son épouse qui va trouver l'ecclésiastique pour la lui rendre [241].

Cinq ans plus tard, à Bagneux, Martine Charronnat témoigne d'un partenariat encore plus actif. Son mari y est maître d'école et, un dimanche, au prône, le chapelain annonce aux paroissiens qu'il lui ôte cet emploi pour le confier à un honnête jeune homme qui, lui, instruira bien les enfants. Le sarcasme de Martine fuse immédiatement :

---

239. ADA, G 4179, f. 50 r (1465) ; G 4188, f. 199-202, 206 (1504).
240. ADA, G 4194, f. 444 v (1517).
241. ADA, G 4189, f. 12 v, 149 (1503-1504).

« Corne, ménétrier. » Et, au moment des prières finales, elle lance au prêtre : « Le diable te puisse rompre le col et les jambes. » L'auteur de ce scandale a beau le nier, elle est conduite à la prison des femmes de Troyes et le doyen de Sézanne chargé de l'enquête [242].

Ces sources laissent tout juste entrevoir ce qui fut sans doute, dans l'existence quotidienne, plus important que ces conflits, à savoir la présence massive et autonome des femmes de l'époque dans la vie sociale. Circulant à cheval ou en voiture, seules ou en compagnie féminine, collaborant avec leurs époux dans leurs affaires, les excusant, parfois, en justice lorsqu'ils éprouvent des ennuis, elles sont, au sens plein, leurs compagnes. En 1516, le jour de la Toussaint, un clerc d'Onjon vient, dans sa belle voiture, à Troyes. S'en retournant par la porte Saint-Jacques, il a une altercation avec le fermier du péage qui lui en réclame à tort le montant. Le clerc est menacé d'un couteau, a des cheveux arrachés et perd son bonnet. Tout cela résulte de l'idée qu'il a eue, le matin, pour complaire à sa femme : faire atteler leurs chevaux afin de lui permettre d'aller à la grand ville, à l'occasion de cette fête religieuse, gagner les indulgences qu'on propose à la cathédrale. Un an avant les thèses de Luther, la piété féminine et l'amour conjugal sont décidément bien mal récompensés en Champagne [243].

Les femmes de 1500 ont entretenu, le plus souvent, l'harmonie familiale au milieu des violences des mâles, et ce non sans mérite, telle cette épouse d'Antoine Chitron qui, en 1494, un soir de fête, saisit son beau-frère pour l'empêcher de se battre avec son mari. Le premier est persuadé que son frère l'a appelé Barabbas et son récit confus possède au moins l'avantage de montrer les faits et gestes d'un bourgeois troyen un jour de détente : en train de souper, il envoie sa petite fille chercher de la bière ; comme elle tarde, il y expédie sa femme. Puis il sort et regarde, en

242. ADA, G 4191, f. 267 v (1508).

243. ADA, G 4183, f. 225-226 (1495) ; G 4185, f. 22-24 (1500) ; f. 162 r (1500) ; G 4194, f. 311-312, 324-326, 335 r, 339 r, 343 v., 352 v, 373 r (1516).

se curant les dents avec un couteau, si elles reviennent. C'est alors que se produit l'incident dû, à l'origine, à un chien qui se sauve avec un rôti. En ces menus détails de la vie domestique, l'homme paraît à la fois inactif et violent, la femme active et pacificatrice [244].

*

* *

Ces femmes, pourtant, peuvent être violentes, en paroles ou en actes, et c'est là, pratiquement, un privilège des épouses. On a vu que certaines d'entre elles, de manière exceptionnelle, n'hésitent pas à s'en prendre aux représentants du sacré. Leurs plaisanteries, à cet égard, vont loin et une femme, autour de 1410, fait croire à une autre qu'elle se confesse à un prêtre alors qu'il s'agit d'un laïc recouvert d'un linge blanc. On est dans un contexte plus banal, aux Grandes Chapelles, en 1489, lors d'un prône dominical lorsqu'une femme mariée, Jeannette Cliquart, entendant que son époux figure sur la liste des excommuniés, indiqués par le vicaire du lieu, l'insulte devant tous les paroissiens [245].

Il existe ainsi, au fil de ces incidents, un certain anticléricalisme féminin qui se manifeste surtout dans le cadre de la solidarité conjugale. Un bon exemple en est fourni par la plainte émanant, en 1526, du curé de La-Villeneuve-aux-Riches-Hommes, et dirigée contre un tavernier du lieu. Le prêtre raconte qu'allant à la collecte des dîmes par le village, il les réclame à la femme de ce cabaretier, Jacquine Lemaire, qui lui cherche querelle à ce propos. La dispute conduit vite aux injures et Jacquine dit au saint personnage : « Par la mort Dieu, vilain borgne apostat, je te pocherai l'autre œil. Tu m'as imputé et dit à la cour que j'avais renié

244. ADA, G 4183, f. 107, 110 v, 116-117, 119-120, 125 v, 286 r (1494-1495) ; G 4184, f. 1 r, 5 v, 7 r, 9, 15-16 (1498).

245. ADA, G 245 (1409-1413) ; G 4216, f. 140 v (1485). Les historiens de la violence d'Ancien Régime (Robert Muchembled et Benoît Garnot par exemple) ont relevé la part qu'y tient l'insulte et le rôle qu'y jouent, à cet égard, les femmes.

Dieu mais par la mort Dieu tu t'en repentiras. » Il y a une enquête du doyen de Marigny et le mari, qui fait appel, reçoit, avec la défense de blasphémer et insulter son curé, une amende de 40 sous au terme de six mois de procédure. Mais, entre-temps, le prêtre, au caractère manifestement difficile, reproche à un confrère d'avoir prêté main-forte à Jacquine lorsque le premier, en compagnie de son neveu, lui a demandé les dîmes de laine exigées des paroissiens. La cabaretière répond, naturellement, qu'elle ne doit rien et sa mère sort de l'établissement pour injurier le curé. C'est alors que l'autre prêtre, toujours présent chez Jacquine, se serait emparé du sac où l'on récolte les dîmes. Son collègue l'accuse d'avoir l'habitude de pareils méfaits, pouvant aller jusqu'aux coups et blessures. Il associe ce comportement à la fréquentation continuelle, par son ennemi, des mauvais garçons et des cabarets dont celui de Jacquine. Le curé assure même que ce prêtre douteux entretient des relations coupables avec elle. Interrogé et emprisonné, il s'explique sur cette rivalité ecclésiastique, d'origine financière, et nie être l'amant de la cabaretière [246].

Des femmes plus innocentes troublent aussi la paix de l'Eglise. En 1516, un vendredi, dans l'église de Chauchigny, pendant qu'on chante les vêpres, Guillemette Gras se jette sur un paroissien, le tire par les cheveux et lui égratigne la figure. Elle dit aux juges qu'elle ne sait pas pourquoi elle a agi ainsi. Cette femme mariée, enceinte, n'a plus sa tête et, la plupart du temps, se trouve hors de son bon sens, sans doute en raison de son état. Son époux le confirme. On informe sur ce dérangement d'esprit, la victime ne veut porter plainte et Guillemette est acquittée, par piété [247]. D'autres sont aussi violentes et moins excusables. On en poursuit une, en 1495, qui a mordu la main d'un clerc lui demandant de l'argent. Neuf ans plus tard, dans l'église de Villemoyenne, un dimanche, Catherine Bergnat, une femme mariée, se querelle avec un clerc, le pousse et lui

---

246. ADA, G 4197, f. 21 v, 30-32, 116 r (1526-1527).
247. ADA, G 4193, f. 233 r, 264 v ; G 4194, f. 11 r (1516).

donne un soufflet. Elle est excommuniée, paie cinq sous et doit faire réconcilier à ses frais le sanctuaire profané [248].

De pareils incidents peuvent se produire sur le lieu professionnel qui coïncide avec un domicile familial. En 1504, un clerc est accusé de voies de fait sur la femme d'un boulanger troyen, Jean Aubry. Ce dernier assure que les siens n'éprouvent aucune hostilité envers lui. Mais l'enquête apprend le contraire. L'épouse du boulanger a fait irruption là où travaille le clerc et dit à la maîtresse de maison : « Vous êtes bien méchante femme. Vous avez bien tort de tenir cet excommunié. Il vaut pis qu'un chien enragé. En quelque lieu qu'il vienne je l'irai dire. Je le ferai fuir de cette ville. » Elle lui lance un chandelier qui le manque de peu. S'avançant alors vers elle, il lui donne quatre soufflets. On ne connaît pas les raisons de l'esclandre [249].

Certaines de ces épouses violentes se trouvent en parfaite osmose avec leur environnement et témoignent de ses solidarités. L'année précédente, par exemple, à Etrelles, le cabaret de Jean Claudin est le lieu d'une scène du même genre. Le chapelain de l'endroit y boit en joyeuse compagnie lorsque entre, tout tremblant, un malheureux clerc, au service du tabellion de l'officialité. Il est chargé de faire exécuter des mandements en provenance de cette institution et dirigés contre des fidèles de la paroisse. Ayant peur d'un mauvais parti, il va droit au curé, lui parle en latin et lui suggère de se rendre avec lui au presbytère pour lui transmettre sa désagréable commission. En rusé compère, le prêtre lui répond bien fort : « Montrez-les hardiment, on ne vous fera point de déplaisir. » En même temps, il adresse de malicieux clins d'œil aux assistants. Le clerc, ainsi contraint, exhibe ses papiers et Jeanne, la femme du cabaretier, qui n'attend que cela, s'en empare. Après avoir menacé : « On les lui doit faire manger », elle ouvre la porte du foyer avec une pelle et feint de les jeter au feu. L'envoyé de l'official doit sortir sous la protection du prêtre qui récupérera

248. ADA, G 4183, f. 213 v (1495) ; G 4190, f. 171 v (1504).
249. ADA, G 4190, f. 183-184, 201-202, 208 (1504).

les mandements renvoyés par la cabaretière. Celle-ci a été, dans l'affaire, la complice et le porte-parole de l'ensemble d'une communauté, curé compris. Ce dernier est condamné à une amende d'un écu tandis que Jeanne doit en payer deux et présenter à l'offertoire de la messe, dans son église paroissiale, un dimanche ou un jour de fête, un cierge d'une demi-livre [250].

En 1527, dans le cimetière de l'église de Saint-Germain, une femme mariée donne un soufflet à un clerc de Linçon. L'endroit est déclaré profané et l'auteur du scandale, chargée des frais de la réconciliation, est également excommuniée et condamnée à 10 sous d'amende. Il en coûte deux fois plus, un quart de siècle avant, à l'épouse qui, en pleine audience, devant l'official, frappe son mari au visage. Des femmes de 1500, violentes et agressives, peuvent donc démentir publiquement l'ordre de la société patriarcale. On entend l'une d'elles dire, au cours des années 1470 : « Un jour je laisserai mon mari », pour épouser ailleurs [251].

La violence féminine s'exerce en effet d'abord par le verbe et tourne souvent à une guerre de langues entre les épouses, qui constitue une sorte de fond sonore des relations de voisinage et amène à nuancer la thèse d'une forte solidarité entre les femmes du passé. Leurs insultes comportent autant de connotations sexuelles que celles des mâles. Ainsi, une Marie d'Allemanche s'acharne sur l'épouse d'un autre en la traitant de paillarde, ribaude et en la renvoyant à ses prêtres et ses moines [252]. Cette litanie habituelle encombre les scènes de ce genre, malgré des variantes. Un dimanche de 1456, la femme de Colin Milot,

250. ADA, G 4188, f. 135-138, 140 v (1503).

251. ADA, G 4198, f. 53 v (1527) ; G 4217, f. 206 r (1502) ; G 4302, f. 10 v (1473-1475). Consulter en dernier lieu, sur cette « inversion des rôles » sexuels signalée depuis longtemps par N. Z. Davis, dans le cas allemand, S. Wiltenburg, *Disorderly Women and Female Power in the Street Literature of Early Modern Germany*, Londres, 1992. Ce type de représentation, en effet, ne manquait pas de bases dans la réalité.

252. ADA, G 4302, f. 108 v (1473-1475). On complétera les enseignements de J. A. Sharp, *Defamation and Sexual Slander in Early Modern England : The Church Courts at York*, York, 1980 et D. Soobean, *Power in the Blood : Popular Culture and Village Discourse in Early Modern Germany*, Cambridge, 1984 par les remarques récentes de R. Briggs, *op. cit.*, sur le manque fréquent de solidarité entre les femmes de la société d'Ancien Régime.

après la grand-messe, dans l'église Saint-Jean de Troyes, s'approche du prêtre qui vient de confesser Jeannette Lesnotre et l'apostrophe : « Voyez cette bourgeoise. S'est-elle confessée des larcins qu'elle m'a faits ? Elle me doit plus de 10 francs si elle veut me faire raison. » L'ecclésiastique tente d'apaiser l'affaire en expliquant à cette épouse qu'il n'a pas de comptes à lui rendre. Cela ne la calme guère et la dispute redouble. Jeannette, à qui son adversaire dit : « Je ne fus oncques menée par la ville ni battue de verges par le bourreau », réplique du tac au tac : « Aussi n'ai-je point été avec les gens d'armes ni à Saint-Antoine dérober un malheureux moine [253]. »

On relève de manière plus banale, dans les insultes entre épouses de l'année suivante, les termes de « sanglante paillarde ribaude », « sanglante truande » et l'invocation rituelle des gens d'armes. Guillemette Gaulthier est plus personnelle dans ses injures : « sanglante rousse », « camise ratatinée ». A Saint-Léger, en 1466, Jeannette Le Jot traite Simone Le Bonhomme de « prêtresse ». La même année, Jacqueline Filleboys ajoute à ce vocabulaire les mots de « savate lisse » et cette formule, adressée à la malheureuse Ginette Grantdame : « Va quérir tes enfants que tu as portés en une corbeille à Notre-Dame [254]. » On voit que l'honneur des femmes tient un rôle équivalent à celui de la virilité. Agnès Bourjault, dans l'église Saint-Jean de Troyes, en 1483, dit d'une paroissienne, épouse d'Etienne Malet, qu'elle est aussi commune que la porte Baudet. Traitant à son tour de paillarde et ribaude une autre femme mariée de la ville, Perrette Dauvergne lui déclare, dix-huit ans plus tard : « Je n'ai point été trouvée sous un moine comme toi. » Les termes de prêtresse et de moinesse se retrouvent, en 1503, dans la bouche d'une femme à qui on inflige une livre de cire d'amende. La même année, Gilette Bouchet paie en plus 5 sous pour avoir dit d'une autre épouse troyenne qu'on l'a trouvée avec des jeunes gens en paillar-

253. ADA, G 4173, f. 148-149 (1456).
254. ADA, G 4175, f. 17 v, 43 v (1457) ; G 4180, f. 178 r, 204 v (1466).

dise. Une matrone, dans une dispute semblable, ajoute à la kyrielle des insultes : « Putain, putasse, maquerelle et fille de maquerelle [255]. »

Il faut entendre, derrière cette monotone série d'injures à allusions sexuelles, l'intense haine entre femmes qui caractérise cette société de voisinage. Les épouses, plus ou moins frustrées, mènent le mouvement. En 1515, à Troyes, rue de la Pierre, un pâtissier contemple l'agression dont est victime une honnête fille de la part de deux d'entre elles, qui sont sœurs. A les en croire, cette « savate » a été traînée jusque devant le beau portail de Notre-Dame. Fiancée en face d'Eglise, son futur a refusé de l'épouser et voulu quitter le pays. Après une envolée de termes orduriers, l'une de ces bonnes voisines lui montre ses fesses sans lever, cependant, sa chemise. Elles s'en tirent avec 10 et 5 sous d'amende [256].

Parfois, les maris s'associent à ces Iliades féminines. Le mardi gras 1505, à Saint-Phal, Perrette Pitancier, son époux et sa fille, dans leur jardin, sont aux premières loges pour assister à l'agression verbale menée par les époux Guillerot contre leurs voisins Bazin. L'épouse de ce dernier couple est d'abord durement apostrophée par le mari de l'autre : « Va te cacher, paillarde, savate, ribaude. On t'y peut bien appeler car j'ai ouï dire [par un autre couple, naturellement] qu'on t'a bien pris chevauchant à ta gouttière. » Sa femme surenchérit en se plaçant sur le terrain de la lèpre : « Va, va, ladresse, tu dis que je n'irai point à la fontaine. C'est à toi qu'il la faut défendre, ladresse que tu es. On te la défendra avant qu'il soit un an. » Ainsi partie, la querelle se prolonge. L'agressée sait se défendre et appelle la femme Guillerot « grosse tripière ». Le mari de l'offensée vole à son secours : « J'aime mieux qu'elle soit grosse tripière que d'être paillarde ou ribaude comme d'aucunes sont. » Revenant à la charge à propos de la lèpre, son épouse redouble

255. ADA, G 4181, f. 71 (1483) ; G 4186, f. 15, 19 r (1501) ; G 4187, f. 161 v (1503) ; G 4188, f. 45 r, 56-57, 59v, 61-62 (1503).

256. ADA, G 4192, f. 79 r, 100-102, 170 r (1515).

de mépris : « Tu as dit qu'on me défendrait les puits des fontaines. Je n'ai pas le visage si rouge comme toi pour me les défendre. C'est aux ladres qu'il les faut défendre. Ce n'est point à moi. » Telles sont, en ce début du XVIe siècle, les occupations de carnaval : les femmes ne s'y aiment pas toujours et la solidarité querelleuse des ménages contribue à dégrader le tissu social [257].

*

* *

L'aventure de Jeannette la Belle, fille de Nicolas le Beau, incarne les contradictions existant alors entre les aspirations des femmes au bonheur matrimonial et les contraintes rigides de l'Eglise qui l'asservit à la procréation légitime. Mariée à un certain Garnier, vers 1419, Jeannette a allégué aux autorités religieuses l'impuissance de son époux. Elle obtient ainsi le divorce et la possibilité de contracter une nouvelle union. Elle le fait et a des enfants. Son ex-conjoint, cependant, se remarie avec une autre Jeannette et devient également père à plusieurs reprises. On devine l'indignation de l'official qui entreprend une procédure en annulation de divorce, rétablissant la validité du premier mariage. Deux experts, un médecin et un chirurgien, examinent Garnier et rédigent un rapport qui demeure secret. Mais son contenu, les déclarations de celui qui en est l'objet jointes à « la voix publique et commune renommée » soigneusement enregistrées par les juges, les amènent à conclure à la seule légitimité de la première union. Le divorce perpétuel, qui y a mis fin, est donc, à son tour, révoqué, la première Jeannette et Garnier sommés de reprendre la vie commune et les mariages contractés après leur premier, annulés. Il est défendu à leurs nouveaux époux de continuer à avoir des rapports avec eux. Le partage des biens se fera selon la coutume et tous les enfants nés en secondes noces sont considérés comme fruits légi-

---

257. ADA, G 4190, f. 295 v, 297-299 (1505).

times des premières. La deuxième Jeannette et le second mari de la première sont libres de se remarier. On réserve à leurs anciens conjoints, présumés coupables, le paiement des frais et l'obligation d'une pénitence. Ainsi le veut la logique impeccable de l'éthique chrétienne du mariage, servante, en premier lieu, du souci de reproduction légitime [258].

Marion Audry, en 1508, demande, elle, à être séparée de son mari. Cette bourgeoise troyenne assure qu'il la bat et entretient une prostituée. L'enquête montre vite l'étendue d'une pathologie conjugale associée à l'alcoolisme de l'épouse. Si le mari est peu loquace (il « ne lui fait rien si elle ne lui fait quelque chose »), les témoins insistent sur l'importance du désastre : « Ils mènent un piteux gouvernement. » Des querelles continuelles entraînent une existence déplorable pour des conjoints. Leurs disputes commencent à l'intérieur et se poursuivent dehors. Il apparaît que, dans un bordel situé près de l'hôtel de l'évêque et qui appartient au mari, celui-ci retrouve régulièrement une fille publique. Une servante, Nicole, explique ce qui peut faire comprendre cette conduite, sinon l'excuser. S'il est exact qu'il donne des coups à sa femme et la frappe avec tout ce qui se trouve à sa portée, il l'est aussi qu'elle le provoque en l'injuriant, le traitant de « coquin, paillard, coupault ». Il ne demeure pas en reste et l'appelle, ironiquement, « dame Marion de la verrière » parce que son premier mari et elle en ont fait faire une, dans une église de la ville, où cette femme est représentée. Son époux la nomme aussi « ivrogne savate » et affirme : « Elle a gagné de brûler mieux que ne fit jamais vaudoise. » Un jour où elle prend un gigot de mouton rôti et le pose sous ses fesses, ce qui le gâte complètement, son mari lui assène de tels coups de bâton sur le dos qu'elle en porte longtemps les marques et doit garder le lit. Elle était ivre, ajoute Nicole, lorsqu'elle a agi ainsi ; elle l'est souvent : elle l'était encore la veille au soir. C'est ce qui rend la vie de ce couple pitoyable et la respon-

258. ADA, G 4171, f. 25-27 (1426).

sabilité en est partagée. Tous deux ont été mariés en premières noces, de façon beaucoup plus heureuse dans chaque cas. La servante regrette les mauvais procédés de l'époux qui s'attaque à Marion devant l'ensemble de la domesticité. Mais la première estime que, s'ils sont séparés par décision de justice, sa maîtresse dissipera tout son bien car elle est incapable de l'administrer.

Une voisine confirme le tapage quotidien qui dure depuis deux ans. On entend Marion crier : « Au meurtre, coquin, tu me pinces, tu me foules le ventre aux pieds. » Nicole indique que le mari tient tout sous clé (les œufs, le fromage, la viande), sauf le pain. Il ne donne pas d'argent à son épouse qui est obligée d'en prendre en cachette. Il y a une semaine, comme il fait ses comptes et qu'elle prend un liard dessus, il s'écrie : « Ça, savate, mon argent ! » Il la pousse et la fait chuter dans la rue. Un tisserand, qui a fréquenté le ménage du mari du temps de sa première femme, observe qu'ils vivaient en paix, « comme deux enfants ». Un foulon qui a bien connu, lui, le couple formé par Marion en premières noces, puisqu'elle a épousé son oncle, chez qui il travaillait, relève, en revanche, qu'elle était alors souvent ivre.

Son premier mari déplorait, devant ses serviteurs, cette situation. Il appelait bienheureux ceux qui ont épousé une honnête femme et citait, parmi eux, le futur mari de Marion, tant sa première femme était parfaite. Ce témoin attribue les principaux torts à Marion mais note que son oncle avait l'habitude de garder toujours du vin dans sa cave : il le laissait boire à son épouse qui, après, le cuvait dans son sommeil. C'est comme cela, observe le foulon, qu'on obtenait la paix avec elle. Dans son nouveau ménage, au contraire, son mari, lorsqu'elle se trouve dans cet état, la fait mettre au lit par leurs servantes. Souvent, au lieu de dormir, elle le querelle et leur désaccord s'aggrave.

Un autre artisan du voisinage l'a entendue traiter son époux de « coupault, paillard, fils de putain, larron ». Ou encore : « naplier, ladre, mezeau, banni de son pays, il a tué son père », etc. Un chanoine indique que son précédent mari est mort, trois ans auparavant, après s'être souvent plaint d'elle. Dans le lit commun, lorsqu'elle était ivre, elle le poussait avec une telle force, de ses pieds, qu'elle l'obligeait à se lever et aller coucher dans son âtre ou avec ses domestiques. Ce tableau d'un désastre matrimonial, dû à l'alcoolisme féminin et rendu pire, dans le cas du second époux, par l'incompréhension masculine, est complété par deux témoignages. Si une noble veuve a souvent ouï les hurlements de Marion (« Au meurtre, au meurtre, tu me tues, jamais vilain ne fit bien »), le fils d'un papetier a rencontré, hors les murs de la ville, son mari avec une femme de mauvaise vie qui n'est même pas sa maîtresse attitrée. Dans cette affaire de séparation, les responsabilités sont partagées [259].

FEMMES ADULTÈRES

Les traces de l'adultère féminin correspondent, dans les archives de l'officialité, à deux registres assez différents. Le premier concerne les épouses séduites par des ecclésiastiques. C'est de loin le plus abondant. On peut sans doute l'expliquer par le souci particulier de ce tribunal à l'égard de pareils délinquants. Dans ces procès, les prêtres apparaissent moins comme nantis de concubines que comme des chasseurs à l'affût de la femme d'autrui. Sans se démentir au début du XVIe siècle, le phénomène est encore plus accablant à la fin du XVe. Il est parfois marqué par l'attachement des épouses adultères à ce type de partenaires. En 1457, on inflige une amende de 40 sous à une femme mariée, maîtresse d'un franciscain de Sézanne ; elle en a un enfant et a d'abord nié cette liaison. La même année, un abbé troyen a maille à partir avec un de ses religieux qui fréquente une maison de la ville où réside une fille mariée à laquelle il tient des propos

259. ADA, G 4191, f. 245-252, 254-255, 257-267, 277-279 (1508).

suspects [260]. L'année suivante, une femme mariée, concubine d'un prêtre depuis un an, écope de 40 sous. A ce moment, à Semoine, l'épouse de Pierre Chevalier est la maîtresse du curé. Inquiété, il se rend chez elle, un beau jour, pour l'engager à quitter son mari et venir vivre avec lui. Comme elle refuse, il la traite de paillarde et de ribaude. Interrogé, il prétend être simplement allé lui réclamer des écuelles, marquées à son nom, et du fil, pour faire de la toile [261].

En 1462, une femme mariée, Renaude, est connue, à Troyes, comme la maîtresse d'un prêtre. Une voisine l'a vue frapper à la porte de l'ecclésiastique, le lendemain de la Saint-Martin d'hiver, pour lui dire : « Ouvre l'huys, ribaud prêtre. Tu as une ribaude avec toi. Tu m'as engrossée. Tu me relèveras. » La sœur du prêtre, de son côté, s'est écriée devant Renaude, chez lui : « Cette paillarde est chez mon frère. Elle le détruit. » Il a reçu la visite du mari de sa maîtresse, qui lui déclare : « Monsieur le curé, mon ami, pour l'amour de Dieu, n'oubliez pas la pauvre Renaude, elle est grosse. » On a souvent observé cette femme passant devant la maison du prêtre. Elle y amène sa progéniture en lui expliquant : « Allez, mes enfants, allez chez votre père [262]. »

Deux ans plus tard, un ecclésiastique querelleur, violent, négligent, maudissant son état, regrettant le sort de l'homme de guerre, est présenté, en plus, comme un

260. ADA, G 244 (1406-1411) ; G 4174, f. 3 v ; G 4175, f. 12-15 (1457). Indications sur l'adultère et les femmes d'Ancien Régime chez O. Hufton, *op. cit.*, p. 54, 258-259, 263, 279, 299. Le travail classique pour la France est celui d'A. Lottin, *la Désunion du couple... l'exemple du Nord*, Paris, 1975. Tiré des archives de l'officialité de Cambrai, il concerne principalement le XVIIIe siècle. On pourra comparer utilement avec N. Ingram, *Church Courts, Sex and Marriage in England 1570-1660, Cambridge, 1987* ; R. Hoolbrooke, *Church Courts and the People during the English Reformation 1520-1570*, Oxford, 1979 ; R. Mitchison et L. Seneman, *Sexuality and Social Control : Scotland, 1660-1780*, Oxford, 1989 ; W. Monter, « *The Consistory of Geneva, 1559-1569* », *Bibliothèque d'Humanisme et Renaissance : travaux et documents*, 38 (1976) ; J.R. Watt, « *Women and the Consistory in Calvin's Geneva* », *Sixteenth Century Journal*, 14 (1993) ; J. Cavallo et S. Cerutti, « *Onore femminile e controllo sociale della riproduzione in Piemonte tra Sei et Settecento* », *Quaderni Storici*, 44 (1980) ; T. Soffley, *Let no man put asunder. The control of marriage in the German South West : a comparative study, 1550-1600*, Paris, 1979.

261. ADA, G 4175, f. 77 r, 86 v (1458).

262. ADA, G 4177, f. 61 r, 66 v.

débauché, amateur de femmes mariées. Il demande à l'une d'elles, sa cousine, de devenir sa dame d'amour. Il se dispute, là-dessus, avec son époux et le prend à la gorge. Le doyen de Sézanne enquête. L'année suivante, à Brienne, un prêtre a pour maîtresse une femme mariée et se vante d'y avoir « connu » dix-huit filles et épouses. Le scandale est tel que des femmes veulent le battre. Le curé de Fay paie alors un marc d'argent en punition de sa relation avec une femme mariée [263].

En 1466, l'officialité avertit un prêtre, dans la même situation depuis longtemps, qu'il sera privé de sa cure s'il ne s'amende. Ce même tribunal inflige 2 écus d'or au doyen de la collégiale Saint-Nicolas de Sézanne qui a gardé une ancienne concubine après avoir appris qu'elle a un époux. On condamne aussi à trois ans de prison un chapelain d'Aix-en-Othe qui entretient une relation adultérine avec trois paroissiennes. Il est interdit dans le diocèse. Déjà excommunié en 1465, un autre prêtre reçoit la même peine. Il continue à vivre avec une femme mariée, tout en abritant une autre maîtresse, d'aussi mauvaise réputation. On trouve les deux, chez lui, lorsqu'on l'arrête. Voleur de prêtres en même temps qu'amateur de femmes, guide des hommes d'armes contre les fidèles, mauvais administrateur de son église, cet ecclésiastique troyen a manifestement une vocation d'excommunié. Les femmes adultères ne sont jamais très loin d'un pareil personnage. En cette année d'Apocalypse, le chapelain du Grand-Pavillon, violent, querelleur et blasphémateur, traitant les laboureurs, ses paroissiens, de voleurs, allant par son village, l'épée au côté, en véritable homme d'armes, possède pour maîtresse une femme mariée dont il a une fille reconnue et avouée par lui [264].

Dès que la documentation permet de compléter ce tableau, il conserve, en 1483, les mêmes tonalités. Y figure, par exemple, un aventurier religieux de bas étage, prêtre excommunié et irrégulier, qui a dérobé du pain à l'hôpital

263. ADA, G 4178, f. 120 r (1464) ; G 4179, f. 64 v, 129 r (1465).
264. ADA, G. 4180, f. 68 v, 73 v, 108 r, 151 r, 168 v, 177 r, 194 r, 197, 213 (1466).

de Troyes, deux ans auparavant, quand le prix était élevé. Cet homme est flanqué d'une concubine dont il sait seulement qu'elle est peut-être la femme d'un nommé Hennequin. Des expéditions vengeresses peuvent viser, en la personne des maîtresses d'ecclésiastiques, des femmes mariées au statut proche de celui de prostituées. Un clerc de Chavanges monte, avec une dizaine de complices, un raid contre la « femme » d'un moine à Blignicourt. Ils les trouvent attablés en tête à tête et il s'agit, bien sûr, de l'épouse d'un autre. Ils veulent l'emmener ; elle refuse tandis que son amant proteste. Prise, tirée, poussée dehors, elle fait comprendre que celui qui la touche, ou profite d'elle, doit payer. Plusieurs des agresseurs la connaissent charnellement, dans les champs, en lui donnant chaque fois la somme qu'elle désire. Elle ne manque pas de porter plainte et ils doivent lui verser une forte amende, sans compter celle exigée par l'officialité [265].

Une affaire encore plus grave se déroule, en 1483, à Saint-Jean-de-Bonneval. Le chapelain y entretient, ainsi qu'à Troyes, des relations avec une femme mariée. Les hommes d'armes de l'endroit se rendent à son presbytère et y enlèvent cette Anne. Son amant la fait racheter par deux prêtres, qui donnent pour cela 25 sous aux ravisseurs. Mais d'autres s'en saisissent à leur tour, l'emmènent et en abusent à volonté. Le scandale dure huit jours, les violeurs en profitant pour multiplier insolences et dommages. Devant cette tempête, la réaction du curé est pitoyable. Il prétend ignorer que sa maîtresse est mariée et a seulement entendu dire qu'une certaine Anne a été enlevée dans son presbytère, en son absence. Il ne savait pas qu'elle était chez lui ni comment elle y était entrée. Ses confrères sont mieux informés. Un ecclésiastique a vu des hommes d'armes poursuivant Anne, dans les vignes de la cathédrale de Troyes, près du presbytère en question. Un autre a entendu parler de cet enlèvement comme du long séjour de cette femme chez le prêtre, attesté par de nombreux voisins. Sur un registre

265. ADA, G 4181, f. 137 v, 81 r, 84-85 (1483).

semblable, l'archidiacre de Margerie, lors d'une visite de 1498, trouve, chez le chapelain de Beaufort, sa maîtresse, une femme mariée, qui est aussi sa paroissienne [266].

De telles relations peuvent se prolonger, de manière vraiment conjugale. En 1494, Babelette Blancvillain, épouse légitime d'un pauvre Jaquin, est, depuis près de dix ans, la concubine d'un ecclésiastique dont elle a des enfants. On lui enjoint de retourner avec son mari s'il dispose d'un domicile convenable pour la recevoir. Mais elle demande le divorce car son époux est, selon elle, impuissant depuis leur mariage. Il le nie et assure avoir eu, à plusieurs reprises, des rapports charnels avec elle. Un médecin et un chirurgien sont commis pour le visiter aux frais de sa femme. Sur leur rapport, et après son interrogatoire où il affirme à nouveau être tout à fait normal, Babelette est condamnée à 20 sous d'amende et, surtout, à abandonner son amant pour son époux [267].

La même année, le chapelain de Saint-Pouange est accusé d'une liaison avec une femme mariée dans des conditions particulièrement confortables. Sa paroissienne Jeanne, épouse de Pierre Jouffroy, serait sa maîtresse publique depuis longtemps. Pour la voir plus facilement, il aurait acheté une partie de leur maison, y installant des bestiaux et prenant le couple à son service. Les fidèles en seraient scandalisés. Retraçant longuement sa carrière, le curé proclame, au contraire, son innocence. Il n'est revenu à Saint-Pouange que depuis peu et, demeuré longtemps à Verrières, y a reçu Jeanne, venue avec d'autres lui acheter du blé. Il est exact que, désormais, le couple habite chez lui et que la femme soigne son bétail. Il n'a jamais entretenu, en revanche, avec elle, le moindre rapport illicite. Le prêtre dit ignorer les mauvais bruits à ce sujet. Son système de défense est certainement bien au point et il a pu être victime d'une jalousie de voisinage, prompte à exploiter des apparences trompeuses. Ce rapprochement économique et spatial avec une épouse

266. *Ibid.*, f. 220 r, 238 (1483) ; G 4184, f. 65 r (1498).
267. ADA, G 4183, f. 50 v, 58 v (1494).

de la paroisse était inévitablement suspect. L'esprit inquisitorial de l'officialité à l'égard des desservants est, au reste, terrible. Ainsi cette année-là, un prêtre détenu déclare que ce tribunal l'a autrefois contraint, par ses menaces, à avouer une liaison imaginaire avec une femme mariée. Il s'est reconnu coupable pour pouvoir sortir de prison. Cette rétractation lui vaut une amende de 10 écus d'or [268].

*

* *

Ce type de relations est aussi réel que l'intense présence du voisinage qui l'entoure et peut l'entraver. En 1502, on en a une illustration, dans une atmosphère très bourgeoise, par les malheurs de l'épouse de Philippe Regnault, apothicaire troyen demeurant devant le grand portail de la cathédrale. Un groupe de clercs et de domestiques est ameuté par une voisine qui leur assure que l'épouse est la maîtresse d'un prêtre, gardien du trésor de ce sanctuaire. Elle dit qu'il va la retrouver, la nuit, chez elle. Au fil des bavardages, la rumeur s'enfle et la petite bande décide de prendre sur le fait l'amant, s'il y retourne, et de lui voler sa robe. Menée, avec précaution et habileté, à partir d'un atelier situé devant la maison de Regnault, l'opération réussit. Les auteurs de l'embuscade voient le prêtre entrer chez sa belle vers 2 heures du matin. Il en sort au bout d'une demi-heure et est saisi, à ce moment, par les conjurés qui lui remontrent la mauvaise action qu'il commet avec une femme dont le mari est honnête et absent. L'ecclésiastique est pris au collet, renversé, insulté. Il donne 3 sous à ses agresseurs qui l'abandonnent. Mais, le lendemain matin, ils partent trouver sa complice et lui adressent également une leçon de morale : son époux est à Paris, où il se donne peut-être bien du mal, et elle passe la nuit avec ce prêtre. Sans vergogne, ils en profitent pour lui demander de l'argent afin

268. *Ibid.*, f. 77 r, 79 v (1494). On a vu plus haut l'appréciation de Christelle Walravens sur la sévérité de ce tribunal en matière de morale ecclésiastique.

d'acheter leur silence. Elle s'exécute. Triomphants, ils dépensent une partie de la somme au cabaret et se partagent le reste. Ils ne l'emportent pas au paradis car l'enquête, qui établit ces faits, leur vaut une sévère condamnation et l'obligation de rendre ce qu'ils ont extorqué.

L'officialité précise les contours de l'hypothétique adultère. Une veuve du voisinage a observé, un dimanche, la femme de l'apothicaire entrant dans la cathédrale après l'office. La première se doute que la seconde s'y rend pour s'entretenir avec le gardien du trésor car cette voisine a entendu parler en mauvaise part de leurs rapports. Un de ses amis, qui les guette, vient tout de suite lui apprendre qu'il les a vus se glisser dans la bibliothèque et refermer la porte sur eux. Le prêtre se trouve ainsi accusé d'être, depuis trois ans, l'amant de cette épouse. On lui reproche leurs entretiens scandaleux dans les églises. Il les avoue mais les explique par le fait que le mari lui a interdit de la fréquenter à son domicile. Il observe de plus que l'apothicaire la bat. Lui-même l'a bien visitée de nuit et reçue dans la bibliothèque mais elle n'est pas sa maîtresse. Il s'en tire avec 20 sous d'amende et la recommandation de cesser ses conversations avec elle, surtout dans les églises [269].

De nombreuses affaires ultérieures confirment l'existence de ce type de relations avec des prêtres. En 1504, Simone Girard, d'Anglure, interrogée sous serment, reconnaît qu'en l'absence de son époux elle a eu un enfant d'un homme d'Eglise, cousin de son mari. Celui-ci, appuyé sur deux témoins, dont un notaire royal de Troyes, obtient le divorce perpétuel. L'année suivante, Nicolas Jeanson, de Nogent-sur-Aube, bénéficie de la même décision. Sa femme Henriette, servante du prieur d'Arcis, a péché contre les lois du mariage. Concubine de ce moine, elle habite avec lui depuis longtemps. Le chapelain de Sacey, deux ans plus tard, est poursuivi pour subornation d'une épouse [270].

---

269. ADA, G 4187, f. 33-38, 40 r, 48 v (1502).

270. ADA, G 4188, f. 159 v (1504) ; G 4190, f. 240 v, 254 v, 282 v (1505) ; G 4191, f. 122-123,129 r, 144 (1507).

En 1515, un prêtre de Villenauxe est accusé de relations coupables avec la femme d'un barbier. Son profil original favorise cette présomption. Portant des souliers à jour avec des lacets de couleur, se disputant avec le maître d'école, allant quérir les gens d'armes au cabaret afin qu'ils viennent à sa rescousse, c'est, de plus, un client habituel du barbier chez qui il boit et mange, même en son absence. Il nie tout rapport sexuel avec son épouse. Le curé titulaire du lieu se voit recommander de surveiller davantage la conduite de son subordonné [271].

L'année suivante, le chapelain de Verdey est soupçonné de relations coupables avec deux femmes mariées de sa paroisse. A ce moment, des habitants de Ville-sur-Terre, qui se plaignent à la fois de leur maître d'école et de leur curé, reprochent à ce dernier d'abriter publiquement une épouse chez lui. Il le reconnaît en expliquant qu'il a commencé à la fréquenter à titre de prostituée puis en a fait sa maîtresse. Il lui donne la communion mais ne l'entend pas en confession. On le somme de la renvoyer et de ne plus la revoir en tête à tête ou dans des endroits suspects. Huit ans plus tard, le curé de Fay, dans une situation semblable, fait appel contre une condamnation à un an de prison avec jeûne au pain et à l'eau tous les vendredis. Le prieur de La Perthe, en 1526, entretient une liaison avec la femme du meunier [272].

Ces fauteurs d'adultère s'en tirent mieux lorsqu'ils sont manifestement l'objet d'une tentative de chantage. Marguerite Delacroix se montre ainsi trop audacieuse ou trop naïve lorsqu'elle vient se plaindre, en 1530, d'un prêtre troyen qui, malgré sa qualité d'épouse, l'a sollicitée depuis un an, attirée chez lui et finalement séduite. Elle explique en effet qu'il lui a promis, en retour, une veste et deux autres vêtements. Elle a le front de réclamer l'exécution de cet engagement mais l'on devine que l'ecclésiastique n'a pas de peine à la récuser. Il indique simplement qu'on ne

271. ADA, G 4192, f. 97-98 (1515).

272. ADA, G 4193, f. 262-264, 274 v ; G 4194, f. 16-18 (1516) ; G 4128, f. 130 v (1524) ; f. 171 v (1526).

doit pas écouter une femme mariée et le tribunal recommande à Marguerite de servir honnêtement son époux [273].

A la campagne comme en ville, ce genre de relations est parfaitement intégré à la vie quotidienne. Un religieux du prieuré de Saint-Gond-d'Oyes admet que, installé depuis dix-huit mois, il a vite fréquenté une femme mariée, Madeleine. Il attribue cette liaison au fait qu'il a entendu parler d'elle de manière défavorable. Leurs rapports deviennent publics, font murmurer et, comme il s'aperçoit qu'elle a le mal de Naples, il y met fin. Il nie d'ailleurs l'avoir menée par les champs et les villages ou avoir couché la nuit chez elle. Leurs rencontres ne se déroulaient que dans le prieuré. Le prêtre reconnaît seulement qu'il s'est rendu à la maison de Madeleine pour lui acheter du fromage et des poules afin de préparer un dîner à des parents. Un mauvais plaisant en profite pour jouer du tambourin devant la demeure de la femme adultère. Ce récit confirme que celle-ci se confond parfois avec la prostituée [274].

Que penser, par exemple, de la conduite de la Troyenne Catherine Becque, épouse d'un Etienne, que deux prêtres viennent trouver, un soir de 1502, dans sa chambre ? Ils lui proposent de souper avec eux dans une auberge, ce qu'elle accepte. Ils l'emmènent à 9 heures et, arrivés à la porte de l'établissement, lui font revêtir une de leurs robes. Dans cet équipage, ils entrent et demandent à boire. L'aubergiste refuse de les servir lorsqu'il voit la cliente ôter son costume d'emprunt. Il finit néanmoins, accompagné de toute sa famille, par manger avec le trio. Mais il n'accepte de le garder pour la nuit qu'à condition que Catherine couche avec sa belle-mère. Il fait préparer aux prêtres un lit dans le grenier. Ces accompagnateurs, après y être d'abord montés, en redescendent en disant qu'ils auront cette femme ou casseront les fenêtres. Leur hôte ne voulant accéder à cette demande, ils se tournent vers un habitué du lieu en lui demandant s'il connaît un endroit où ils pourront coucher

273. ADA, G 4199, f. 246 r.
274. ADA, G 4200, f. 109 v, 112 v (1530).

avec Catherine. Il leur répond qu'il possède la clé de la cave et peut les y enfermer s'ils le souhaitent. Aussitôt dit, aussitôt fait. Mais l'on devine que les ennuis ne font que commencer pour le trio.

Son bienfaiteur lui a promis de rouvrir la porte à 2 heures du matin. Il s'en garde bien et, une heure plus tard, revient avec des amis. Comme les prêtres supplient qu'on les délivre, on leur explique qu'ils sortiront en donnant un écu qui permettra à leurs geôliers d'avoir du vin. Les prêtres en conviennent, à plusieurs reprises, puis on les somme aussi de céder une de leurs robes. Un des deux offre en vain son bonnet en gage. A l'aube, ils sont encore enfermés avec Catherine. Leur situation est devenue un spectacle pour le voisinage. L'aubergiste ne prend nullement leur défense et indique qu'il n'a pas la clé, qu'ils sont de méchantes gens et seraient déjà dehors s'ils avaient donné de l'argent. Sa femme n'est pas plus charitable. Les prêtres finissent par défoncer la porte et remonter dans la salle. Ils y boivent avec leurs persécuteurs mais, quand ils veulent partir, se voient exiger, par l'hôte, de payer à la fois leur écot et les dégâts. Devant leur refus, l'aubergiste va chercher les sergents en disant que ces ecclésiastiques ont bu son vin dans sa cave. Ils sont emprisonnés et condamnés, avec leurs bourreaux, à l'excommunication et l'amende. L'hôte n'est pas inquiété, non plus que Catherine, dont l'équipée rappelle que les épouses de ce temps ne sont pas toutes à l'abri de la vulnérabilité frappant la femme seule [275].

On voit aussi que l'adultère avec un prêtre ne représente pas toujours une garantie de sécurité. L'année suivante, au Vézier, dans la maison du chapelain Laurent de la Houssaye, c'était peut-être l'espoir de sa maîtresse, une femme mariée de l'endroit. Elle en est vite désabusée quand, le soir de la fête des saints Pierre et Paul, elle tombe victime d'une expédition punitive. Ce jour est, à Meilleray, celui de la fête du pays et une foule de jeunes mâles y passe le temps dans les tavernes. Fort échauffés par

275. ADA, G 4187, f. 68-72, 75 r, 83-84, 91 v.

le vin, ils ne peuvent se séparer sans faire un coup. L'un d'eux suggère une visite nocturne chez cet ecclésiastique voisin qui ose coucher avec une épouse. Le bruit court que celui qu'il cocufie vient de l'assaillir alors qu'il emmenait sa complice chez lui. Elle ne semble pas avoir été prise à partie dans la bagarre sanglante qui se produit avec les auteurs du raid au cours duquel son amant a le pied percé par une javeline [276].

*

* *

Celles qui commettent l'adultère avec des laïcs sont moins représentées dans les archives de l'officialité, sinon dans la société de l'époque. Ces épouses confirment la fragilité d'un certain nombre de femmes mariées, surtout parmi les plus déshéritées, chez qui l'infidélité conjugale devient une sorte d'habitude. En 1466, par exemple, l'épouse de Michel Colement, à Brienne, avoue qu'elle a été la concubine de Guyot Martin, à qui elle a donné deux enfants, et qu'elle savait qu'il était marié. Il lui en coûte d'abord 100 sous d'amende que le tribunal réduit finalement à 40 [277]. Les partenaires de ces femmes, même dans un milieu bourgeois, ne sont pas toujours délicats. Un papetier troyen se plaint ainsi, en 1484, d'un clerc qui l'a trompé avec son épouse en s'en vantant auprès de beaucoup. Il confiait, selon ses dires, qu'elle était bien paillarde lorsqu'il introduisait son membre viril dans sa vulve. Outré, le mari exige 20 livres de réparation. Il doit se contenter de 100 sous, l'official demandant la même somme à l'amant [278]. Cette juridiction n'inflige, en revanche, qu'une livre de cire, en 1489, à Marguerite Colement qui a eu un enfant d'un autre que son mari. L'officialité se montre plus sévère, l'année suivante, pour Jeanne Jarson, de Fontaine-Mâcon, qu'on a dû

276. ADA, G 4189, f. 59, 61-62, 74-75, 84 r, 89 r (1503).
277. ADA, G 4180, f. 209 r.
278. ADA, 4181, f. 268 r, 272 r.

emprisonner. Il est vrai que cette épouse est devenue la maîtresse d'un de ses beaux-frères, qui l'a emmenée à travers le pays. Or elle est informée que ce mécréant a déjà rendu enceinte une de ses sœurs. Elle aura à porter une offrande, pendant trois dimanches de suite, à son église paroissiale : pieds nus et en linge, elle en sera quitte, chaque fois, pour 5 deniers de cierges. Dans le même équipage, elle devra également se rendre en pèlerinage à Notre-Dame-de-Corroy. On lui ajoute, outre une amende de 4 livres de cire, l'interdiction de manger de la viande le mercredi [279].

Le premier souci du tribunal est de condamner ces comportements pour rétablir l'ordre du mariage. En 1527, les juges ecclésiastiques retrouvent l'habitué d'une taverne, tenue par une femme mariée. Ce bourgeois a la solide réputation d'être, depuis longtemps, l'amant de cette Jeanne dont il ne cesse de fréquenter la maison. Il assure que c'est seulement pour y boire et qu'elle est d'ailleurs sa commère et cousine. Malgré un bref emprisonnement, l'accusation semble, ici, se perdre dans les sables [280]. Il en va peut-être ainsi, deux ans plus tard, de la plainte de Jean Boucher, de Chantemerle, dans un cas nettement plus grave. Un de ses voisins a tellement pressé son épouse de le quitter qu'il y est parvenu. Elle l'a suivi en divers endroits et on vient d'emprisonner cet homme marié. Victime de ce scandale, l'époux abandonné demande qu'on lui rende sa femme tout en exigeant une punition exemplaire pour cet enlèvement. Il évalue le dommage à 100 livres. Comme son rival nie, la procédure s'enlise [281].

Un épisode de 1530 confirme la sévérité à l'égard de l'adultère, féminin ou masculin. Il concerne Françoise, épouse de Jean de Liège et maîtresse de Richard Arnoul. On poursuit et emprisonne la femme et son amant pour leurs relations coupables et leurs fréquentations interdites. Richard se rappelle avoir été déjà inquiété pour cela. Il

---

279. ADA, G 4216, f. 128 v (1489) ; G 4217, f. 53 r (1490).
280. ADA, G 4197, f. 136-137.
281. ADA, G 4199, f. 113 r (1529).

assure que Françoise a été abandonnée, depuis, par son mari. Il l'a rencontrée au retour de l'église ou ailleurs ; elle lui disait qu'elle mourait de faim et s'est livrée à lui pour qu'il l'aide à vivre. Elle avoue avoir accouché, en deux fois, de quatre enfants « abortifs », dont son époux, et non son amant, était le père. Dans cette affaire, où la misère et la prostitution côtoient de près l'union légitime, l'official est surtout intéressé par la conduite de Françoise en tant que mère. Il lui demande, par exemple, si, enceinte, elle n'est pas entrée ou sortie de chez son amant par une fenêtre étroite, de telle façon qu'elle se serait blessée. Elle le nie. On la condamne à rester unie à son mari, ce qui est au moins curieux puisqu'il est parti, comme à cesser toute cohabitation avec Richard. Sauf grâce spéciale de l'évêque, elle fera deux mois de prison, y jeûnera le vendredi et, sans compter le paiement des dépens, se présentera devant le pénitencier pour confesser son crime. Son amant reçoit à peu près les mêmes peines ou avertissements, sauf une amende de 5 écus d'or qu'il peut payer plus facilement qu'elle. Il demande pardon et fait appel. Françoise est libérée, au bout d'une semaine, avec le conseil réitéré de ne plus fréquenter Richard et de servir son mari en épouse obéissante. Son amant ne reste pas plus longtemps en prison, et en sort sous promesse de ne plus voir Françoise en tête à tête dans un lieu suspect ou propice à des rapports charnels. On lui recommande tout spécialement de mener une vie chaste et continente [282].

LE MARTYRE FÉMININ

Le statut d'épouse ne protège donc ni de l'insécurité ni de la violence. Il ne garantit pas le respect. On le comprend

282. ADA, G 4200, f. 193, 195 v, 198 r, 201 v, 203 v. A propos des grossesses de Françoise, indiquons tout de suite, pour l'ensemble des problèmes liés à la maternité, le chef-d'œuvre de Jacques Gélis, *L'Arbre et le fruit : la naissance dans l'Occident moderne (XVIe-XIXe siècle)*, Paris, 1984.

aux nombreuses occasions où des femmes mariées sont assaillies, verbalement ou physiquement, par des laïcs et des ecclésiastiques, en ce temps où la société est violente. Les mâles s'y affrontent quotidiennement, par le poing ou l'insulte, et leurs compagnes les imitent ; les filles isolées sont, par ailleurs, les premières victimes de viol ou d'agression. Mais les femmes mariées se heurtent aussi aux injures ou aux coups des hommes. Leur condition ne les en préserve donc pas, sauf intervention de l'Eglise.

L'insulte masculine envers les épouses est un élément constitutif de la vie sociale. Dès le début du XVe siècle, l'officialité accable d'amendes ceux qui les traitent de ribaudes ou de sanglantes prêtresses. Solidaires devant l'attaque, les couples affrontent ces imputations odieuses de paillarde et de putain. Les paroissiennes, d'autre part, peuvent sans cesse être taxées de faire partie du harem du curé. La femme d'un forgeron, en 1460, devient le thème d'une chanson injurieuse inventée par le fils d'un voisin. Son mari a beau le gifler, le père du garçon dit à l'épouse que, si elle se gouvernait bien, on ne la chansonnerait pas : ne l'a-t-on pas trouvée, dans un hôtel de Troyes, avec un prêtre qu'il valait mieux ne pas nommer ? Sur le refrain de « l'huis est clos », et avec des allusions à la bonne chère, le jeune homme continue à narguer « la brune Gilette » et ses exploits imaginaires, sexuels ou autres [283]. Les enquêteurs demandent alors très sérieusement aux témoins le sens du mot « savate » qu'on lance comme insulte aux femmes. Ils n'en savent rien ou pensent à juste titre que cela veut dire « paillarde » ou « ribaude », termes courants du vocabulaire

283. ADA, G 243 (1403-1406) ; G 246 (1413-1416) ; G 4172, f. 60 v, 62-63, 71 v (1441) ; G 4176, f. 18-19 (1460). En dehors de l'ouvrage cité d'Y. Castan, on renverra surtout, de manière comparée (et significative de l'état de la recherche), à des travaux anglais : J.A. Sharpe, *Defamation and Sexual Slander in Early Modern England : The Church Courts of York*, York, 1980 ; L. Gowing, « *Gender and the language of insult in early modern London* », *History Workshop Journal*, 35, 1993 ; « *Language, power and the law : women's slander litigation in early modern London* » *in* J. Kermode et G. Walker, *Women, Crime and the Court in Early Modern England*, Londres, 1994 ; A. Gregory, *Slander Accusations and Social Control in Late Sixteenth and Early Seventeenth Century England...*, University of Sussex, 1984 ; T. Meldrum, *Defamation at the Church Courts : Women and Community Control in London, 1700-1745*, London School of Economics, 1990.

de l'époque. Ils ne s'adressent pas toujours à des ingénues. Celles qu'ils visent ont rarement la langue dans leur poche. Mais elles doivent s'attendre constamment à l'accusation d'être la putain de l'évêque, ce qui indispose l'official. L'une d'elles, en 1483, se fait dire par un voisin, lors d'une dispute, que son mari n'est pas son mari, sinon au jour la journée ; il est plutôt son paillard [284].

Entourées de clercs blasphémateurs, ces épouses n'ont pas à s'étonner d'être pareillement traitées puisque la trésorière du monastère de Notre-Dame-aux-Nonnains est qualifiée publiquement de ribaude par un artisan ; cet obsédé va jusqu'à écrire, sur la porte de la chambre de cette religieuse, qu'il s'agit d'un bordel. Ses émules prolifèrent dans le Troyes de la fin du XVe siècle, honorables libraires ou maris maudissant leurs épouses parce qu'elles les empêchent de se battre avec leurs adversaires [285].

La sociabilité religieuse donne prétexte à ces débordements. En 1500, un tabellion de l'officialité vend aux marguilliers de l'église Saint-Nizier une robe de sa femme afin d'en faire des vêtements ecclésiastiques, ce qui est mentionné dans leur reddition de comptes. Un clerc, l'apprenant, manifeste publiquement son hostilité à cette transformation en ornements sacrés de ceux d'une femme commune. Poursuivi, il précise, ce qui n'arrange rien, qu'il a simplement déclaré qu'il ne fallait « point faire habits d'église de friperie [286]. » D'autres couples entendent pis, tels les Champagne qu'un voisin présente, deux ans plus tard, comme non mariés : la femme n'est pas une épouse mais une paillarde, leur fils un bâtard, etc. A Brandonvillers, un bourgeois du roi n'est pas plus poli envers l'épouse de Girard Bonhomme, traitée de ribaude. Un barbier troyen, en 1503, n'est pas inquiété alors qu'il laisse chanter, dans sa

---

284. ADA, G 4176, f. 187 r, 191 v, 198 r (1461) ; G 4302, f. 67 r, 105 v (1473-1475) ; G 4181, f. 78-79, 140 v (1483).

285. ADA, G 4217, f. 34 r (1489) ; f. 51 r (1490) ; f. 99 r (1493) ; G 4184, f. 15 r, 17 v (1498). Sur le blasphème, on renverra à l'ouvrage fondamental d'Alain Cabantous, *Histoire du blasphème en Occident XVIe-XIXe siècle*, Paris, 1998.

286. ADA, G 4185, f. 51-52.

boutique, une chanson injurieuse sur les rapports entre un maître d'école et une femme mariée. On est à peine moins indulgent pour ceux que les disputes avec les épouses inclinent au blasphème [287]. En 1504, à Laisnes-aux-Bois, un clerc apostrophe la femme de Jean Prieux en lui disant d'aller quérir son « chien de fils le prêtre ». Il ajoute qu'elle aurait mieux fait de porter « un pourceau ». Les reproches classiques d'incontinence suivent. Cette épouse est effectivement la mère d'un prêtre et son mari, indigné, réclame 100 sous de réparation. Il estime qu'on a traité sa femme de chienne, ce qui a un sens très clair. Ce n'est pas l'avis du clerc qui ne voit aucun lien entre ce mot et l'inconduite féminine [288].

La sociabilité professionnelle est également propice à ces violences verbales. En 1515, dans un milieu de cordonniers troyens, de nombreux témoins assistent à l'agression d'un de ces artisans contre le couple Garnier. Si le mari est surtout visé et expédié à la grande léproserie voisine, sa patrie naturelle, sa femme n'est pas oubliée : ses enfants n'appartiennent pas à son époux et cette « grosse ribaude » a « plus foutu que sainte Barbe [289] ».

Ainsi s'exprime, dans la cité, une civilisation du défi verbal. Elle se rattache évidemment aux querelles de proximité. Six ans plus tard, un tondeur, voulant creuser une fosse d'aisance près d'une haie séparant son jardin de celui d'un voisin, se voit reprocher cette initiative par la femme de ce dernier. Elle estime qu'un autre endroit eût été préférable. L'homme s'entête et s'emporte, l'appelant notamment ribaude. Cette épouse, qui a l'air calme et ironique, lui demande si elle est la sienne, de ribaude. Il réplique que non mais qu'elle l'est d'un plus riche, outre quelques gentillesses pour le mari. Le tondeur paie tout cela de 40 sous et en appelle à Sens [290].

287. ADA, G 4187, f. 61 v, 64-66, 73 v (1502) ; 173 r (1503) ; G 4188, f. 166 r (1504).
288. ADA, G 4190, f. 118-119.
289. ADA, G 4193, f. 166-167, 171-172, 176-177, 187, 199-201, 215, 218, 261.
290. ADA, G 4195, f. 31, 40, 43 r, 47 r, 52 r, 57-58 (1521).

Ce type d'insultes masculines, adressées aux femmes mariées, est encore de mise vers 1530. Il peut s'adresser à une belle-sœur, qualifiée, par le frère de son époux, de « remenant de prêtres ». Si on a le goût de l'épique, on qualifie sa victime de « la plus forte paillarde qui fût au royaume de France ». Le maître d'école de Vaudes, grand blasphémateur, tient toutes les femmes de son village pour des ribaudes. Même si ces propos sont souvent niés devant le tribunal ecclésiastique, ils pimentent sûrement la vie quotidienne [291].

*

* *

Le quotidien est également perturbé, du côté des épouses agressées, par la misogynie cléricale. Le jour de Pâques 1457, dans l'église de Nogent-sur-Seine, le chapelain s'en prend à une femme mariée à genoux devant l'autel pour y recevoir le Christ. Il l'apostrophe, révélant scandaleusement le secret de sa confession : « Cette dame veut qu'on lui crie merci et ne veut pardonner. Elle me veut charger de ses débats. Qui êtes-vous ? Etes-vous reine ? Etes-vous plus grande que les autres ? » Et, lui montrant le corps du Christ, il l'offense en lui demandant si elle croit en Lui. Il finit par lui ordonner d'aller, devant le crucifix, réciter trois *Pater*. Ce prêtre excentrique doit se constituer prisonnier tandis que l'époux, outré, réclame 20 livres d'amende et reçoit au moins 100 sous [292]. Cinq ans plus tard, le curé de Drosnay, adversaire d'un de ses paroissiens, écope de la moitié pour avoir parlé de ses promenades, dans un bois voisin, avec la femme de son ennemi. Il a menacé d'exciter une telle jalousie, dans ce ménage, qu'il ne connaîtra plus la concorde. Cet ecclésiastique récidive en renvoyant la guérison d'une malade, qu'il visite, aux

291. ADA, G 4197, f. 72-73, 76, 80-81, 89-90 (1526) ; G 4199, f. 11 v (1529) ; G 4200, f. 102-103, 195 r, 197 v, 233 v ; G 4213 (1530).
292. ADA, G 4174, f. 1 v, 4 v, 15 v.

soins du diable. On excommunie, peu après, un malheureux paysan de Villegruis qui n'a fait que se défendre contre un abbé champenois l'insultant, ainsi que sa femme, et tentant de le frapper [293].

Le harcèlement sexuel est parfois à l'origine de cette animosité des prêtres envers les épouses. A Verrières, en 1503, le chapelain importune la femme de Colas Maitre dès qu'il la trouve seule chez elle. Il l'engage, par des discours caressants et flatteurs, à se livrer à lui. Comme elle s'y refuse, il essaie la violence et elle est obligée de sortir et d'appeler les voisins. Ce don Juan clérical s'exprime en mâle sûr de lui : « Quand j'en veux avoir, je ne les prie point, je les prends à force. » Une voisine a entendu le dialogue avec sa victime dans la cour. L'épouse disait au curé qu'elle aimerait mieux avoir quatre loups dans sa maison que lui. Comme il la suit, elle lance : « Tenez-vous coi, de par le diable. » Une fillette d'une douzaine d'années témoigne des cris de la harcelée, poursuivie chez elle par le prêtre : « Ma tendre mère, ma tendre mère ! » Il est emprisonné et verse 40 sous au couple [294].

Un tel comportement n'est pas une spécialité pastorale. Quatre ans auparavant, deux clercs de Clérey se rendent un soir, après souper, dans un logis où l'épouse est la cousine germaine de l'un d'eux. Ils lui demandent à boire et en profitent pour la tâter, la palper. Elle leur dit de se tenir tranquilles sans quoi elle leur donnera des coups. Le mari, arrivé, saisit un épieu pour frapper ces paillards qui viennent chez lui en son absence. Un sergent doit le désarmer [295].

La violence physique des mâles n'épargne pas les épouses, fût-ce dans le cadre des relations les plus banales. Les femmes les plus humbles sont les plus visées. En 1455, à Méry-sur-Seine, un clerc entre une nuit à l'hôtel-Dieu ; parmi les mendiants qu'il abrite, un couple légitime est couché dans le même lit. L'intrus insulte l'épouse (« san-

293. ADA, G 4177, f. 40 v, 77 r, 88 (1462) ; G 4180, f. 32 v, 51 v (1466).
294. ADA, G 4188, f. 8 r, 10-12, 15 v, 40 v, 154 v, 158 v.
295. ADA, G 4184, f. 138 v, 140 v, 145 v, 149 (1499).

glante paillarde, vous vous lèverez d'avec votre ribaud ») et, comme elle lui envoie un coup de poing à la figure, riposte avec un bâton. Il a 20 sous d'amende [296].

A un tout autre niveau de l'échelle sociale, six ans plus tard, un médecin troyen est accusé d'avoir frappé une femme mariée avec un maillet à fendre le bois. En 1484, un jeune clerc de Saint-Phal, emprisonné pour vol, a surtout commis l'erreur de battre une ancienne nourrice du fils du seigneur local. Il reste plusieurs jours à la merci de ce noble vengeur, qui le traite cruellement et lui fait lier les mains dans le dos. Pourvu de nombreuses cautions, en provenance de sa famille et du voisinage, le clerc accueille les geôles de l'official comme une libération. Quelle idée de s'en prendre à une femme si respectable !

Au bout de dix mois de procédure, un esclandre, intervenu dans une église, entre un fidèle et une épouse, n'a toujours pas trouvé de solution au début de 1495. A La Forestière, au printemps précédent, la femme de Robin Malengneuse est expulsée de force du sanctuaire par un voisin. Le cimetière en a été déclaré profané. L'agresseur explique son geste en disant que la victime faisait trop de bruit. Exaspéré, il la saisit en l'avertissant : « Partez hors de céans sans faire cette clameur. » Il affirme n'avoir employé aucune violence [297].

Le recours à la violence complique les rapports entre les sexes ainsi que le montre un épisode fort significatif des travaux et des jours mais également des mots et des gestes. Nous sommes au hameau du Pont-Hubert, en 1500. La femme de Jean Rolet dit à sa fille d'aller à la rivière, en passant par la cour d'une maison proche, pour y laver des souliers. Une fillette, nièce du voisin (qui est un clerc), se trouve au bord de l'eau, en train de récurer une poêle. Elle lance à la fille son torchon dont elle lui noircit le visage. Prévenue, la mère s'empare de la fillette afin de la fesser. Selon cette épouse, enceinte de sept mois, le clerc est alors

296. ADA, G 4173, f. 16 v (1455).

297. ADA, G 4176, f. 92 r (1461) ; G 4181, f. 235 v, 241 v (1484); G 4183, f. 41 v, 267 r (1494-1495).

accouru et, sans égards pour sa grossesse, l'a tirée en tous sens, secouée, renversée, outragée, laissée comme morte. Elle ne sent plus son enfant remuer. Son mari demande 100 livres de réparation. Le voisin a une version différente des faits. Il aurait retiré, sans violence, cette fillette de cinq à six ans des mains d'une mégère qui la battait. Ses propos auraient été seulement : « Tirez-vous arrière, laissez cet enfant. » Qui le saura ? Il est certain, en revanche, que les problèmes les plus vifs du temps ne proviennent ni des conflits sociaux, ni de la guerre des sexes ou des générations, mais des querelles de voisinage [298].

On les retrouve à Nuisy, quatre ans plus tard, à nouveau dans une église, lors d'un office. C'est l'endroit et le moment où les castes se rapprochent. Le seigneur du lieu est bien sûr présent, avec son épouse. Mal leur en prend car un fidèle cause beaucoup de trouble en leur montrant son derrière. Cela lui vaut la prison de l'official et 100 sous à titre de réparation (à la place des 100 livres que réclamait le couple offensé). Un vicaire voisin écope d'un écu pour avoir critiqué, on ne sait pourquoi, le jugement. L'incident a été grave. Cette famille noble dispose d'un espace réservé dans le sanctuaire, pour « voir le service ». Le dimanche avant les Cendres, pendant les vêpres, le trublion s'y place par dérision. Il injurie la femme du seigneur, l'appelant bâtarde et disant qu'on l'a trouvée dans un buisson. C'est à elle, de préférence, qu'il exhibe ses fesses. Cet audacieux explique que le chapelain, parieur facétieux, lui a promis une pinte de vin s'il entreprenait cette action. On apprend également que l'épouse a appelé l'insolent « fils de prêtre [299] ».

Les femmes, dans cette société, sont étroitement mêlées aux désordres des mâles. En 1501, à La Noue, comme le fils du seigneur local attaque le chapelain avec un épieu, une épouse du lieu crie « Au meurtre ! » et court à l'église sonner la cloche. L'agresseur poursuit cette femme en blas-

---

298. ADA, G 4185, f. 44-45. Nous renvoyons encore, là-dessus, à propos des accusations de sorcellerie, à l'ouvrage récent de R. Briggs.

299. ADA, G 4217, f. 241 v, 246 v ; G 4188, f. 197 r (1504).

phémant et la frappe près du maître-autel. Deux ans après, au Mesnil-Saint-Père, l'épouse de l'aubergiste Jean Gouffre est la spectatrice impuissante de l'assaut monté, dans leur établissement, contre un religieux, par un groupe de joyeux lurons. Elle soupe, à 9 heures du soir, avec ce malheureux et son mari, lorsque ces derniers surviennent et accablent ce « compère et ami ». Elle appelle en vain au secours quand ils entraînent le moine au-dehors, malgré le froid, et lui infligent mille sévices tout en l'envoyant se confesser à l'arbre auquel ils l'attachent avec sa ceinture. Il obtient, contre argent, d'être ramené à l'auberge où il recommande le silence aux époux [300].

Au même moment, à Bouy et dans les alentours, sévit, depuis plusieurs années, un maire mal famé dont il faudrait, d'après les laboureurs de la région, plus de deux jours pour énumérer les méfaits. Un jeudi, au soir d'une fête locale, il rassemble ses complices, armés d'épées et de rapières, et terrorise le voisinage. Ils frappent de préférence la femme et la fille d'un de ses administrés en dépit de leurs cris pitoyables : « Pour l'amour de Dieu nous vous requérons mercy. » Mais le maire sait parler aux femmes : « Par la mort Dieu, paillardes, je vous dépêcherai. » Le tumulte apaisé, plusieurs restent blessées sur le champ de bataille. L'une a l'épaule fendue. Des chirurgiens les soignent, à Troyes, pendant plus d'un mois. Dans cette ville, d'ailleurs, au cours des années 1520, un orfèvre, aussi violent que ce sadique de village, compte des épouses parmi ses victimes [301].

*

* *

Des ecclésiastiques, leurs protecteurs naturels, vont jusqu'à agresser physiquement les épouses. Rien n'est simple dans ces querelles, où les prêtres ont parfois raison et où il

300. ADA, G 4188, f. 115-116 (1503) ; G 4190, f. 21 v (1504).

301. ADA, G 4190, f. 1-3, 5-17, 22-23, 31 v, 45 v, 47 (1504) ; G 4218, f. 100 r (1522) ; 180 v (1527).

arrive que des femmes, redresseuses des torts de la communauté, s'occupent de ce qui ne les regarde pas et reçoivent des horions presque mérités. Cette ambiguïté se remarque dans l'affaire survenue à Troyes, en 1498. Elle a pour principal protagoniste un ecclésiastique accusé, de longue date, de relations scandaleuses avec Jeanne le Nez coupé. Il continuerait à la recevoir, publiquement et quotidiennement. Une femme mariée, voisine très proche du prêtre, lui impute, alors qu'une semaine avant elle est montée sur le toit de leur maison pour refouler l'eau de pluie, d'en avoir profité pour la battre. L'accusé affirme qu'il ne fréquente plus Jeanne, qui ne vient que de temps en temps chez lui et jamais en tête à tête ; elle y est toujours en compagnie féminine. Il se montre, en revanche, sévère pour son adversaire, sans cesse aux écoutes de ce qu'il fait. Parce qu'elle entre chez lui comme dans un moulin, il avoue lui avoir dit : « Tu sais bien que je ne t'aime point. Que viens-tu quérir céans ? » Il l'a simplement prise par le bras pour la mettre dehors. C'est elle qui a causé le vacarme en heurtant sa porte avec une pierre et l'insultant : « Paillard prêtre, tu tiens ta paillarde en ta maison. Elle est à l'hôtel. » Or, insiste-t-il, il était seul à ce moment. C'est l'épouse, son ennemie, qui, comme il se présente à elle, lui saute à la figure en l'égratignant. Il en porte des cicatrices. Malgré tout cela, il est emprisonné. Pour peu de temps, au reste, car ses explications à propos de Nez coupé paraissent satisfaisantes aux enquêteurs. Il ne couche plus avec elle depuis trois ans et elle vient seulement faire son lit, bouillir son pot, s'occuper de son ménage. Il s'en tire avec une amende de 10 sous, mais ce prêtre, manifestement, ne plaît pas à ses voisines. Une veuve, parmi elles, assure que sa servante-maîtresse est chez lui matin et soir et lui porte régulièrement à manger, ce qui, explique-t-elle, contrevient aux relations canoniques entre femmes et ecclésiastiques. Il loue à Jeanne une chambre, près de son domicile. Lorsqu'il ment sur sa présence à ses côtés, elle grimpe sur le toit, descend dans le jardin, sort par une porte proche et revient triomphalement dans la rue en disant : « Je ne suis pas en sa maison. » Ainsi s'expriment ces deux grandes forces d'autrefois : l'animosité moralisatrice des voisines et leurs bavardages intempestifs [302].

Trois ultimes affaires, autour de 1530, confirment que, dans cette sociabilité querelleuse où les épouses souffrent des violences des prêtres, ceux-ci n'ont pas toujours le beau rôle. Il faut près d'un an à l'officialité pour tenter de démêler (en vain ?) les responsabilités de l'un d'eux, desservant d'Esternay, dans de graves incidents survenus lors de l'été 1528. Il aurait tendu un guet-apens à un homme et deux femmes mariées qu'il aurait bâtonnées. Il assure, au contraire, que la première tient un lupanar chez elle, l'injurie sans cesse et l'a frappé. Il lui a donné un unique coup en réponse. L'enquête montre bien autre chose. Comme le trio, un soir d'août, revient de couper les blés et arrive près du château neuf du seigneur, les femmes sont effectivement agressées par l'ecclésiastique ; les coups reçus par l'une d'elles l'obligent à garder longtemps le lit, entre les mains des chirurgiens. Un jeune gardien de moutons, qui se trouve là, entend le bruit et l'autre femme qui s'écrie : « Hélas ! Messire Toussaint, je vous prie, ne me frappez plus, vous m'avez blessée. » Prenant peur, le berger se sauve sans écouter davantage. Mais le témoignage le plus accablant pour le prêtre est celui d'un chirurgien qu'il vient trouver, ce vendredi, vers la tombée de la nuit. Il lui parle des blessées et lui demande de les guérir à ses frais : il paiera bien. Il ne prononce aucun nom [303].

Jeanne Adam, femme du maréchal et cabaretier de Rigny, se plaint, en 1531, d'un prêtre du lieu qui l'a battue jusqu'au sang. Interrogé, il dit simplement avoir fréquenté son établissement pour y déjeuner en compagnie, ayant des comptes à régler. C'est Jeanne qui l'a bâtonné et il ne l'a frappée qu'en retour. Il nie absolument avoir voulu attenter à sa pudeur ou l'avoir violentée parce qu'elle se refusait à lui. L'officialité, là encore, détruit ce système de défense.

302. ADA, G 4184, f. 26, 28-29.
303. ADA, G 4206, f. 1-13 (1528-1529).

Un notaire, dont la femme est cousine de l'ecclésiastique, a entendu grand bruit, une veille de fête, comme pour un feu ou un meurtre. Il court, avec des amis, au cabaret d'où ce tapage provient. Jeanne y crie éperdument « à l'aide ». Elle est « toute décoiffée » et le sang lui coule de la tête. Elle explique en pleurant : « Ç'a été ce vilain meurtrier et putier... qui m'a voulu efforcer et pour autant que je n'ai voulu condescendre à sa mauvaise volonté qu'il avait, il m'a tant battue qu'il m'a quasi tuée. » Un barbier-chirurgien de quarante ans est fort explicite. Il a d'abord pansé les nombreuses et profondes plaies de Jeanne. Pour la soigner, il lui a rasé presque entièrement la tête et appliqué des onguents. Elle lui a clairement indiqué l'identité de son bourreau. Quelques jours plus tard, d'ailleurs, celui-ci est venu se faire faire la barbe chez ce chirurgien. On y parle, bien sûr, de l'incident et l'agresseur donne sa version. Il y ajoute la joie qu'il a eue à se venger de Jeanne en lui frottant « la tête de grosses mottes de terre dure ». Moqueur, le prêtre demande au barbier quand sa malade sera guérie et si elle paiera les médicaments fournis. Ce bon apôtre regrette de ne pas lui avoir causé plus de mal. Il ne tarit pas, là-dessus, pendant qu'on lui fait la barbe. Un manouvrier, voisin de la maison de Jeanne, après avoir confirmé le témoignage du notaire, signale un entretien qu'il a eu, le jour de l'agression, avec son auteur. Comme on salue son exploit (« Vous avez bien battu la maréchaude ! vous l'avez bien accoutrée »), le prêtre se rengorge : « Par la vertu Dieu, je me repens de ce qu'elle a été si peu battue car, ce n'eut été la peur que j'avais qu'il ne fît venir quelques gens qui me l'eussent trouvé battant, je l'eusse bien accoustrée, la vilaine ribaude qu'elle est. Elle voulait que je la chevauchasse mais je n'en avais garde car je n'étais pas prêt à l'heure. » Ce triste spécimen de la gent masculine, déguisé en ecclésiastique, est puni de deux mois de prison par ses juges. Ils lui défendent de fréquenter dorénavant cabarets et femmes, de blasphémer, de se battre et de se faire gloire de ses crimes [304].

---

304. ADA, G 4214, f. 1-13.

Il possédait un digne émule en la personne du prêtre troyen accusé alors de violences envers une épouse. Il les nie et indique qu'il est allé chez elle pour lui réclamer le remboursement d'un prêt. Comme elle n'a pas d'argent, elle part en chercher chez son père. Le prêtre, resté enfermé dans la cour de la maison, aurait longtemps attendu en vain son retour et, craignant le scandale, pris une échelle et passé par-dessus le mur. Mais l'enquête apprend vite que ce blasphémateur et querelleur consommé est, de plus, un exhibitionniste. Il descend ses chausses, lève sa chemise jusqu'au ventre et montre son sexe aux voisines en leur disant : qui veut de cette cerise ? L'histoire est sans doute trop belle pour être complètement fausse et confirme les périls rencontrés, parfois, par les femmes de ce temps, dans la fréquentation des ecclésiastiques [305].

L'ENFER CONJUGAL

Le mariage représente, pour beaucoup de couples, le cadre d'une union harmonieuse mais l'officialité ne s'intéresse qu'à ses dysfonctionnements. Ils abondent dans la Champagne méridionale de 1500. Dès le début du XVe siècle, on y signale des maris échangeant leurs épouses dans une auberge. Cinquante ans plus tard, un habitant de Sézanne est accusé d'avoir réalisé la même opération, avec un tonnelier, contre une certaine quantité de tonneaux vides [306]. En novembre 1530, après avoir bien bu dans un cabaret de Villenauxe, un clerc y vend sa femme à son cousin, contre 100 écus d'or. Il empoche tout de suite un acompte. Emprisonné, il explique cette transaction comme une forme de jeu et est condamné à une amende de 10 sous. Le tribunal

305. ADA, G 4201, f. 42, 44 r (1532). Cf. G 4200, f. 76 r.

306. ADA, G 245 (1409-1413) ; G 4174, f. 43 v (1457). Pour les dysfonctionnements conjugaux, voir le bon chapitre d'O. Hufton, *op. cit.*, p. 251 et s. Relevons parmi les nombreux travaux qu'elle cite en bibliographie, en général centrés sur le XVIIIe siècle, celui de J. Cosey, « *Household disputes and the law in early modern Andalusia* », *in* J. Bossy éd., *Disputes and Settlements : Law and Human Relations in the West*, Cambridge, 1983.

revient sur l'affaire après Noël. Son bénéficiaire explique qu'il pensait pouvoir disposer de sa cousine germaine, à l'essai, pendant huit jours. C'est dans cet espoir qu'il a versé l'argent. Les juges remarquent que cela l'obligeait à donner le restant de la somme au vendeur et voient moins, là-dedans, une plaisanterie que le mépris d'un sacrement. L'acheteur ne semble pas s'en être aperçu. Les deux cousins devront déclarer le dimanche suivant, à l'issue de la grand-messe et des vêpres, qu'ils ont offensé Dieu et l'Eglise [307].

La même impression de jeu fort libre, entre mâles non conformistes, ressort des poursuites engagées, l'année précédente, à Fontaine-Mâcon, contre une bande de joyeux lurons. Ils se retrouvent dans les cabarets, à l'heure des services religieux, et s'y enivrent copieusement, ce qui les pousse au blasphème. Le dimanche après la fête de saint Denis, chez leur aubergiste préféré, ils boivent encore plus que de coutume. L'un d'eux parie alors une pinte de vin avec un autre, accompagné de sa femme, qu'il n'osera la connaître charnellement en leur présence. Le second soutient le défi et aurait accompli l'acte, en ce lieu et devant ce public qui se montre ravi du spectacle : « Mort Dieu, boute fort ! » Acteurs et participants nient. L'époux admet qu'il a renversé sa femme sur un banc mais dit s'être contenté de l'embrasser. Les autres confirment. On distribue quelques amendes légères et l'on n'en parle plus, sinon pour recommander, à ce beau monde, de moins blasphémer et d'assister aux offices [308].

*
* *

La bigamie constitue une autre étape du calvaire des épouses. Ce genre d'hommes ne manque pas, dans la région, dès le début du XVe siècle. On annule à Bouilly, en 1424, les secondes noces d'Etienne, dit Languedoc, qui, au

---

307. ADA, G 4200, f. 204 r (1530) ; 216 r (1531).
308. ADA, G 4199, f. 144-145 (1529).

cours d'une vie aventureuse, a témoigné de sa désinvolture pour le mariage puisque sa première femme n'est pas morte. L'officialité lui rappelle que Dieu a inventé le mariage au paradis et que Jésus en a renforcé la valeur spirituelle. Le bigame, condamné à six mois de prison, au pain et à l'eau, sera de plus exposé en public, devant la cathédrale, un jour de fête [309]. Vingt ans plus tard, un habitant de Chauchigny est puni d'un mois de prison, et de la même peine d'exposition, pour une union clandestine effectuée du vivant de sa première épouse. En 1490, un détenu de l'official, à propos d'un semblable délit, obtient sa liberté en composant avec l'évêque pour un montant de 16 écus dont il paie la moitié sur-le-champ [310].

En 1492, un jeune homme de Sommevoire épouse, à dix-huit ans, Isabelle Bonvan, d'une bonne famille de Thilleux. C'est le début des guerres d'Italie et ce Jean, fasciné, suit l'armée de Charles VIII jusqu'à Naples. On le retrouve à Milan où il est fait prisonnier. Après avoir parcouru de nombreux pays, il rentre dans le sien, en 1500, au diocèse de Sens, à neuf lieues de Saint-Julien-du-Sault. Il y contracte mariage avec une Catherine. Cet éternel nomade ne reste que trois mois avec sa nouvelle femme. Il se souvient, en effet, de l'ancienne, qui n'est pas loin, et part la retrouver. En 1504, lorsque l'officialité s'occupe de lui, il vit avec Isabelle depuis quatre ans et, par miracle, ne l'a plus quittée. Son union avec Catherine est annulée et on lui interdit d'entretenir des rapports avec elle. Il a eu des enfants d'Isabelle et, en raison de ses bonnes dispositions, ce prisonnier volontaire n'est astreint à payer que 8 écus d'or et 8 livres de cire. On le somme, cependant, de ne jamais quitter son épouse légitime et de lui porter une affection maritale. Prudents, ses juges renvoient au samedi après Pentecôte la vérification de ce comportement [311].

Une autre affaire, en 1532, met en présence de conjoints

309. ADA, G 243 (1403-1406) ; G 4171, f. 6 v (1424).
310. *Ibid.*, f. 38 v (1444) ; G 4217, f. 54 r (1490).
311. ADA, G 4188, f. 164 r, 166 v, 207 r (1504).

sortant encore plus des sentiers battus. Son héros est un mercier, surnommé Fine Aiguille. Ce Bourguignon, emprisonné, a les fers aux pieds car il est mécontent de ce qui lui arrive et le manifeste bruyamment. Sa partie est Catherine du Mesnil, une Normande, avec qui il s'est marié à Troyes, il y a deux ans. Leur union a été consommée. Mais une autre de ses épouses se trouve là. Il s'agit d'une orpheline de Beaune avec qui il s'est fiancé trois ans avant. Ils ont consommé rapidement et ont vécu ensemble, comme des conjoints légitimes, une année. Cette Huguette Tournier assure qu'ils ont même été mariés, dans sa ville, en face d'Eglise, et qu'elle est enceinte de lui. Il doit s'expliquer car, bigame, il est promis à trois dimanches d'exposition devant la cathédrale et au moins trois ans de prison au pain et à l'eau. Huguette, d'ailleurs, le demande pour époux et exige l'annulation de son union avec Catherine. On apprend alors que son cas est encore plus compliqué qu'il n'y paraît. C'est en 1514, en effet, dix-huit ans auparavant, qu'il a commencé par donner à Catherine, à Châteaudun, en nom de mariage, un anneau d'argent. Ils ont consommé leur union mais ne se sont retrouvés que longtemps après, en 1530, à Troyes, où ils ont pu enfin s'épouser en face d'Eglise.

Cette femme le confirme mais ajoute que, dans l'intervalle, sa propre vie conjugale a été fort remplie. Après l'épisode de Châteaudun, elle s'est vite mariée avec un Normand, décédé depuis. Elle a épousé ensuite un autre compatriote, mort, lui aussi, à Troyes où elle retrouve providentiellement son premier amant sans savoir qu'il est déjà marié en Bourgogne. L'officialité, acharnée à démêler ce faisceau complexe, récolte surtout, dans son enquête, des indications sur le passé mouvementé de Catherine. Elle a vécu à Paris avec son premier mari, un chaussetier. Il y a été emprisonné pendant plusieurs années pour avoir été associé à une bande de voleurs. Un mercier de la capitale, qui a bien connu leur ménage, indique que l'homme servait d'indicateur à la police de François Ier. On le conduisait régulièrement dans les foires des grandes villes du royaume, pour y dénoncer ses complices. On l'a exécuté, en 1527, car, habitué à blasphémer, il avait gravement récidivé dans sa geôle en se disputant avec un gentilhomme. Son supplice a été un beau spectacle et l'on disait, dans la foule : « Voyez là le voleur, qui accusait les autres, qu'on mène brûler. » Une Parisienne de trente ans, dont le mari est originaire de Beauvais, s'est alors trouvée place de Grève. Elle admire que ce dénonciateur, si utile à la justice, n'ait pu échapper à la mort en raison de ses blasphèmes [312].

*

* *

Les femmes dont le couple fonctionne mal rejoignent souvent la vaste cohorte des épouses battues. Elles apparaissent dans les affaires de séparation conjugale dont s'occupe l'official. C'est, à ses yeux, un motif valable de « divorce ». Mais sa jurisprudence varie. Tantôt elle accède à la plainte féminine et délivre son auteur d'un véritable enfer sur terre. Tantôt, au contraire, tout en blâmant le mari, elle demande à sa femme de le supporter et d'espérer en son amélioration. Dans tous les cas, ces dossiers confirment l'existence d'une grave crise de l'institution. L'épouse battue y subit souvent un martyre quotidien. Un tisserand est ainsi enjoint, en 1424, de cesser de maltraiter sa femme. Il recevra, sans cela, l'excommunication et une amende de 40 livres. Trente ans plus tard, un habitant de Hanpigny asssure la réconciliation, à ses frais, du cimetière de la localité : en y frappant son épouse, il a entraîné la profanation du lieu saint. En 1465, un clerc troyen commet, à ce propos, une méprise significative. Comme on parle devant lui, au cabaret, de la confrérie des cocus chère au *Roman de la Rose*, il a l'impression d'être visé par un des assistants. Sortant de là plein de cette idée, il voit venir, de loin, une femme qu'il prend pour la sienne. Aussitôt, il s'avance, la menace en jurant et la bat. S'apercevant de son erreur, il

312. ADA, G 4201, f. 10-12, 14 v.

demande pardon à sa victime mais, rentrant chez lui et trouvant celle qu'il cherchait, il recommence, la frappant et l'insultant. Il a 100 sous d'amende [313].

Deux épouses, en proie à de semblables difficultés, sont traitées fort diversement par le tribunal de l'évêque. Il écoute avec intérêt la première, mariée à Jean Lescuyer et qui demande le divorce. Son union, déjà ancienne, est désormais marquée par des mauvais traitements quotidiens où l'on ne discerne plus rien de l'affection initiale. Ce mari ne donne pas à sa femme de quoi vivre et la bat sans qu'elle le mérite. C'est, de plus, un méchant homme, qui part tôt le matin et rentre tard le soir. Il a le front, alors, si elle est absente, de fermer la porte à clef afin de lui interdire l'entrée. Or, explique-t-elle, elle peut très bien être allée chez des parents, des voisins ou en un autre endroit honnête, comme font les femmes qui attendent leur mari. Celle-ci est souvent obligée de passer la nuit hors de chez elle. Son époux, d'ailleurs, la tire parfois nue hors du lit en la malmenant. Elle ne saurait demeurer plus longtemps chez ce cruel sans danger pour son corps et son âme. Il nia, naturellement, mais dut éprouver de la peine à répliquer à pareil acte d'accusation [314].

Celui dressé, au même moment, par la femme d'un cardeur convainquit moins les juges ecclésiastiques. Elle y peint pourtant son mari comme toujours en train de menacer de la frapper. Il l'insulte (« orde vieille sanglante »), ne lui donne rien, dissipe et vend leurs biens. Elle aussi n'est plus en sûreté avec ce méchant. Malheureusement, trois des cinq témoins ne peuvent confirmer. Les autres rapportent simplement les propos, en effet désagréables, de son époux. L'officialité lui ordonne sans doute de cesser de maltraiter sa femme quand elle ne le mérite pas. Il doit lui manifester l'affection requise. Mais il appartient aussi à

313. ADA, G 4171, f. 13 v (1424) ; G 4175, f. 30 v (1457) ; G 4179, f. 45-46 (1465). Comparer, à propos des épouses battues, M. Hunt, « *Wife-beating, domesticity and women's independence in eighteenth century London* », *Gender and History*, 4, 1992.

314. ADA, G 4181, f. 21 v (1483).

cette épouse de retourner chez lui et ne pas le mettre en colère [315].

Une enquête de 1500 concerne deux conjoints, mariés depuis dix ans et séparés sans autorisation. Leur positions sont totalement irréconciliables. Le mari demande à la femme, qui l'a quitté, de revenir. Il semble surpris qu'elle soit partie parce qu'il lui a donné quelques soufflets. Il promet de ne plus la brutaliser. Mais son épouse, insistant sur les mauvais traitements qu'elle a subis, refuse de réintégrer le domicile conjugal. Cet homme ne l'a-t-il pas renversée sous lui, avec un couteau dégainé dans la main, en disant qu'il la tuerait ? C'est pourquoi elle réclame avec force le divorce [316]. Ce type de violence marque ainsi une ultime forme de la culture des coups et blessures qui caractérise l'époque. Il explique l'afflux, devant l'officialité, de femmes demandant une séparation matrimoniale parce qu'elles sont traînées physiquement hors de chez elles avant d'en partir volontairement. Le tribunal de l'évêque tente de rester impartial au milieu d'imputations contradictoires. C'est le cas, en 1527, à propos des époux Roslet, en conflit depuis longtemps. Le mari, tanneur troyen, habite désormais seul. Il s'étonne que sa femme l'ait abandonné et dit en ignorer les raisons. Elle a tôt fait de les indiquer. C'est un paresseux qui la bat tous les jours et la chasse de leur domicile. Il ne lui donne rien à manger et n'a même pas de lit à lui offrir. On devine qu'il conteste. L'official charge un expert d'établir un rapport sur l'état des lieux. Il décrit le mobilier de la chambre de l'artisan. On y trouve bien un lit, mais seulement un coussin et de vieilles couvertures, sans draps. S'il y a un broc d'étain, de vieilles assiettes et un chaudron, on n'y rencontre ni table ni ustensiles de ménage. La chambre où s'est retirée son épouse est au contraire bien mieux aménagée. Elle possède un lit avec courtines et draps, une table, un buffet, de petites armoires, d'autres meubles et ustensiles de ménage. Le jugement de

315. *Ibid.*, f. 28 v.
316. ADA, G 4185, f. 100 v, 108.

Salomon qui suit est plutôt favorable à la femme, mieux pourvue, matériellement, que son mari. Celui-ci se voit sommé de lui fournir une chambre acceptable, garnie de tout ce qu'il faut pour le ménage, selon leur condition d'époux. Il doit de plus lui donner le nécessaire en fait de nourriture et entretien. C'est à ces conditions, impossibles à remplir, qu'elle sera obligée de réintégrer le domicile du mari violent. Sinon, elle demeurera dans sa belle chambre où son époux, s'il le désire, peut venir habiter. Le tribunal couronne ce chef-d'œuvre d'équilibre en répartissant équitablement les dépens [317]. La même année, en revanche, il condamne la femme de Denis Colin, qui l'a quitté parce qu'il la bat, à retourner avec lui. Il a pourtant avoué lui avoir donné des soufflets dans une dispute. On se borne à demander à cet époux impulsif de bien la traiter lorsqu'elle reviendra et ne pas la battre. Elle recevra, en cas de désobéissance, l'excommunication et une amende de 100 sous. Pour faire bonne mesure, on menace son mari, s'il l'accueille mal à son retour, en plus de ces peines, de trois mois de prison [318].

Ainsi flotte, entre différents écueils, la jurisprudence ecclésiastique en la matière. L'impression dominante, autour de 1530, est celle de très grandes difficultés conjugales pour certaines épouses troyennes. Il faut tout le second semestre de 1529 à Perrette Bouillart afin d'obtenir le divorce. Remariée après son veuvage, elle connaît, depuis cinq ans, le martyre auprès d'un tisserand qui peine fort à prouver qu'il ne l'a pas frappée. D'autres torts s'y ajoutent. Dédaignant le travail, il hante tous les jours le cabaret où il dissipe son bien en menant une vie d'épicurien. Il quitte fréquemment son épouse, prétendant aller à la guerre alors qu'il se contente d'écumer les paysans des alentours (on appelle cela « manger la poulaille chez le bonhomme »). Il a même récemment conduit de force Perrette au lupanar de la ville en tentant de la contraindre à y demeurer. Deux

317. ADA, G 4191, f. 281 r (1508) ; G 4157, f. 120 r, 125 r (1527).
318. ADA, G 4198, f. 22 (1527).

témoignages de voisines sont accablants pour ce mari. La première, également épouse de tisserand, a abrité la malheureuse lorsqu'elle fuyait ses menaces. Il la poursuit jusque chez cette femme qui l'a vu s'en saisir, lui lier les mains derrière le dos, la traîner par les cheveux en l'accablant. En cinq ans, dit-elle, il n'y a pas eu, entre eux, un jour sans querelle. Lui aussi est sans logement où coucher convenablement. Il se rend donc chez son père où il a quelquefois mené Perrette. Elle y est souvent restée seule, son indigne beau-père exigeant qu'elle paie son gîte comme une étrangère. L'autre témoin, une veuve, a vu arriver la plaignante, neuf mois avant, dans sa maison. Le mari n'avait plus de domicile. C'est alors qu'il serait venu la chercher et la mener de force vers le lupanar. Tout cela en la maltraitant. On comprend qu'elle obtienne une sentence de séparation à vie, avec les réserves habituelles que l'on retrouvera [319].

Cette épouse déçue et violentée compte de nombreuses sœurs dans la ville. Une autre candidate au divorce, peu après, décrit un tableau conjugal à peine moins horrible. Son mari a vendu les biens de la communauté. Il l'a longtemps abandonnée pour suivre de mauvais garçons. A son retour, il prend plaisir à la battre atrocement, lui infligeant une plaie à la tête et l'obligeant à mettre son lit en gage pour régler le chirurgien. Ce soudard s'était fait la main, en Italie, pendant deux ans, avec l'armée du roi. Un de ses émules, plus civil, explique curieusement à l'officialité qu'il bat sa femme non seulement parce qu'elle ne veut pas lui préparer à manger ou à boire mais encore parce qu'elle est sans cesse à « bigoter » dans l'église des dominicains [320].

PEUT-ON SORTIR DU MARIAGE ?

La réponse à cette question est, dans quelques cas, positive. Même dans les catégories populaires, le recours au tri-

319. ADA, G 4210, f. 6-15 (1529). Cf. G 4199, f. 177 v.
320. ADA, G 4199, f. 243 v ; G 4200, f. 5 r (1530).

bunal ecclésiastique permet à certaines femmes d'être délivrées de leur époux. Il est rare, en revanche, que ce « divorce » entraîne l'annulation du mariage. Il met simplement fin à la cohabitation et est souvent accompagné de clauses restrictives. Préoccupée du lien entre l'union légitime et la nécessaire reproduction, l'Eglise impose en général, à des conjoints désunis, de se retrouver, en un endroit convenable, pour se rendre mutuellement le devoir conjugal. Ces dispositions ne manquent pas d'ambiguïté et les audiences qui y conduisent ont surtout l'intérêt de faire mieux connaître la vie intime des couples en difficulté. Ses conditions minent fréquemment les bases du dogme chrétien en la matière et les efforts de ses défenseurs pour en maintenir l'application frisent parfois le cocasse. On observe aussi que ce sont les femmes, habituellement, qui se révoltent contre une situation intolérable ou des règles absurdes.

Le tribunal de l'évêque accorde grande importance aux sentences de divorce qu'il lui arrive de promulguer. Leur préparation mobilise, pendant des mois, de nombreux procureurs ou notaires car on connaît les conséquences sur le destin des personnes et des familles. Un tabellion, en 1507, se le voit rappeler à propos d'une affaire où il commet des irrégularités, peut-être parce qu'il y a défendu une plaignante avec trop de chaleur. Aucune suspicion ne doit entacher des actes exceptionnels en regard de la conception officielle du mariage [321]. Les juges, alors, n'hésitent pas à prononcer des sentences protectrices. Depuis la fin du XIVe siècle, ils accordent la séparation à des épouses qui souffrent de conjoints cruels ou dissipés. Même pourvus d'enfants, ces ménages font enregistrer leur discorde par l'Eglise, quitte à conserver l'obligation réciproque du devoir conjugal. L'officialité maintient cette ligne au début

321. ADA, G 4191, f. 40-41 (1507) ; G 4193, f. 33 v (1515). Outre les ouvrages cités plus haut sur les dysfonctionnements conjugaux, on consultera R. Philips, *Putting Asunder : A History of Divorce in Western Society*, Cambridge, 1989 ; L. Stone, *The Road to Divorce. England 1530-1987*, Oxford, 1990 ; J.R. Watt, « *Divorce in early modern Neuchâtel, 1547-1806* », *Journal of Family History*, 14 (1989).

du XVIe siècle. Elle accueille, en 1501, la requête de Nicole Darboe, mariée depuis seize ans mais dont l'époux a, depuis plus de trois, une maîtresse publique. Il bat, en outre, sa femme, qui demande le divorce. Comme son mari reconnaît en partie les faits, il n'y a pas trop de difficultés à conclure. Mais le jugement décrit à merveille les hésitations du temps à ce sujet. Nicole et Emeri, séparés, doivent vivre chastement. Le second ne peut frapper la première, sauf à encourir des peines très sévères. Il reçoit une amende de 40 sous en tant que responsable de l'échec de leur union. Le tribunal rappelle aux époux que toutes les fois que l'un d'eux demande à l'autre de lui rendre le devoir conjugal, en un lieu sûr, le second doit s'exécuter. On note la nature paradoxale de cette injonction : ni Nicole, ni, sans doute, Emeri n'ont envie de s'y conformer. Mais l'indiquer préserve, aux yeux de l'Eglise, la fiction de la finalité initiale de leur couple [322].

Des conditions plus sordides caractérisent, deux ans plus tard, les époux Bonvin, qui après huit ans de mariage se sont séparés. Le 12 juin 1503, la femme expose que son mari est un ivrogne, un dissipateur et un assassin en puissance. Il a souvent amené chez eux des jeunes gens qu'il fait coucher dans leur lit et pousse à des rapports charnels avec elle. Elle offre d'en apporter la preuve à l'appui de sa demande de divorce. Son conjoint, qui a l'air très calme, n'y voit aucun inconvénient pourvu que le partage des biens se fasse correctement. Il tient seulement à rappeler que c'est sa femme qui a rompu le lien matrimonial et signale qu'elle est atteinte du mal de Naples depuis six mois. Les juges se hâtent de décider la séparation dès le lendemain [323].

Un semblable destin attend, en 1507, Jeanne Le Tartrier et son mari dont l'attitude est telle qu'ils ne peuvent demeurer ensemble sans péril pour leur âme. De pareilles divisions se prolongent parfois après le « divorce ». En

322. ADA, G 4170, f. 112 (1390) ; 63 r (1395) ; G 4185, f. 160 r, 164 r, 184 r (1501).
323. ADA, G 4189, f. 23-24.

1515, Jaquote Lorey, qui en a bénéficié, est accusée par son époux de l'avoir appelé vaudois en menaçant de le faire brûler. Plusieurs femmes des faubourgs de Troyes témoignent dans cette affaire et une jeune fille raconte que Jaquote, lors d'une veillée où elle ruminait son ancienne union, s'est bornée à dire que son mari, qui hante les diables, vient la nuit lui faire peur. Il l'a, de plus, rendue malade, de même que l'un de leurs enfants. Le terme de vaudois manque, mais cela vaut bien le bûcher [324].

Les malheurs de Jeanne Colemel et de son époux Robert enseignent, l'année suivante, l'ampleur des malentendus à l'origine des crises conjugales. Cette femme, qui a quitté son mari sans autorisation, assure qu'il la bat et veut vendre leurs biens. Elle l'accuse surtout d'impuissance. Il n'a jamais pu avoir de rapports normaux avec elle malgré leurs efforts communs. Elle se dit toujours vierge et propose qu'on l'examine pour le confirmer. C'est évidemment un cas d'annulation et la possibilité, pour elle, de se remarier. Niant l'avoir battue, Robert lui renvoie la responsabilité de son échec sexuel. Lorsqu'il s'approche d'elle, explique-t-il, elle le traite de « malle bosse » (bubon de peste). Sûr qu'il peut engendrer et certifiant des relations avec elle, il donne en exemple de l'énervement qu'elle lui cause un récent incident, survenu le mardi gras. Il propose à Jeanne d'aller souper chez son père mais elle refuse. Cela irrite son époux qui, après une nuit en commun, veut faire l'amour avec elle au réveil. Il attribue le fiasco intervenu au courroux provenant du heurt de la veille. Sa femme en profite pour l'accabler : « Vous ne devriez pas être marié » ; ce propos achève de le blesser. Des visites médicales sont organisées, confiées, pour Jeanne, à deux accoucheuses troyennes, matrones expertes qui prêtent serment sur les Evangiles, et, pour son mari, à un médecin et un chirurgien de la ville. Les unes et les autres présenteront des rapports mais on ne connaît pas les suites de cette procédure. Ses

324. ADA, G 4191, f. 151 r (1507) ; G 4192, f. 182, 222 (1515).

débuts éclairent les difficultés du travail des juges comme la complexité des conflits qu'ils ont à arbitrer [325].

En 1528, une épouse intente un procès analogue à son mari. Depuis dix-huit mois, assure-t-elle, époque de leurs noces, il est impuissant. Il le nie et renvoie également à sa femme la responsabilité de leur échec sexuel. Elle se refuserait constamment à lui, s'opposant à ses approches, d'où la non-consommation de leur union. L'official leur adresse un rituel appel à se rendre le devoir conjugal et vivre en bonne intelligence. Ce vœu pieux est-il supérieur à ces sentences de divorce, avec partage des biens et devoir conjugal préservé, que ce tribunal continue à prononcer ? De pareils différends, en vérité, sapent les bases mêmes de la conception chrétienne du mariage [326].

Ces couples en désaccord obligent les défenseurs de cette conception aux pires replâtrages. En 1529, l'officialité tente de réconcilier Guillaume Rondot et sa femme, mariés depuis seulement six mois, suffisants pour détériorer leur relation. Se jugeant maltraitée, battue, outragée, l'épouse est partie chez sa mère. Son mari, indique-t-elle, la chasse souvent de leur lit en lui disant qu'il ira au lupanar et que, si elle ne lui cède pas, il « lui baillera d'une mauvaise soupe ». Il aurait, de plus, dissipé et vendu tous leurs biens. Il admet beaucoup de choses, et notamment lui avoir donné des coups de bâton, mais offre pour excuse qu'elle aussi l'a maudit de la malle bosse. Malgré ce tableau d'une hostilité mutuelle profonde et immédiate, le tribunal appelle les époux à reconstruire leur communauté dans la paix et l'harmonie [327].

*

* *

325. ADA, G 4193, f. 265-267 (1516). Voir, sur ces problèmes, P. Darmon, *le Tribunal de l'impuissance : virilité et défaillances conjugales dans l'ancienne France*, Paris, 1979.

326. ADA, G 4198, f. 129 v (1528) ; G 4199, f. 2 v (1529).

327. *Ibid.*, f. 9.

C'est dire l'incompréhension dont font preuve ces juges dans leur traitement des conflits conjugaux. Ils leur échappent, par leur nature même, puisqu'ils se rattachent à des pulsions sexuelles ou personnelles qui n'ont rien à voir avec les finalités religieuses de l'institution. L'Eglise, pourtant, enregistre parfois des désastres irrémédiables. En 1483, l'officialité se heurte au cas des Buretel, mariés depuis quatorze ans. La femme, Jeannette, a abandonné la vie commune en quittant, depuis plusieurs mois, son mari infirme et leurs enfants. Elle est enceinte d'un autre. Elle le reconnaît et le divorce est immédiatement prononcé. Il est évidemment enjoint à l'épouse séparée de ne plus pécher, à l'avenir, contre le mariage, de ne pas avoir de rapports coupables avec d'autres hommes et de conserver la chasteté [328].

Treize ans plus tard, Marguerite Dieu, de Montaulin, épouse séparée, refuse, malgré les termes de son « divorce », de suivre à Lusigny son mari, qui y demeure désormais et l'y réclame. Un profond malentendu existe entre les femmes dans une telle situation et le droit ou le dogme du temps. Elles interprètent leur séparation comme une authentique rupture. D'où leur combat contre une justice ecclésiastique qui se cramponne à des obligations à leurs yeux inacceptables. Claude de Flancy, en 1500, sait qu'elle doit, en principe, rendre le devoir conjugal à son époux séparé, toutes les fois qu'il le demande. Mais elle s'arrange pour lui désobéir et ses atermoiements ou ses refus ulcèrent ce Nicolas. Le tribunal tente d'y contraindre Claude mais elle fait nettement comprendre qu'elle refuse. Elle nie effrontément les prétentions de son mari et dit en plaisantant qu'il lui adresse plutôt des injures que des propositions. Elle affirme bien qu'elle se donnera à lui, en un lieu sûr et honnête, à savoir chez elle, mais on comprend que cette concession apparente est une ultime et féminine façon de dire non [329].

Dans un milieu plus modeste, un cordonnier troyen a,

---

328. ADA, G 4181, f. 162 r.

329. ADA, G 4217, f. 136 r (1496) ; G 4185, f. 115 v (1500).

quatre ans plus tard, les mêmes difficultés avec son épouse séparée. Cette Jeanne, qui doit rendre à Pierre, à sa demande, le devoir conjugal en un endroit convenable, ignore ses prières, à ce sujet, depuis au moins six mois. Elle répond qu'il est farouche, la menace journellement, dit d'elle pis que pendre. En somme, pour parler clair, elle ne couchera plus jamais avec lui, quels que soient les termes de leur jugement de divorce. Elle indique aux juges sa peur que cet homme lui fasse du mal. L'audience se passe d'ailleurs en altercations entre eux. Imperturbable, l'officialité continue à contraindre Jeanne à se plier aux désirs de Pierre à condition, bien sûr, qu'il ne la batte pas et ne lui cause aucun déplaisir. Cette noble institution s'acharne ainsi à pratiquer le vœu pieux et la prédication dans le désert [330].

Elle avait eu à traiter, un an plus tôt, le cas délicat posé par Marguerite et Geoffroy Picard, de Chantemerle. Ils se sont séparés au bout d'une année de mariage et les griefs de l'épouse, qui demande le divorce, abondent. Geoffroy a vendu à vil prix plusieurs des biens de sa femme en la forçant, par la violence et la menace, à y consentir. Ce mari indigne a dépensé l'argent tiré de cette opération dans les tavernes. Il en va de même de tout ce dont il peut s'emparer, dans le ménage, car ce dissipateur ne veut pas travailler. Il y a plus grave : depuis le jour de leurs noces, leur vie sexuelle est inexistante. Ainsi interpellé, Geoffroy, s'il tente de se disculper sur les premiers points, avoue le dernier. Il en attribue la responsabilité à une femme qu'il a essayé d'aimer physiquement mais qui s'y est refusée. Elle explique, au contraire, qu'elle ne l'en a jamais empêché : il s'est souvent avancé vers elle, la verge dressée, et cela n'a rien donné. Demeurée vierge, elle offre de se laisser examiner. Son époux persiste à relier ses défaillances à la mauvaise volonté de Marguerite qui serre toujours les jambes. Il ajoute que la rumeur accuse sa femme d'entretenir des relations avec un religieux du voisinage. On les a rencontrés

330. ADA, G 4188, f. 145 v (1504).

ensemble dans une chambre. Fidèle à sa stratégie de replâtrage, le tribunal de l'évêque ordonne aux époux de se confesser à Noël et de retourner ensemble. Geoffroy ne doit pas maltraiter Marguerite sans motif ni dissiper son bien. Quant à elle, il lui appartient de ne pas provoquer sa colère et de lui être soumise comme il convient ; elle est astreinte, par exemple, à lui permettre de la connaître charnellement. On lui interdit, en plus, de s'entretenir avec son ami religieux dans des endroits suspects ; elle précise, sur ce point, qu'elle ne lui a jamais parlé qu'en présence de son abbé ou d'autres moines. Dès le début de 1504, quelques mois à peine après cette décision de routine, Marguerite obtient finalement la séparation par consentement mutuel. Il lui est sans doute toujours défendu d'avoir des relations avec frère Claude et elle devra rendre le devoir conjugal lorsque Geoffroy en aura envie. Mais elle retrouve l'administration de ses biens et l'on peut imaginer cette chaste épouse apte à gérer sa vie sexuelle comme elle l'entend [331].

Un quart de siècle plus tard, l'officialité arbitre une affaire à la fois analogue et plus compliquée. Le 20 avril 1529, la femme de Jean de Courcelles, qui l'a quitté sans autorisation, explique le fait par son impuissance. Comme il n'y a pas eu de consommation, elle est en droit de demander la séparation. Il s'agit d'époux récents et le mari, qui en est à ses troisièmes noces et a plusieurs enfants, proclame sa virilité. Les juges le suivent en enjoignant à sa femme de revenir, à condition qu'il la traite correctement. Moins d'un mois après, elle réitère sa demande, appuyée sur des faits nouveaux. Jean, tout d'abord, avoue enfin son impuissance, due à la vieillesse. De plus, son épouse a déjà été mariée et on ne sait si son précédent conjoint est mort. L'officialité en doute fort et brandit, en ce cas, les foudres de l'annulation des secondes noces, avec punition à la clé. La femme de Jean ne se démonte pas et se dit sûre du décès, à l'hôpital de Paris, de son premier époux, comme du caractère licite du mariage dont elle exige la modification.

331. ADA, G 4189, f. 139-140 ; 168 r (1503-1504).

Au bout de plusieurs semaines, ses juges reçoivent, de leurs homologues de la capitale, la confirmation de ses dires. Ils n'en sont que plus fermes pour décider que Jean récupérera son épouse, qui rapportera ses biens à la communauté et fera tout, en sa compagnie, pour qu'ils parviennent à se rendre le devoir conjugal [332].

L'officialité peut affiner, la même année, son analyse des relations matrimoniales à propos de la demande de divorce présentée par Madeleine Billart, des Essarts-lès-Sézanne. Mariée à Pierre il y a douze ans, elle l'a quitté depuis longtemps. D'après elle, et c'est un argument important pour ceux qui l'écoutent, leur union n'a jamais été consommée. Son époux est un eunuque. Elle ajoute qu'il a vendu tous leurs biens et leur propre maison, dépensant l'argent ainsi obtenu dans les tavernes, en vivant comme un glouton. Il l'a souvent battue. Mais c'est le problème sexuel qui retient en premier lieu l'attention du tribunal. Pierre, qui en veut à son beau-père d'avoir recueilli sa fille et ses possessions, réclame la première et les secondes. Il nie, par ailleurs, être châtré et assure avoir eu avec elle d'innombrables rapports charnels. Madeleine lui oppose six témoins, entendus au bout d'un mois dans une affaire qui s'étend sur un semestre et dont on ne connaît pas le résultat. Un voisin, manouvrier de cinquante ans, confirme la rumeur courant aux Essarts, où il fréquente Pierre depuis près de vingt années, sur son impuissance. Il avait beau se présenter nu en montrant sa verge, on ne voyait pas ses testicules. Madeleine reçoit encore l'appui d'un témoin précisant ses accusations de nature « économique » : Pierre fréquente les cabarets, a vendu une partie de leurs terres et même leur maison, ce qui fait qu'ils sont sans domicile ; son épouse peut le craindre car il est souvent gorgé de vin. Cette femme impitoyable obtient surtout deux déclarations supplémentaires relatives aux déficiences sexuelles de son mari. Un charron de trente ans, beau-frère de Madeleine, prétend s'être souvent baigné, dans leur jeunesse, avec Pierre. On le

332. ADA, G 4199, f. 11 r, 23 r, 61 v.

disait châtré et, effectivement, s'il a une verge impressionnante, il est privé de testicules. Une veuve de quarante-six ans, qui l'a allaité, vient le confirmer. L'époux, en désespoir de cause, fait citer le curé en sa faveur mais son affaire est bien mal engagée face à la détermination d'une femme déçue [333].

*

* *

L'officialité peut accorder satisfaction à des requêtes féminines sur la simple base de faits matériels, d'ailleurs contrastés. Deux exemples très différents le montrent en cette même année 1529. La femme de Claude Jaquet, qui s'est séparée de lui, l'accuse d'avoir vendu tous les biens de leur communauté et en avoir dissipé le produit dans les cabarets. Sa demande de divorce est appuyée par de nombreux témoignages. Un aubergiste troyen, qui connaît, et pour cause, son époux depuis plusieurs années, le décrit comme un pilier de ce genre d'établissements. Il y dépense tout son argent en compagnie de joyeux lurons qui vivent aux frais de ce prodigue. Son propre frère germain, laboureur, le corrobore. Son cas est naturellement aggravé par sa qualité de contumace. Sa femme peut s'en séparer en profitant du partage des biens tandis qu'il reçoit un mois de prison en punition de ses péchés. Son épouse se voit promettre la protection de l'Eglise contre ses éventuels sévices [334].

Barbe Marinot a, elle, vécu pendant trois ans avec son mari Pierre. Mais elle l'a quitté depuis une année et il lui demande de revenir, en lui offrant de la bien traiter. Elle explique au tribunal que leur convention de mariage stipulait que l'époux, qui habite Fouchères, viendrait demeurer, à quelques lieues de là, au domicile de Barbe, à Bourguignons près de Bar-sur-Seine, où se trouve son patrimoine. Pierre le promit car, sans cela, elle ne l'aurait pas épousé.

333. ADA, G 4200, f. 1-18, 23 r.
334. ADA, G 4199, f. 157-158, 164-165, 170-173, 183 r.

Elle étale, en effet, aux juges toutes ses richesses en ce lieu : une maison, une grange, beaucoup de biens qui lui viennent d'un héritage. Elle assure que cela suffit largement au couple pour vivre. Pierre l'avoue et, comme elle lui propose de le recevoir chez elle et l'y servir honnêtement, en bonne épouse, il est décidé que le mari abandonné ira s'installer chez sa femme, fort capable de l'y entretenir. On devine que leur communauté vaut surtout par cette fortune féminine et l'on observe que, au sein de la bourgeoisie rurale, celles qui en bénéficient savent s'en prévaloir dans le cadre des relations conjugales [335].

L'officialité dut accueillir comme un havre de paix des conflits matrimoniaux marqués par une telle sérénité. Le plus souvent, ces affaires de séparation offrent au contraire l'occasion d'affreux déchirements. En 1534, ce tribunal a ainsi à arbitrer entre le seigneur de Montgueux et sa femme, Nicole de Saint-Aubin. Mariés depuis longtemps, ils se sont séparés sans autorisation. Elle le justifie par les défauts de son époux. Dissipateur, il l'a contrainte à lui accorder une procuration qui lui a permis de vendre les biens de sa femme. Violent, il l'a souvent frappée jusqu'au sang, lui donnant coups de poing ou de bâton et la traînant par les cheveux. Infidèle, il la trompe fréquemment avec femmes, filles, servantes. Elle réclame le divorce. Le plaidoyer de cet Etienne Format, seigneur de Montgueux, consiste surtout à rappeler qu'une réconciliation a déjà eu lieu entre eux, deux ans avant. Il reproche à Nicole d'avoir, depuis, violé la foi conjugale. Il avoue qu'un jour, apprenant qu'elle est à Troyes, il lui a couru après à cheval et l'a ramenée à Montgueux. Mais il assure que ç'a été sans violence : un simple soufflet, en arrivant. Il reconnaît en avoir l'habitude mais nie la battre ou traîner. Il ajoute qu'elle s'enivre tous les jours et il dit s'opposer au divorce. Il exige aussi que, pendant le procès, elle retourne chez lui. S'il a consenti à ce qu'elle vienne à Troyes voir sa mère, qu'elle disait malade, il note que celle-ci la retient, faisant tout ce

335. *Ibid.*, f. 1 v.

qu'elle peut pour l'empêcher de reprendre la vie commune. Ce bon mari évoque leurs dernières étreintes, où il lui a manifesté de l'affection. Il demande au moins qu'elle quitte sa mère pour aller dans une maison respectable où il pourra la fréquenter. Et de citer, par exemple, un autre seigneur, une noble veuve.

Le procureur de Nicole ridiculise cette demande, adressée à une femme qui veut divorcer. Il embarrasse son époux en lui montrant des lettres, signées par lui. Celui-ci répond qu'elles datent, pour la plupart, de longtemps et sont antérieures à leur réconciliation : il ne faut pas en tenir compte. Etienne insiste sur la bonne intelligence récente de leur couple, que Nicole vient de rompre. Elle y paraît, en effet, décidée. Elle reproche à son mari d'avoir lui-même violé la foi conjugale depuis le début de leur procès et il s'ensuit une vive altercation entre eux. Le procureur d'Etienne demandera solennellement à Nicole de préciser ses accusations. Elle lui fait répondre qu'elle ne veut rien livrer en public, afin d'éviter le scandale, mais transmettra au greffier du tribunal ses informations sur l'actuelle liaison de son époux [336].

*

* *

Les déboires conjugaux de deux jeunes femmes du début du XVIe siècle confirment l'importance des incompatibilités personnelles dans l'échec matrimonial du temps et l'incapacité de la justice chrétienne à régler ce genre de problèmes. Tanche et Nicolas du Verger, de Saint-Nabord, se sont mariés en août 1498. Trois ans plus tard, le second quitte la première et indique, deux semaines après, qu'elle lui a causé toutes les misères possibles, le disputant sans arrêt. L'épouse confirme ces querelles perpétuelles mais signale qu'elle a un bon argument pour divorcer : Nicolas n'a jamais essayé d'avoir le moindre rapport sexuel avec

336. ADA, G 4202, f. 75, 80 r, 82, 88 v. Cf. E 71, G 3874.

elle, qui est toujours vierge. Interrogé, il explique que, lors de leur nuit de noces, il a tenté de la connaître charnellement mais n'y a pas réussi. Depuis, ils ont sans cesse couché ensemble et il n'a pas recommencé ses essais. Il le relie à la frigidité de sa femme : elle le paralyse dès qu'il a des velléités de s'en approcher. La virginité du mari est donc égale à la sienne. On admirera le robuste optimisme du tribunal de l'évêque qui, sous peine d'excommunication, de prison et de 20 livres d'amende, enjoint aux jeunes gens de reprendre la vie commune en se rendant le devoir conjugal comme on doit le faire [337].

Le cas de Louise Seurrat, de Chalautre-la-Grande, en 1515, est plus complexe. Elle comparaît devant l'officialité en juillet pour se plaindre de celui qu'elle a épousé à l'automne précédent. Ce Denis, quoique couchant avec elle en bon mari, et tentant de consommer leur union, n'y est pas arrivé. Elle demande donc le divorce. Le malheureux reconnaîtrait son impuissance qui serait irrémédiable. Les juges décident de la faire vérifier par des experts mais apprennent bientôt, de l'époux, que Louise est enceinte de son cousin germain qui l'a entretenue dans le péché. Elle avoue que cette liaison incestueuse, antérieure à leur mariage, remonte à dix-huit mois. Elle a encore fait l'amour, il y a quelques jours, avec ce parent auquel elle ne réclame rien pour l'avoir déflorée. Tandis qu'on emprisonne son amant et qu'on étudie avec soin leurs généalogies respectives, le médecin et le chirurgien, commis pour examiner Denis, le déclarent apte au devoir conjugal. Ragaillardi par cette nouvelle, il affirme qu'il a constamment essayé de l'accomplir mais que c'est la résistance de Louise, l'envoyant au diable, qui l'en a empêché. Imperturbable, le tribunal ecclésiastique les somme de s'en retourner de compagnie, de continuer à passer leurs nuits ensemble et de consommer, une bonne fois pour toutes, leur union. Intéressée par le résultat, cette juridiction, à l'impression-

337. ADA, G 4186, f. 6 r (1501).

nante sérénité, en renvoie l'observation au samedi après la Nativité de Notre-Dame.

Le dossier de l'affaire présente à nouveau Louise au début de l'année suivante. Elle est toujours en instance de divorce et persiste à accuser son mari d'impuissance. Conformément à la décision précédente, ils ont cohabité, couché ensemble mais sans rapports charnels entre eux. Denis serait bien conformé mais frigide. Ils ne peuvent connaître une union véritable, comme le montrent, d'ailleurs, leurs querelles. Louise exige, à l'appui de sa requête, une nouvelle visite médicale de son époux. Qui, naturellement, estime ne pas en avoir besoin car, assure-t-il, il vient d'avoir des relations sexuelles avec sa femme. Selon lui, elle affirme le contraire parce qu'elle en aime un autre. Interrogée à part, elle avoue qu'elle était enceinte lors de son mariage. Comme Denis a couché avec elle, surtout depuis l'injonction du tribunal, son impuissance, d'après Louise, n'est que plus manifeste. Elle la définit par une érection sans éjaculation. Denis, questionné là-dessus, le nie. Presque maternelle, son épouse remarque qu'il s'abuse en croyant pouvoir faire ce dont il est incapable. Placée devant une situation difficile, l'officialité réagit selon sa ligne habituelle. Elle ordonne aux conjoints de continuer à coucher ensemble, en appliquant tous leurs efforts afin que cela produise un bon effet. Pour plus de sûreté, elle suggère à Denis de consulter un excellent spécialiste qui lui fournira des médicaments utiles dans son état [338].

Cette affaire enseigne, à la fois, l'ampleur des malentendus sexuels chez certains couples du temps et l'acharnement des autorités religieuses à ne rien y comprendre. Elles ne favorisent, à ce propos, aucun des deux sexes mais seulement un mariage chrétien plus fragile qu'il n'y semble. Fondé maintenant, en principe, sur l'accord des partenaires, il risque de succomber dès que celui-ci disparaît. Or la finalité biologique de l'institution comme son caractère sacré interdisent qu'il en soit question. Devant les revendi-

338. ADA, G 4192, f. 148-149, 245 (1515) ; G 4193, f. 186-187 (1516).

cations des victimes, en particulier féminines, de la désunion, l'Eglise accorde sans doute quelques concessions. Mais elle est toujours tentée de les réduire au maximum car elle préfère l'intérêt collectif de la société, comme elle l'entend, au bonheur personnel des individus.

NAISSANCE ET MATERNITÉ

L'officialité s'en occupe très peu. Les traces à ce sujet sont donc rares dans ses archives. Or la fonction maternelle joue un rôle capital dans l'existence sociale des femmes. Cela est particulièrement vrai du lien entre mère et fille, élément décisif de la sociabilité de l'époque. Il domine, notamment, les diverses étapes de l'initiation féminine à la vie adulte. Dans le cadre des relations familiales du temps, les conflits entre mère et fille demeurent tout à fait exceptionnels. La naissance constitue une affaire uniquement féminine et des accoucheuses sont seules à s'en occuper. Ce monopole leur confère un grand prestige mais aussi des devoirs. Elles sont l'objet d'une étroite attention de la part de l'Eglise et de la société. On a eu tort de penser que celle-ci craignait leurs pouvoirs et les transformait, à l'instar des sorcières, en une sorte de force ténébreuse, jalousée et haïe par les mâles. Le principal problème des accoucheuses, alors que les nouveau-nés meurent fréquemment au bout de quelques heures, concerne le baptême de ceux-ci. Il est indispensable à leur salut et une intense pression parentale s'exerce sur les accoucheuses afin que ce sacrement soit distribué, éventuellement, à des corps sans vie.

L'Eglise s'y oppose souvent avec sévérité. On en a un bon exemple, au début de 1447, à Isle-sous-Ramerupt. L'accoucheuse est une veuve, Adeline Joffrin. Elle s'empare de l'enfant, délivré avant terme et mort-né, d'une épouse de l'endroit. Elle le porte à l'église et l'y chauffe devant le feu pendant six heures. Au milieu de la nuit, le père et son beau-frère l'ensevelissent en terre profane. Mais, le lendemain, le premier déterre le cadavre et l'emporte chez le second. Là, Adeline, survenue, le lave avec de l'eau chaude et le tient devant le feu. Cette spécialiste confirme bientôt aux parents qu'il n'y a plus de signe de vie. A leur demande, évidemment, elle asperge le petit corps d'eau bénite et le baptise sous condition. L'officialité, prévenue, est d'autant plus indignée, par ce sacrement accordé à un mort, que le curé du lieu a déjà été réprimandé pour une semblable opération. Un an après celle-ci, et une consultation d'experts, l'auteur de ce « crime », qui aurait scandalisé les environs, se voit infliger un an de prison et retirer à tout jamais ses fonctions. Elle financera une prédication qui se tiendra à Arcis et rassemblera les fidèles des paroisses voisines. Adeline y assistera en présentant un cierge [339].

Ce rôle féminin est donc plein de risques. Dix ans plus tard, à Vaupoisson, une autre veuve, qui l'exerce, est condamnée à 20 sous d'amende pour avoir admis à la purgation canonique, rite de purification des récentes accouchées, l'une d'elles, mariée à un excommunié récidiviste. Ces rigueurs expliquent qu'au début du XVIe siècle de nombreuses femmes refusent de devenir accoucheuses. Ce statut est électif et l'officialité poursuit, en 1516, une épouse de Saint-André, désignée par la majorité des habitantes du village et qui refuse leur choix. Le tribunal de l'évêque veut l'y contraindre. Danielle Rochet répond qu'on en a élu d'autres avec elle et qu'elles ont d'ailleurs commencé à effectuer leur travail. Elle-même serait atteinte d'un mal qui lui revient chaque semaine et lui interdit de remplir cet office [340]. Cette tâche conserve cependant toute son importance, autour de 1530, en ville comme à la campagne. L'officialité reçoit en audience solennelle, un jour de 1529,

---

339. ADA, G 4171, f. 59 v (1448). Bonne analyse de cette affaire par Christelle Walravens, article cité de la *Bibliothèque de l'Ecole des chartes*, 1996, p. 491 et s. L'auteur cite, à propos des « sanctuaires à répit », P. Paravy, *De la chrétienté romaine à la Réforme en Dauphiné*, Rome, 1993, t. Ier, p. 472 et suiv. Voir aussi N. Vloberg, « Les réanimations d'enfants mort-nés » *in Sanctuaires et Pèlerinages*, Paris, 1960. O. Hufton, *op.cit.*, p. 173-216, a un bon chapitre sur la maternité. Parmi les nombreux ouvrages qu'elle indique en bibliographie sur les sages-femmes (*ibid.*, p. 590 et suiv.), relevons, outre les travaux de J. Gélis, H. Marland éd., *The Art of Midwifery Early Modern Midwives in Europe*, Londres, 1993.

340. ADA, G 4174, f. 15 v (1457) ; G 4194, f. 78 r, 87 v, 94 r (1516).

Perrette Maquet et Jeannette Rondot. Ces épouses viennent d'être élues, comme accoucheuses, par la paroisse troyenne de Saint-Nizier. On imagine le sérieux avec lequel elles prêtent serment, la main sur les Evangiles, d'exercer leur mission avec soin et fidélité, loyauté, diligence et prudence. Il s'agit là de vertus féminines et la naissance est une chose trop grave pour qu'on la laisse aux mains des hommes [341].

Les récentes accouchées se plient au rite des relevailles, cérémonie traditionnelle par laquelle, au bout d'un mois, elles sont réintégrées dans la vie religieuse de la communauté et reçoivent, après leurs couches, la bénédiction du prêtre. Cet acte se rattache à la conception archaïque de la délivrance d'une souillure en même temps qu'il confirme l'appartenance des mères à la solidarité cultuelle de la paroisse. Elles tiennent beaucoup à cette tradition, dont on a vu le lien avec la fonction d'accoucheuse, et qui les oppose parfois à des représentants de l'Eglise, infidèles à leur devoir en la matière. C'est le cas, en 1503, du chapelain de Torvilliers. L'époux de Marguerite Grossin, qui a accouché il y a trois semaines, demande à ce curé de procéder aux relevailles. Le prêtre s'y refuse, ainsi que de la recevoir, à ce sujet, à l'église, selon l'usage. Il explique, pour se justifier, que cette mère n'a pas gardé le lit pendant un mois entier. Son mari, furieux, exige 100 sous de compensation. Comme il a fait observer au chapelain que sa femme n'est pas excommuniée, seule excuse éventuelle à l'attitude de celui-ci envers elle, l'arrogant personnage a répondu : « Il est vrai mais je saurai si je suis maître ou valet. » Il ne donne que 5 sous d'amende à l'époux mais 20 à l'official [342].

341. ADA, G 4199, f. 121 v.

342. ADA, G 4188, f. 64 r (1503). Sur les relevailles, dont, curieusement, ni J. Gélis ni O. Hufton ne disent rien dans leurs ouvrages, consulter A. Van Gennep (*le Folklore de la Bourgogne*, p. 29 s ; *le Folklore de la Flandre et du Hainaut français*, t. Ier, p. 56 ; *le Folklore des Hautes-Alpes*, t. Ier, p. 39 et suiv.) et surtout l'excellente notice de Ph. Rovillard dans *Catholicisme*, t. XII, 1990, col. 767 et suiv. Il indique que ce rite de bénédiction catholique, se rattachant à une coutume judaïque de purification à laquelle se plia la mère de Jésus, a surtout pour but d'associer au baptême la mère qui n'a pu y participer. L'auteur

On retrouve bientôt ce prêtre dans une affaire analogue. Vers la fin de juin, la femme de Claude Girost, voulant faire ses relevailles, va pour cela à l'église. Ce chapelain lui aurait demandé 5 sous avant de procéder à la cérémonie. Il nie le premier point mais étale les raisons pour lesquelles il n'est pas tenu au second. Tout d'abord, cette mère n'a pas gardé le lit pendant un mois. De plus, la femme qui l'amène n'est pas une accoucheuse. Enfin, l'épouse Girost tombe sous le coup d'un interdit puisque son mari est un excommunié aggravé dont il exhibe les lettres le condamnant. Quatre habitantes de Torvilliers démentent leur curé et soutiennent leur voisine. Ce lundi, indiquent-elles, elle a bien été conduite à l'église, après ses couches, par une accoucheuse officielle. C'est à celle-ci que ce prêtre peu scrupuleux aurait dit : « Baillez-moi 5 sous et je la mettrai dedans ou allez quérir l'autre accoucheuse. » Il en est quitte, cette fois, pour un versement de 5 sous au tribunal mais ces querelles confirment un conflit qui rebondira bientôt aux portes de Troyes. Il oppose, à des chrétiennes soucieuses d'accomplir les rites auxquels elles sont soumises, des pasteurs qui n'y recherchent que des occasions de profit [343].

*

* *

Le détail des occupations maternelles n'intéresse pas les juges ecclésiastiques. C'est par hasard qu'on en saisit mention dans leurs archives. L'Eglise se soucie surtout des accouchées et certains prêtres, comme pendant la peste de 1483, ont soin de les visiter en même temps que les

renvoie là-dessus au rite actuel décrit dans le *De Benedictionibus* de 1984. Il cite, sur cette suppléance liturgique et psychologique, A. Franz, *Die Kirchlichen Benediktionen im Mittelalter*, Fribourg, 1909 ; D. Symoens, « Le sacral et la mentalité actuelle. Un exemple : les relevailles », *Paroisse et liturgie*, 48, 1966, p. 690-701 ; W. von Arx, « La bénédiction de la mère après la naissance. Histoire et signification », *Concilium*, 132, 1978, p. 81-92.

343. ADA, G 4189, f 41 v, 43-44 (1503). *Cf.*, plus haut, dans notre premier chapitre, les incidents relatifs, peu après, au mécontentement des paroissiennes de Bouranton contre leur curé.

malades. L'officialité accepte les excuses des mères, qu'elle cite (par exemple pour n'avoir pas fait leurs pâques dans leur paroisse), et dont leurs époux disent qu'elles ont un bébé pendant à leurs mamelles [344]. Une procédure exceptionnelle, reliée aussi à la peste de 1483, a trait aux conditions de la mise en nourrice. La femme de Jean Combalestier meurt, cet été-là, de l'épidémie et de ses couches, en donnant naissance à une petite fille. Son mari, désemparé, va trouver des paysans des alentours et leur propose de leur confier le bébé pour un an. Ils acceptent, au prix de 10 livres, plus une paire de chaussures pour la nourrice. Le père revient chercher son enfant dès Noël et un conflit intervient sur le règlement. Le paysan estime que, même réduite à dix-sept semaines, cette mise en nourrice vaut bien dix livres. Il insiste sur le danger que lui et sa femme ont couru en acceptant un bébé en temps de peste. Personne, à cause des circonstances de la mort de sa mère, ne voulait le toucher ou le prendre. Même avec une paire de chaussures en plus, le couple juge mériter son salaire, pour une aussi brève période, car il aurait pu trouver un autre enfant à nourrir. Le père ne le discute pas mais relève ce que ses interlocuteurs taisent : ils ont si mal nourri sa petite fille qu'il a été obligé de la leur retirer. Elle est de trop faible santé pour qu'on s'en occupe peu. Une femme de sa connaissance est donc allée la chercher, la veille de Noël, afin de la placer ailleurs. Elle a été, jusque-là, trop mal nourrie et trop maltraitée puisqu'elle garde encore une plaie où l'on peut mettre le doigt [345].

L'amour des mères existe également. Jeanne Amyot, de Semoine, en fait preuve, à sa manière, dans l'église paroissiale, lors de la messe de l'Ascension, en 1515. Un notaire

344. ADA, G 4181, f. 196 r (1483) ; G 4199, f. 95r (1529).

345. ADA, G 4181, f. 186 v, 220 r (1484). Renseignements sur ce père, clerc et tailleur de son état, receleur, en 1483, de marchandises volées chez un mercier de Troyes, *ibid.*, f. 24 r, 27 v. Bibliographie considérable sur la mise en nourrice, valable surtout pour une époque postérieure. On se bornera ici à citer V. Fildes, *Wet Nursing : a History from Antiquity to the Present*, Oxford, 1988 ; C. Klapisch-Zuber, « *Blood parents and milk parents. Wet nursing in Florence 1300-1500* » *in Woman, Family and Ritual in Renaissance Italy*, Chicago, 1985.

de l'officialité est venu y déclarer, document à l'appui, l'excommunication de son fils Jacques. Elle se lève et apostrophe le représentant de l'évêque : « Vilain bourreau, tu es plus excommunié que mon fils. » Jeanne désavouera, par la suite, le début de cette intervention et dira qu'elle visait, présent à ses côtés, le père du responsable de l'excommunication. Pour les femmes, l'ensemble des solidarités familiales n'en constitue pas moins une des sources importantes des querelles de voisinage [346].

La cellule sociale créée par la maternité n'est pas à l'abri des dissensions et la justice ecclésiastique les enregistre plus que son harmonie. Ces conflits affectent l'autorité paternelle, mise en cause surtout par les fils. Tel clerc troyen, emprisonné en 1501, appelle son père, entre diverses injures, « triste vilain, fils de vilain ». Il lui en coûte un écu. La même année, un autre clerc va voir, en revenant du cabaret, son père, remarié après son veuvage. La belle-mère du clerc, dès qu'il entre, enlève la nappe. Mécontent, il prend un gobelet et le lui lance. Son père le lui reproche et la dispute commence. Le fils dit à son père : « Si nous sommes longuement ensemble, il faudra que nous nous tuions l'un l'autre. » Il le confessera en sa présence, devant l'official, en demandant pardon à genoux : « Je vous crie mercy de tous les maux que je vous fis et dis. » Son père répond : « Je prie Dieu qu'il te veuille pardonner comme je te le pardonne. » Cela vaut la liberté au fils qui paie également un écu [347].

L'amende est double, avec quinze jours de prison, en 1529, pour un blasphémateur qui, en querelle avec son père et ses frères, menace de tuer ceux-ci et indique au premier : « Je renie Dieu ; si vous n'étiez mon père, je vous tuerais. » Ce climat de violences internes, chez les mâles de la famille, finit par atteindre les sœurs et les mères. Au début des années 1470, l'une des premières, par exemple, doit entendre : « Savate, ivrogne, je te renonce, tu n'es pas

346. ADA, G 4192, f. 134.
347. ADA, G 4217, f. 194 r ; G 4186, f. 111 v, 115 r.

ma sœur. » Trente ans plus tard, en pleine audience, un autre frère traite sa sœur de paillarde. Il doit lui donner 10 sous tandis que les autorités lui en demandent 25 [348].

Les mères ne sont pas plus respectées par ces violents. Un Troyen appelle la sienne « orde vieille sorcière maquerelle », en 1501, et ne paie que 2 livres de cire. Ce type d'injure s'entend souvent dans la ville et vise des femmes honnêtes et de bonne réputation. En 1503, un clerc de La Rivière-de-Corps fait tomber sa mère en lui arrachant une serpe qu'elle veut reprendre chez lui. Il agrémente ce geste d'insultes (« vieille vaudoise, vieille sorcière »). Les témoignages de l'agressée et de voisins sont à l'origine d'une amende de 40 sous [349]. L'ambiguïté des rapports entre ce genre de fils et leur mère est confirmée par une plainte déposée, en 1516, contre le chapelain de La-Chapelle-Saint-Nicolas. Il a confessé plusieurs fois un paroissien désormais persuadé que ce prêtre raconte partout qu'il a battu sa mère et l'a expulsée de sa maison. Il ne peut l'expliquer que par la violation du secret de la confession et réclame 100 sous de dédommagement. Le curé rétablit les faits sans peine. Sortant récemment du presbytère, il entend crier la mère de ce personnage. Se dirigeant vers elle, il la trouve décoiffée et assise sur le seuil de sa porte. Elle indique que son fils l'a frappée et chassée. Le chapelain en parle tout de suite, selon son devoir, au doyen de la chrétienté de Pont-sur-Seine. Ce mauvais traitement familial était plutôt un secret de Polichinelle, puisque événement public [350]. L'Eglise est donc attentive à protéger les mères. En 1529, un prisonnier de l'officialité avoue avoir souffleté la sienne. On lui demande s'il l'a prise et traînée par les cheveux. Ils se trouvaient, en effet, en désordre

---

348. ADA, G 4199, f. 114 v (1529) ; G 4302, f. 92 r (1473-1475) ; G 4217, f. 210 r (1502).

349. ADA, G 4217, f. 192 v (1501) ; G 4185, f. 175 v, 178-179 (1501) ; G 4187, f. 151-153 (1503). L'amour envers les mères, dans l'ancienne société, a sans doute été moins abordé que celui dont elles auraient ou non fait preuve envers leurs enfants et à propos duquel on doit à Elisabeth Badinter un livre mémorable fort bien critiqué par O. Hufton, *op. cit.*, p. 205 et suiv.

350. ADA, G 4194, f. 231 v.

parce que son chaperon était tombé. Le fils assure qu'il l'a prise par les cheveux sans la traîner. Il tente de se justifier en se présentant comme un simple ivrogne. Si les voisins, affirme-t-il, ont raison d'être scandalisés par sa conduite, il n'a pas l'habitude de battre sa mère. Sceptiques, ses juges le condamnent à lui demander pardon ainsi qu'à Dieu et à la justice. Il passera six semaines en prison où il est intimé au geôlier de ne lui donner, les mercredis et vendredis, que du pain et de l'eau [351].

On rencontre parfois des prêtres mauvais fils qui préfèrent leur maîtresse à leur mère. L'interrogatoire de l'un d'eux, curé à Plancy en 1530, sonne comme un acte d'accusation. Déjà averti à propos de son manque de sobriété et de chasteté, il persiste à fréquenter quotidiennement les cabarets et entretenir une liaison coupable avec une orpheline de père, Perrette Simard. Comme elle est atteinte du mal de Naples, il la conduit chez sa mère à laquelle il impose la présence de cette fille jusqu'à sa guérison. La première refusant de recevoir la concubine, il s'empare avec violence de ses clés en coupant sa ceinture. Pendant son sommeil, il agit de même avec un autre trousseau afin d'ouvrir un endroit où sont ses livres et différents objets. Elle lui fait remarquer qu'il a le diable au corps et il répond : « Par la mort Dieu, je ne l'ai. Je prie Dieu qu'il y puisse venir bientôt et qu'il me puisse faire mourir bientôt en dépit de vous. » Cette mère entend pire lorsqu'elle se plaint à son fils de sa conduite envers elle, au sujet de Perrette. Il lui dit : « Il y a celle qui l'appelle paillarde qui est plus paillarde qu'elle. » Sa mère lui demande s'il la vise et il rétorque : « Par aventure oui. » Pour la vexer, il va couper des ceps de vigne et un arbrisseau dans son jardin et, au milieu de ses dénégations, dit que, de toute façon, ils ne valent rien. A nouveau averti pour son ivrognerie et son incontinence, il reçoit, à cause de ses blasphèmes et de son mépris filial, une amende de 4 écus d'or [352].

351. ADA, G 4199, f. 106 v, 112 v.
352. ADA, G 4200, f. 178-180.

Le statut de veuve ne protège pas les mères de pareils comportements. Celle de Nicolas Rondot, qui est sans mari, obtient l'emprisonnement de son fils, en 1534. La veille, lors d'une contestation, il l'a blessée en lui poussant le bout d'une planche contre l'estomac. Il lui donne, en plus, un coup de poing sur l'épaule, la renie et l'appelle putain. Il nie tout, naturellement, sauf qu'elle soit sa mère [353].

Ces épisodes sont exceptionnels. Ils confirment pourtant, outre l'atmosphère de grande violence régnant souvent dans la société du temps, la vulnérabilité particulière de certaines femmes à ses effets désastreux. Victimes des mâles, malgré leurs efforts, et ceux de l'Eglise, pour s'en protéger, elles n'ont pu échapper à cette situation dans le cadre du mariage. Leur sort risque plutôt de s'aggraver si elles deviennent veuves.

353. ADA, G 4202, f. 14 r.

5

Les veuves

DES FEMMES D'IMPORTANCE

Les veuves sont nombreuses dans la population du temps. On les a rencontrées souvent dans les méandres de la vie quotidienne. On sait aussi, par l'importance des orphelins s'engageant dans les liens du mariage, que la durée des couples est brève. De même que les parents ne s'occupent pas longtemps de leurs enfants, les époux assistent fréquemment à la mort de leurs conjoints. Ils se remarient, surtout lorsqu'ils sont riches ou jeunes. Les femmes sont moins favorisées que les hommes et, à partir d'un certain âge, notamment dans les classes populaires, il y a beaucoup plus de veuves que de veufs. Pourtant, le destin de ces femmes n'est pas toujours déplorable. Elles peuvent apprécier, dans ce statut, à condition qu'il s'accompagne d'une relative aisance, une indépendance personnelle qui contrevient aux règles officielles. Théoriquement asservies au mâle, le père ou le mari, les femmes s'en voient en principe libérées lorsqu'elles deviennent veuves. On comprend qu'une partie d'entre elles n'aient pas cherché le remariage puisqu'il aurait modifié cet état privilégié qui fait d'elles des religieuses dans le siècle.

Tous les cas de figure se rencontrent dans le veuvage féminin, selon la variété des situations, matérielles, sociales ou psychologiques. Il a l'intérêt de rappeler que beaucoup de femmes de cette époque connaissent, le plus normalement et chrétiennement du monde, plusieurs hommes dans leur vie. Ces veuves, à cet égard, ressemblent à nos divorcées. Elles sont, comme elles, nombreuses, diverses et isolées et représentent un élément original dans la société du temps. A côté de la fragilité ou des difficultés de leur statut, il leur arrive, fortes de leur expérience, de dominer leurs contemporains [354].

Et d'abord au sommet de l'Etat. Marguerite d'Autriche, par exemple, solennellement reçue à Troyes le 9 novembre 1501, redeviendra bientôt, par son second veuvage, une de ces femmes seules qui règnent sur le monde. Les Français seront gouvernés, à partir de 1515, autant par François Ier que par son abusive mère, Louise de Savoie, qui sait prudemment conserver, en ne se remariant pas, sa liberté d'initiative. A la fin des années 1520, Louise et Marguerite se trouvent à l'origine d'une pacification européenne qui se présente moins encore comme un traité des dames que comme un traité des veuves [355].

Les femmes de château ou de village reproduisent ces conditions princières. On a vu, par l'autorité posthume accordée à leurs testaments, le prestige de certaines veuves champenoises. Une dame Antoinette Le Puy, demeurant à Troyes, et que le décès de son époux, Pierre Arnoul, sei-

354. L'excellent chapitre sur les veuves du livre d'O. Hufton (p. 217-250) concerne surtout, cependant, une époque postérieure et les milieux urbains. On se bornera ici à recommander C. Carlton, « *The widow's tale : male myths and female reality* », *Albion*, X (1978) ; D.E. Vanburg, « *The status of widows in sixteenth century rural Castille* » *in* J. Henderson et R. Wall éd., *Poor Women and children in the European Past*, Londres, 1994 ; R.J. Kolas, « *Noble women as managers : widowhood, property rights, and land administration in two sixteenth century French families* », *Sixteenth Century Journal*, 1992 ; S.N. Wyutjes, « *Survivors and status : widowhood and family in the early modern Netherlands* », *Journal of Family History*, hiver 1982. Un bon spécialiste de l'histoire de la famille, André Burguière, a noté (*Le Nouvel Observateur*, 18 février 1999, p. 14) que les veuves sont, dans l'ancienne société, le type même de cet oiseau alors rare et appelé à un grand avenir : la femme seule. Bonne présentation récente du problème dans S. Cavallo et L. Warner éd., *Widowhood in Medieval and Early Modern Europe*, Londres, 1999.

355. ADA, G 4186, f. 101 r (1501). Sur les origines familiales contemporaines de ce type de pouvoir féminin (souvent étudié récemment) voir S. Hanley, « *Engendering the state : family formation and state building in early modern France* », *French Historical Studies*, 16 (1980).

gneur de Maulay, laisse tutrice et curatrice de leurs enfants mineurs, maltraite fort, alors, les témoins de l'affaire où elle se trouve mêlée. Une autre veuve aristocratique, établie en Franche-Comté, fit sentir son influence, en 1503, jusqu'à Arcis-sur-Aube. Le chapelain y a commis l'erreur d'accorder le permis d'inhumer à un noble personnage, dépendant de l'officialité de Besançon mais frère du seigneur du lieu. Ce curé a cru pouvoir se passer de permission à l'égard d'un non-paroissien qu'il connaît bien, auquel il a donné les sacrements et que les notables locaux lui recommandent. C'était oublier la Jurassienne Jeanne Vignier, veuve de Jean de Rosereux, qui a réussi, quelques années avant, à faire infliger à cet homme une excommunication aggravée. Les ecclésiastiques d'Arcis ont ignoré cette condamnation mais l'impitoyable veuve, forte de l'envoi des documents les plus authentiques à leurs supérieurs, la rappelle à leur souvenir [356].

Sur un registre plus modeste, mais parfois également querelleur, des veuves champenoises frappent par leur acharnement à rester fidèles à la mémoire de leur mari. En 1465, une Troyenne, Henriette Henriot, veuve de Jean de Provancières, accompagnée de son père, s'oppose à l'élargissement d'un clerc emprisonné, le dimanche précédent, pour avoir tué son mari. Elle en poursuit le procès avec obstination. Quarante ans plus tard, à Brienne-le-Château, Berthe Volant, qui vient de perdre son époux, a eu la douleur de voir le prêtre, qui l'a confessé pendant sa dernière maladie, lui refuser à la fois l'administration des sacrements et la sépulture chrétienne. Deux de ses voisins vont enterrer le cadavre dans le cimetière de l'hôtel-Dieu, à l'insu de sa direction. S'ils reçoivent 20 sous d'amende chacun, la veuve est acquittée [357].

Cléronne Simonnot, en 1516, est déjà remariée quand elle entend venger son premier époux devant l'officialité. Elle assure qu'un clerc célibataire de Fontaine-Denis est responsable de son assassinat. Un soir, ce clerc et son frère,

---

356. ADA, G 4234 ; G 4188, f. 37-39, 41-42 (1503).
357. ADA, G 4179, f. 49 v (1465) ; G 4190, f. 20-21 (1504).

armés de hachettes, ont assailli Simonnot et lui ont porté des coups dont il est mort au bout de deux mois. Cléronne demande 200 livres d'indemnité plus une provision afin de faire prier Dieu pour le défunt. Le clerc lui objecte la longue survie de son ancien mari à ses blessures et la procédure sera longue. Cléronne n'y renonce pas malgré la mise en liberté de l'assassin. Il se fait représenter par un conseiller qui dit à la plaignante qu'en tant qu'épouse elle n'a plus qualité à poursuivre. Elle répond que son nouveau mari a toujours été étroitement associé à sa requête, ce qu'il confirme avec empressement [358].

La veuve de Jean Perrier plaide, en 1530, un dossier analogue mais plus délicat. Elle accuse Robert Lebreton d'avoir violemment frappé, à la Toussaint 1529, son époux qui, atteint à la tête et d'autres parties du corps, en est mort. Elle s'appuie sur les dernières déclarations du défunt et, comme Cléronne, demande 200 livres et une provision pour que des prières soient faites à son intention. L'accusé avoue la dispute mais ne parle que d'un soufflet. L'affaire se déroule à Messon dont le vicaire témoigne en faveur de Lebreton. Il a souvent observé Perrier partant pour Troyes, en bonne santé, après la Toussaint. Il y gagne sa vie en travaillant comme manœuvre. Il n'est tombé malade qu'en décembre, du « mal Saint-Main », dont on guérit en allant en pèlerinage dans cette localité, et il s'arrange, d'ailleurs, avec le curé, pour s'y rendre. Il a attrapé sa maladie en transportant des objets pour la femme d'un seigneur. Quant à son différend avec Lebreton, le prêtre a été témoin de son règlement, à l'amiable, dans un cabaret. La veuve est soutenue par trois voisins, un vigneron, un laboureur et un charpentier. Elle est venue les voir, le matin de la Toussaint, pour leur annoncer qu'elle implore la justice contre Lebreton. En retournant de Troyes, il a blessé grièvement son mari qui est mourant. Ces témoins sont procureur de seigneur ou lieutenant de prévôt. Ils ont vu Jean,

358. ADA, G 4193, f. 203-205, 212-214, 264-265. *Cf.* G 4194, f. 126, 173 v.

dans son lit, couvert de sang, gravement blessé au visage et au corps. Parlant difficilement, il leur a néanmoins raconté l'agression dont il a été victime. S'il a pu rentrer chez lui, c'est que Lebreton l'a ramené au presbytère de Messon où le vicaire a tenté, contre sa volonté, de conclure un arrangement entre eux. Jean est resté caché vingt-quatre heures dans l'église, avant de s'en échapper quand les cloches sonnèrent pour les trépassés. Depuis, il a toujours été malade, sans travailler comme il en a l'habitude. Il marche avec un bâton, mendie par les chemins. On l'a rencontré ainsi, à Troyes, pendant l'hiver, demandant l'aumône de porte en porte. Il a expliqué au charpentier qu'il ne peut plus travailler à cause des coups de Lebreton. Cet artisan indique que l'opinion générale du village leur attribue sa mort.

C'est un tableau tout différent que dressent les témoins de l'accusé, qui sont aussi des laboureurs de l'endroit. L'un a vu Jean, pendant le récent carême, faire la quête dans l'église, les dimanches et jours de fête, pour aller en pèlerinage à Saint-Main. Il allait et venait, après la Toussaint, confirme un autre, travaillait dans les vignes, se rendait à Troyes, paraissait bien portant. C'est vers Noël qu'il serait tombé malade, avec sa famille, des fièvres. Mais il en guérit et, d'après ce qu'on a dit, part en pèlerinage à Saint-Main. On l'a vu cheminer, par les rues, à son retour. Il était pourtant toujours malade et certains parlaient du mal de Naples. Un mois avant sa mort, très atteint, on l'a emmené à Troyes, puis ramené dans une charrette. Selon la rumeur, on l'en descend rudement et il s'y brise les dents, les côtes et les reins. Il serait mort peu après. Ces bons apôtres l'ont entendu, autour de Pâques, devant sa maison, se disputer avec sa femme. Elle lui reproche son arrangement avec Lebreton et le chasse de chez lui en le poussant violemment de la main. Un de ces témoins affirme même que cette femme est venue le chercher pour qu'il examine le mal que son mari a entre les épaules. Son dos est tellement troué qu'on peut y mettre le poing. Son épouse était persuadée que cela venait du mal de Naples. La rumeur apprend bientôt qu'il a plutôt le mal Saint-Main, d'où son départ en pèlerinage. Pour faire bonne mesure, ce témoignage s'achève par un ultime ouï-dire, datant de la veille du décès. On raconte alors, dans le village, que sa femme et d'autres ont, en effet, très rudement tiré Jean hors d'une charrette [359].

On voit les obstacles opposés, par la procédure contradictoire de l'officialité, aux veuves tentant d'y faire rendre justice à leur époux défunt.

*

* *

C'est peut-être dans le domaine sexuel que l'originalité de certaines veuves apparaît le plus clairement. Leur expérience les aide à mieux comprendre ou utiliser les faiblesses de la chair. On est ainsi étonné de la tranquille attitude d'une veuve, sans doute jeune, Isabelle Roverot, servante au prieuré de Radonvilliers, lors de la semaine du printemps 1529 où ce saint lieu fut troublé par le séjour prolongé d'une prostituée. Cette Jacqueline, ou Jaquette, y a été conduite par un religieux de l'abbaye bourguignonne de Molesmes, dans le diocèse de Langres, dont dépend le prieuré. C'est un amateur de « belles garces », qui en héberge une dans son couvent et cherche à s'en débarrasser. Il propose au prêtre, à qui l'évêque de Troyes vient d'affermer le prieuré, de l'y accueillir. Devant son refus, il l'amène lui-même. L'arrivée de cette fille dans le jardin cause quelque émoi et Isabelle paraît d'abord bouleversée par la venue de la « ribaude ».

Mais tout s'arrange très vite. En compagnie de la nièce du prieur, Catherine, et d'une autre servante, Marion, Isabelle constate que ce prêtre, qui reçoit la fille dans la maisonnée, l'installe dans la chambre haute où l'évêque a couché la veille. Arrivée un mardi soir, elle y reste jusqu'au samedi suivant et ce fut, naturellement, un grand événe-

359. ADA, G 4200, f. 76 r, 84-86, 98 v (1530).

ment pour Isabelle. Le prieur passa toutes ses nuits avec la fille et assura plus tard qu'ils couchèrent dans son lit et non dans celui de l'évêque. Comme ce prêtre s'absente le jeudi, Isabelle, plus que curieuse, monte dans la chambre occupée par Jacqueline pour mieux la voir et causer avec elle. Elle lui donne du vin et une quenouille pour filer. C'est après son départ qu'elle constate le désastre : la fille, enfermée, en a profité pour couper (et emporter) un pan de la courtine du lit, de la « hauteur de plus d'un grand pied ». A côté du témoignage des servantes, un voyeur de treize ans raconte qu'avec un camarade, ravis du spectacle, ils ont souvent regardé Jacqueline par les trous de la porte de sa chambre. Elle les bouchait bien avec des chiffons, dit-il, mais ils les faisaient tomber. Le prieur, après avoir lontemps nié, comme on le lui conseillait, finit par avouer ; il prétend, contre toute vraisemblance, avoir célébré la messe, le vendredi, sans avoir couché avec sa maîtresse la nuit précédente. Il indique encore qu'il lui portait lui-même la nourriture dans sa chambre. Il pense que sa présence n'était connue que d'Isabelle, ce qui paraît douteux. Il perd, dans l'affaire, une position avantageuse. Mais, manifestement, la veuve, qui sert au prieuré, a plutôt accueilli avec sympathie et compréhension la prostituée qui vient passer quelques jours dans la chambre de l'évêque. Dès qu'elle a appris à la connaître, elle n'a plus manifesté d'indignation devant les agissements de cette ribaude [360].

On rencontre aussi de redoutables séductrices. En 1446, le tribunal de l'évêque se déchaîne contre un clerc marié qui a gravement blessé l'official. L'accident provient de l'attrait exercé sur ce Troyen par une veuve, Isabelle, sa maîtresse depuis plusieurs années. La justice ecclésiastique les somme, en vain, de cesser leur commerce. L'homme n'en est que plus irrité et menaçant envers cette institution. Pour ne pas tomber entre ses mains, il ne fait plus raser sa tonsure. Le dimanche de l'Assomption, à l'heure de la

360. ADA, G 4208, f. 2 v, 6-8. *Cf.* G 4199.

grand-messe, allant chez la veuve, il ne l'y trouve pas mais rencontre en sortant une femme qui lui raconte les derniers tourments d'Isabelle. Elle vient de recevoir à nouveau, l'avant-veille, une citation devant le tribunal. Plein de la fureur inspirée par cette information, le clerc agresse l'official en pleine rue. Il court, là-dessus, au couvent des franciscains où il parle, en insensé, de compagnons qui l'aideront, à Gand ou Bruges. Emprisonné, il affirme qu'il n'exprimera ni repentir ni demande de pardon. Les termes de l'officialité à son égard sont particulièrement sévères et lui valent l'excommunication et un an de prison. Ainsi frémissent dans la cité les passions suscitées, entre autres, par les veuves [361].

Un demi-siècle plus tard, l'une d'elles, Marguerite Breton, entretient un adultère avec le mari de sa tante. Elle ajoute d'ailleurs à ce premier inceste un second puisqu'elle couche également avec le fils de son amant qui est son cousin germain. Au sein de ces histoires familiales compliquées, les veuves sont fort bien armées. En 1504, à Sainte-Savine, celle de Pierre Bonnet, Catherine, préside d'abord aux fiançailles en face d'Eglise de sa fille, Jaquette, avec Aimeri Boucquin. Rapidement, les jeunes gens se rendent leur parole et Aimeri se refiance avec Catherine. Ils ont à payer, chacun, 2 écus d'or et l'on peut imaginer beaucoup de raisons prosaïques pour expliquer le choix de ce garçon [362]. Mais le fait est là : il préféra la mère à la fille. Peut-être cette veuve était-elle plus attirante que la pucelle.

*

* *

Des veuves s'imposent aussi à leur entourage par leurs qualités morales, leur sens de la compassion, par exemple, ou, tout simplement, leur bon sens. Un épisode révélateur du premier, exprimé sans doute par une femme déjà âgée, s'est produit à Courcelles, le 15 décembre 1501, à la

361. ADA, G 4171, f. 54-56.
362. ADA, G 4183, f. 96 v (1494) ; G 4217, f. 251 v (1504).

tombée de la nuit. Une veuve, Perrette Alexandre, s'entend dire ce soir-là par une voisine : « Ecoutez, ma mère, j'ouys deux hommes qui se noisent. » Perrette sort de chez elle et aperçoit les arrivants. Le couple est étrange puisque formé d'un franciscain d'Auxerre, parti de Troyes vers midi pour Brebant, et de son guide, ou prétendu tel, rencontré près de Saint-André, où il s'est égaré et a demandé sa route. Ce soi-disant bourgeois du roi promet de le conduire à destination contre salaire. Il arrive à extorquer au moine, qui fouille dans sa bourse, deux ou trois pièces d'argent. Par ce froid et cette incertitude, et en pareille compagnie, le franciscain dut considérer la demeure de la veuve comme une bénédiction. Il exprime aussitôt ce sentiment : « Laissez-moi aller vers cette bonne dame, elle me réchauffera. » Perrette est à l'unisson : « Venez-vous-en, beau-père, je vous réchaufferai volontiers. » Ils entrent en effet. La veuve leur offre à boire. Mais, fatigué, malade, mouillé, le franciscain consomme peu. Au bout d'une heure et demie, son associé lui dit : « Allons-nous-en ». Le moine veut rester et Perrette est trop heureuse de l'y encourager : « Allez-vous-en, dit-elle à l'odieux personnage, le religieux couchera ici cette nuit. » Mais l'autre tient, on comprend pourquoi, à continuer le voyage. Il s'estime d'ailleurs insuffisamment payé jusqu'ici et demande grossièrement à la veuve : « Faites-nous du fromage, par la vertu Dieu, le cordelier paiera tout. » Ils repartent, de nuit, puisque Brebant n'est pas loin. Le guide se munit d'un gros bâton et en donne un petit au franciscain. On devine la suite : les menaces en chemin, l'agression et le vol d'une bourse contenant 40 sous, comme des souliers et du bonnet du religieux. Abandonné, errant pieds nus, il est retrouvé à demi mort. Recueilli au couvent de son ordre, à Troyes, il a la charité de ne pas reconnaître son bourreau puisqu'il faisait nuit. En cette histoire, le mauvais larron figure entre deux saints dont l'un est une veuve [363].

363. ADA, G 4186, f. 125-127, 129 r, 132-135, 138-139 (1502).

Un quart de siècle plus tard, Jeanne Anceau, du Thoult, n'est pas une sainte mais la belle-mère d'un hérétique. Ce gendre, Nicolas Boivin, né dans le diocèse de Meaux, est venu épouser, dans celui de Troyes, une fille de cette veuve et en a des enfants. On l'a emprisonné et il sait donner le change. Il accuse ainsi sa belle-mère et les cohéritiers de son défunt époux, en ce mardi 18 août 1528 où on l'interroge, de lui en vouloir parce qu'il exige le partage des biens de la succession. Il avoue avoir habité deux ans à Meaux, à partir de 1525, et là est l'origine de ses ennuis. Rentré depuis un an, il apparaît, à ses voisins, comme entaché de l'hérésie luthérienne qui a gâté cette ville. Aussi l'ont-ils appréhendé, sous la houlette du curé, et conduit, de prison en prison, jusqu'à celle de l'officialité.

S'il faut en croire un manouvrier de quarante ans, qui répète ses paroles, il le mérite car, dans ses discours, tout y passe : la critique des prêtres et de la messe, celle de la prière pour les morts et de l'eau bénite, du culte de la Vierge (qui n'a été un vaisseau, plein de bon vin, que pendant sa grossesse) ou des saints, de la confession enfin. Il était fier de rester, pendant des mois, à la porte des églises. Sa belle-sœur de dix-huit ans a entendu ce langage depuis son retour de Meaux. La malheureuse a essayé de discuter avec cet endoctriné : « La messe est si digne. » Que n'a-t-elle dit ! Elle a droit à un résumé en forme de la théologie luthérienne du salut. Cette Judith note que Nicolas a rapporté de Meaux des livres qu'il dévore toute la journée. Dès qu'il rencontre des voisins, ou des gens qui travaillent dans la maison, il leur explique ce qu'il a lu. Le résultat des obsessions de ce néophyte, enthousiaste et insupportable, est prévisible et sa belle-sœur l'enregistre : « Ils s'en fâchaient et en ont eu plusieurs noises à lui pour ce qu'il ne parlait d'autre chose. » Elle se rappelle, en particulier, un de ses propos : « Les prêtres seraient mieux d'être mariés que d'êtres prêtres ainsi qu'ils sont. Il y a déjà un cordelier marié à Meaux. Il est mieux que ceux qui le sont demeurés. »

Une autre parente s'est entretenue avec Nicolas et lui fait part, comme Judith, de sa propre orthodoxie : « C'est grande chose et bien digne que du prêtre qui tient la sainte hostie et en icelle est Notre Seigneur. » Elle reçoit une riposte cinglante, hostile aux paroles humaines et à la pseudo-puissance des prêtres : « Dieu est Dieu et pain est pain. » Un tisserand de l'endroit, allant à Paris, a rencontré Nicolas à Meaux. Il se rengorgeait : « Nous sommes plusieurs qui étudions la Bible et autres livres de Martin Luther d'Allemagne. Après que nous l'aurons lu, nous irons prêcher par le pays et n'y a docteur ni autre clerc qui nous en pourra garder. » Le tisserand conserve aussi le souvenir de litanies antimariales. Il a revu Nicolas à son retour, lors de son passage à Meaux, le jour de la fête du Saint-Sacrement. Le prosélyte tirait gloire d'éviter la procession, en conformité, d'ailleurs, avec l'évêque de la ville. Nicolas préférait, à cet abus, une petite messe de son choix et la lecture de ses livres. La veuve Anceau confirme ce qui ressemble à un réquisitoire théologique en règle. Elle ajoute, pourtant, une note personnelle et désolée. Elle indique d'abord, et l'on y reviendra, que, lorsque son gendre a quitté Le Thoult, il était « banni par la justice du lieu ». Elle dit ensuite détester surtout, chez ce propagandiste, sa perpétuelle oisiveté. Il passe son temps à lire et pareil constat, dans la bouche de cette femme de bon sens, sonne comme une condamnation. Elle lui a reproché plusieurs fois : « Tu ne fais rien et meurs de faim. Tu ne bois que de l'eau et manges du pain. » Il en fallait plus pour ébranler l'illuminé qui répond à sa belle-mère : « Il ne me chaut. Je vis saintement. Dieu me pourvoira. »

Il est curieux que Nicolas, extrait par la suite de la prison troyenne des prêtres, nie tout ce qu'on lui attribue sur la Bible et Luther. Il assure qu'il a une très faible formation scolaire et n'a jamais appris que les Sept Psaumes. Pour renforcer son innocence, il rappelle que les Luthériens, eux, ne se rétractent jamais. Face aux témoins, il se présente comme un quasi illettré, ânonnant sur son livre d'heures. On apprend, d'autre part, qu'il serait le plus grand larron du pays de Brie. Ses vols ne se comptent plus, notamment chez un mercier troyen auquel il a dérobé trois cents harengs. Il s'enfuit à Meaux devant une perquisition et y explique au tisserand qu'il a commis ce larcin parce que sa femme, enceinte, avait envie de manger des harengs. On constate encore qu'il ne saurait pas mieux écrire que lire : en prison, il dicte à un avocat sa réponse en forme aux témoins et se contente d'en signer les feuilles. L'histoire est étrange mais elle oppose bien, à un mâle déséquilibré et douteux, donc tenté par l'hérésie, toute une communauté révoltée par ses inconséquences et ses blasphèmes. C'est au fond sa belle-mère, veuve expérimentée, qui est le moins sévère à son égard. Il est vrai qu'elle ne semble avoir accordé aucune attention à ses élucubrations religieuses. Mais, en son solide bon sens, elle voit ce qui ne va pas chez son gendre : il ne travaille pas assez et il lit trop [364].

DE FAIBLES FEMMES

Il arrive également que ces veuves soient dépendantes parce que démunies. D'autres causes peuvent les amener à manifester moins d'autonomie ou d'initiative. Leur destin devient ainsi parsemé d'embûches, notamment en matière sexuelle. Guillemette Gravelle est excusée par l'officialité, en décembre 1503 : sa vieillesse et ses infirmités rendent cette veuve incapable de comparaître dans un procès. En 1515, à Saint-Léger, près de Troyes, un tonnelier avoue avoir travaillé le jour de la fête de saint Matthieu. Il a cerclé pour une pauvre veuve deux futailles et l'a fait gratuitement. On le condamne légèrement pour cette violation d'un interdit religieux qu'il ne devra pas répéter, car, en l'accomplissant, il a au moins respecté la solidarité envers les plus défavorisés auxquels tant de veuves appartiennent [365].

---

364. ADA, G 4205, f. 2 r, 4-11, 13 r, 15-21 (1528). L'affaire a été étudiée par Jean-Marc Roger, « Le dossier du procès devant l'officialité de Troyes de Nicolas Boivin soupçonné d'hérésie luthérienne, 9 août 1528-5 février 1529 » *in le Beau XVIe Siècle troyen,* Centre troyen de recherche, 1989, p. 415-437.

365. ADA, G 4188, f. 184 v (1504) ; G 4193, f. 27 r (1515). *Cf.* N. Pelling, « *Old Age, Poverty and Disability in early modern Norwich...* » *in* N. Pelling et R. Smith éd., *Life, Death and the Elderly*, Londres, 1991.

Elles sont, de ce fait, les proies privilégiées des charlatans. Les poursuites engagées, la même année, contre un vétéran de la magie locale, le cordier troyen Jean Marnot, l'évoquent. Il s'agit là d'une cible habituelle du tribunal de l'évêque, fréquemment emprisonné comme amateur de superstitions. Le synode de 1516 regrettera encore ses activités, en ce domaine, dans la paroisse Saint-Jean. Cet ancien clerc et mari bigame a accueilli comme une providence l'apparition de la syphilis qui étend le champ de ses activités de guérisseur. Ce blasphémateur en soigne les prêtres et leurs servantes. Parmi ses clients, au reste, les hommes paraissent moins enthousiastes que les femmes. Un clerc, qui demeure chez un chanoine de la cathédrale, a entendu dire que Marnot est vaudois, donc suspect d'hérésie. Il ne souhaite pas être traité par lui. Un chapelain de Saint-Jean, en revanche, atteste, par l'exemple de son frère, que ce magicien retrouve les objets perdus. Un autre prêtre troyen s'est fait raconter par un confrère, décédé depuis, comment il a mis à la porte ce charlatan qui prétend lui redonner la santé par des figures et des invocations magiques. Interrogé, Marnot nie, à ce propos, avoir renvoyé un malade, qui lui demande un remède, à celui de Saint-Jean de Nemours, plus grand maître que lui. Un pâtissier apporte des précisions supplémentaires sur ses activités. Le père de ce commerçant, décédé depuis et originaire d'Aix-en-Othe, a convoqué le guérisseur à Troyes. Dès que Marnot le voit, il lui dit qu'il est possédé à l'instigation d'un jeteur de sorts mais se rétablira s'il vient à Aix. Il s'y rend et, huit jours après, le charlatan lui révèle l'identité de la femme responsable de son mal. Elle opère des « diableries en son enclos ». Furieux, Marnot dément tout, refuse désormais de répondre et assure aux enquêteurs qu'il préfère être pendu.

A l'opposé de cette clientèle masculine, trois veuves témoignent d'un climat différent dans leurs relations avec ce magicien. Si celles-ci restent empreintes du recours à des recettes plus ou moins mystérieuses et parfois décevantes, les femmes, sûrement âgées, qui y recourent, en attendent et peuvent en obtenir un apaisement pour leur corps souffrant. Leurs pratiques sont significatives de l'attitude féminine face à la maladie. Jeanne Renin, veuve d'un charpentier et sexagénaire, est la moins loquace de ces clientes mais aussi la plus formelle. Elle loge chez un sous-chantre de la cathédrale et, malade, y a fait appeler Marnot. Il l'a soignée pendant un mois et l'a guérie. Elle se rappelle son traitement, fort orthodoxe, agréable et de bon sens : deux ou trois bains chauds par jour, des frictions par tout le corps, devant le feu, avec un onguent qui sent bon, un emplâtre sur l'estomac. Cette veuve, assurément, ne pensera jamais de mal d'un magicien aussi bienfaisant.

L'histoire racontée par Antoinette Doyenne, veuve demeurant rue du Temple, est à la fois plus complexe et légèrement moins satisfaisante pour lui. Le 17 juillet 1515, elle a reçu sa sœur, également veuve, Bertheline Rogon, qui habite Vauchassis. Elle est atteinte, depuis seize mois, d'un mal s'étendant de la plante des pieds au dessus du ventre et dit à sa sœur qu'elle vient se faire soigner par Marnot qui a déjà guéri plusieurs clients d'une maladie semblable. Antoinette va le chercher et il rend visite à Bertheline. Il la tâte, manie et, optimiste, estime qu'elle sera remise en trois ou quatre jours. Il l'avertit aussi qu'une personne malveillante lui a communiqué ce mal. Il la quitte en sollicitant de l'argent pour acheter des drogues et en déclarant qu'il reviendra le lendemain afin de lui faire prendre un bain et lui apporter des potions. Il s'agira, en effet, de trois breuvages plus deux bains complets à l'exception de la tête. Bertheline étant ainsi installée, Marnot allume, au-devant, une chandelle de cire noire qu'il a apportée. A l'issue du deuxième bain, il le fait entièrement vider pour que tout le corps de la malade soit exposé au-dehors. Antoinette dira curieusement aux enquêteurs, au sujet de ce dispositif, qu'elle eut une mauvaise opinion du charlatan parce qu'il allumait une chandelle alors qu'on y voyait fort bien. Il lui défend, d'ailleurs, d'en sentir l'odeur comme d'examiner l'eau qu'il évacue.

Il revient le lendemain et frictionne Bertheline avec un onguent. Il lui pose un emplâtre sur l'estomac et la bande avec de la toile. Le jour suivant, un vendredi, il enlève le bandage et frictionne, toujours à la lueur de sa chandelle. Le samedi, il réclame à Bertheline de son urine et la met dans une fiole. Comme elle s'inquiète de ce qu'il veut en faire, il lui répond qu'il doit l'emporter pour la montrer au maître anonyme qui est au-dessus de lui. Il exige 5 sous pour les drogues et une somme beaucoup plus importante pour l'ensemble du traitement : 13 « gros », en l'honneur du Christ et des apôtres, et 4 « blancs ». Elle les lui a donnés. Ce récit est approuvé, en partie, par son héros qui indique aux enquêteurs la composition de son emplâtre : de la farine de froment, un œuf et du vinaigre. Pour le reste, il refuse de s'expliquer davantage et les greffiers notent qu'il s'agite de manière inconvenante. On ne sait s'il a guéri Bertheline aussi bien que Jeanne. Mais, malgré quelques malentendus, un courant de sympathie passe certainement entre ces veuves accablées par la maladie et les rares hommes de l'art qui peuvent leur laisser espérer une amélioration [366].

*

* *

Dans le domaine sexuel, les veuves ne sont pas seulement avides de conquête ou de revanche. Séduites ou concubines, elles comptent parmi les victimes des entreprises du mâle. Celui-ci peut être un prêtre, comme le curé de Granges-sur-Aube qui assaille Marguerite Hytier, veuve de Marsangis, en mai 1514. Il l'a déjà sollicitée de se livrer à lui et, cette fois, la viole. Elle accouche au début de l'année suivante et lui fait expédier le bébé. Goguenard, il dit aux femmes qui le lui apportent qu'il le prendra si elles jurent, sur le bras de saint Antoine, qu'il est de lui. Il avait pourtant déclaré à d'autres personnes que, si l'enfant naissait à ce moment, il le reconnaîtrait. Marguerite, le 26 avril 1515, exige qu'il lui donne de l'argent pour ses frais et

366. ADA, G 4194, f. 57 r (1516) ; G 4192, f. 224 v, 247-248, 253-257, 261-262 (1515).

contribue au moins pour moitié à l'entretien du bébé. Le curé nie toujours et explique simplement qu'au printemps précédent il a joué à la paume, à Marsangis ; ayant soif, il entre chez la veuve, boit de l'eau mais n'a pas de rapports avec elle. Marguerite affirme, au contraire, qu'il lui fait, ce jour-là, trois fois l'amour. Un témoin assure, de son côté, que ce prêtre a avoué, au presbytère de Marsangis, à deux de ses confrères, ses relations charnelles avec la veuve, la veille et le lendemain de la fête de saint Genjoux. Le curé ajoute que, si Marguerite accouche trois jours avant ou après la prochaine Purification de Notre-Dame, il prendra son enfant. A part cela, il paraît assez peu au courant des conditions exactes de la reproduction. Il demande, par exemple, s'il est possible à une femme d'engendrer après seulement un ou deux rapports sexuels. On lui répond par l'affirmative [367].

Dix ans plus tard, une autre veuve, Nicole Gastebois, est séduite par un homme de Sézanne, qui la connaît charnellement et l'engrosse. Mais, lors de la naissance, elle fait mourir son fruit. L'officialité est particulièrement sévère, à cette occasion, envers le père. On lui enjoint d'aller deux fois en pèlerinage à Saint-Gond, nu-pieds, et une autre, dans les mêmes conditions, à Notre-Dame de Corroy. Il devra de plus, d'ici Pentecôte, jeûner tous les vendredis au pain et à l'eau. On rappelle à ce séducteur l'obligation de mener une vie chaste et honnête [368].

Les veuves entrent, d'autre part, dans la cohorte des concubines d'ecclésiastiques. Jeannette Chanteriau est excommuniée pour cette raison en 1442, de même que Jeannette Ferré, veuve de Villemaur, convaincue, un quart de siècle plus tard, d'un très ancien concubinage avec le curé de Planty. Elle reçoit une amende d'un écu d'or contre six à son amant. Leurs relations sont attestées par des travailleurs du voisinage (charpentier, ouvrier, laboureur, tisserand, couvreur). En cette même année 1466, le tribunal de

367. ADA, G 4192, f. 27-28, 61 (1515).
368. ADA, G 4128, f. 142 r (1525).

l'évêque poursuit le chapelain de Bouilly qui, non content de blasphémer, quereller les fidèles, mépriser les hosties non consacrées et ses supérieurs hiérarchiques, a pour concubine, parmi ses filles spirituelles, une veuve à qui il administre les sacrements. Après l'avoir entendue en confession, il couche avec elle [369]. Au cours des annés 1490, à l'instar des nombreuses servantes-concubines de curés de campagne, une veuve, Guiote Naudin, occupe cette position dans la paroisse Saint-Denis de Troyes. Elle reçoit, au bout de dix ans, monition écrite de ne plus entretenir de rapports coupables avec un maître dont elle a plusieurs enfants. Cette veuve, en somme, s'est remariée de fait, au vu et au su de tous, avec ce prêtre [370].

La rumeur peut créer de toutes pièces ce type de situation. Cela survient, notamment, lorsque l'ecclésiastique sort de l'ordinaire. C'est le cas, en 1530, aux yeux de l'officialité, d'un prêtre en qui elle voit le procureur et receveur du seigneur de Trémilly. On l'accuse en même temps d'avoir une veuve pour concubine. On croit savoir que cette Jeanne et lui se sont fait, en plus, donation mutuelle de leurs biens. On ajoute que cette femme a une petite-fille qui couche tous les jours avec lui. Comme il a enfin l'habitude de s'amuser en public aux quilles et à d'autres jeux avec des laïcs, il n'en faut pas davantage pour le menacer de la prison ecclésiastique. Il sait se défendre. Le seigneur en question a simplement, en ce moment, plusieurs ouvriers qui travaillent à réparer et reconstruire son château. Sur son ordre, c'est très souvent ce prêtre qui leur paie leur salaire. A cela se borne sa participation aux affaires du siècle. Il triomphe surtout à propos de ses relations avec Jeanne. Cette veuve de plus de soixante ans n'est pas sa maîtresse. Il a effectivement conclu avec elle un accord par lequel il s'oblige à la nourrir sa vie durant et être son exécuteur testamentaire. En échange, elle lui a offert une maison. Il est exact que sa petite-fille, âgée de quatre ans, couche quel-

369. ADA, G 4171, f. 33 r (1442) ; G 4180, f. 73 v, 96 r, 127 v., 179 v (1466).
370. ADA,G 4184, f. 127-128, 133 v, 136 v (1499).

quefois avec lui. Il reconnaît enfin se divertir très fréquemment aux quilles, dans les jardins, avec le seigneur et des gens d'Eglise. L'official, s'il abandonne les poursuites relatives à la malheureuse grand-mère, signifie à ce prêtre entreprenant, outre l'interdiction traditionnelle de jouer avec les laïcs, celle, absolue, de coucher avec une petite fille de quatre ans. Ainsi progresse, dans les campagnes du XVIe siècle, la nouvelle police des mœurs [371].

Des veuves peuvent, d'autre part, nouer des liaisons coupables avec des laïcs. Le tribunal de l'évêque n'apprécie guère, en 1461, la régularisation à laquelle se livre, à ce sujet, une femme du diocèse, Marie Petit, qui, après un an de concubinage, contracte, un dimanche, un mariage clandestin par paroles de futur avec son amant. Cela se passe, en effet, au cabaret et c'est le patron de l'établissement qui les fiance. Les juges se scandalisent de voir ces nouveaux mariés consommer tout de suite leur union sans passer par l'église. Cabaret ou non, ils en ont l'habitude et cela ne gêne guère la veuve [372]. Vingt ans plus tard, une autre, Denisette Noël, est la maîtresse d'un clerc de mauvaise réputation puisqu'il se dispute avec des religieuses. Elle serait enceinte des fruits de ce concubinage mais, si son amant avoue leurs rapports, il pense qu'elle a pu être engrossée par un autre. On demande à cet individu de ne plus la fréquenter ainsi, avec scandale ou dans des endroits suspects. Manifestement, le statut de cette veuve se rapproche fort de celui des prostituées [373].

En 1529, dans un environnement plus rural, à Morembert, le seigneur local règne sur un véritable harem de veuves. C'est un curieux personnage auquel l'official demande vainement d'associer l'honnêteté des mœurs à la qualité de noble. Depuis sa jeunesse, explique ce militaire, il a suivi les gens d'ordonnance du roi et participé à ses guerres. Le spectacle des gentilshommes, se lamentant sur

371. ADA, G 4200, f. 79 v.
372. ADA, G 4176, f. 79 r.
373. ADA, G 4181, f. 201 v (1483).

le sort de leurs épouses demeurées au pays, l'a dégoûté à jamais du mariage. Retiré sur ses terres et y exerçant la fonction de capitaine, cet homme continue, selon ses juges, à mener la vie dissolue qui a toujours été la sienne. Ses maîtresses et ses bâtards sont innombrables dans le canton, et il a une préférence marquée pour les veuves. On en cite trois et l'une d'elles, prénommée Jeanne, est, pour l'instant, sa concubine officielle. Le tribunal invite ce seigneur à la renvoyer et cesser de fréquenter des femmes aussi suspectes. Malgré son amende de 6 écus d'or, on doute qu'il ait obtempéré et l'on relève, une fois de plus, la place des veuves dans l'irrégularité sexuelle du temps [374].

*

* *

Leur remariage constitue, pour elles, un problème important et les obstacles qu'elles y rencontrent un des principaux défis de leur existence.

Parmi ces difficultés, le tumulte du charivari, frappant, comme dans la Champagne du début des années 1410, les secondes noces d'une veuve, plus âgée ou riche que son nouvel époux, est relativement secondaire. Plus grave, au contraire, l'impossibilité où se trouvent parfois ces femmes de contraindre leurs fiancés à tenir leurs promesses. Ces veuves, souvent très jeunes, ressemblent, en leurs déceptions et leurs efforts, aux fiancées qu'elles furent à l'époque de leur premier mariage. Elles ont plus d'expérience ou de moyens. Mais cela ne les met pas à l'abri des échecs [375].

Certains sont presque une bénédiction. C'est le cas pour la Troyenne Roberte de Lacourt, fiancée vers 1505, en face d'Eglise, et qui rompt, deux ans plus tard, avec un homme qui, pendant tout ce temps, a trompé cette veuve, à plusieurs reprises, avec des filles de mauvaise vie. Il en a attrapé le mal de Naples et cette dissolution constitue, pour

---

374. ADA, G 4199, f. 73.
375. ADA, G 246 (1413-1416).

Roberte, une libération. Elle a peut-être plus de chances que lui de profiter de la permission de se marier avec d'autres qui leur est accordée par l'official [376]. Trente ans plus tard, Nicole Michau se trouve dans une situation très différente. Elle tient à son fiancé qui, au lieu de solenniser leur union, refuse maintenant d'épouser cette veuve en prétextant de son inconduite : elle aurait des relations douteuses avec des prêtres. On interroge souvent le premier, afin qu'il prouve cette accusation, mais il se contente de la renouveler. Emprisonné, malgré son appel, il est pris en main par son père qui semble tenir autant que Nicole à ce mariage. Il se porte d'abord caution pour son fils, dit qu'il fera tout pour que celui-ci épouse la veuve, annonce que lui-même ira en prison à sa place. Devant tant d'acharnement, le fiancé consent enfin à oublier son obsession relative aux ecclésiastiques et à se marier avec Nicole. Même si celle-ci, comme tant de veuves, apprécie peut-être à l'excès les membres du clergé [377].

Henriette Legouge, en 1484, ne comprend pas, elle, l'attitude réservée de son fiancé. Elle demande qu'il lui soit adjugé et condamné à solenniser en face d'Eglise. Leur accord a été conclu à la perfection chez le père de cette veuve où elle continue à loger. Elle assure que le garçon (qui, naturellement, le nie) lui a proposé plusieurs fois de l'épouser depuis les dernières fêtes de Noël. Elle y consent. La veille de la Purification de Notre-Dame, il vient lui confirmer son offre. Elle répète son acceptation en la soumettant au bon plaisir de son père qui, présent, indique son accord puisque sa fille le souhaite. Et elle, aussi aimable, en écho : « Puisque cela vous plaît, cela me plaît. » Il lui dit alors de s'asseoir à côté de son promis, met du vin dans un verre et suggère au garçon d'offrir à boire à Henriette en nom de mariage. Il obéit et elle boit, dans un grand silence. Son oncle, qui est également là, le brise : « Donne à boire à Jean en nom de mariage comme il t'a donné à boire. » Elle

376. ADA, G 4191, f. 63 v (1507).
377. ADA, G 4203, f. 6 v (1536).

le fait et il boit de sa main comme elle a bu de la sienne. Il lui affirme alors : « Je veux que vous receviez un baiser de moi en nom de mariage. » Ils s'embrassent et tous les assistants de s'exclamer : « Vous êtes créantés l'un l'autre, j'en rappelle le vin. » Jean, ravi, reconnaît : « C'est raison [378]. »

Ce rituel de fiançailles « clandestines », à la naïve gravité populaire, concerne une veuve, jeune sans doute et demeurant toujours dans sa famille. De même que les femmes de ce temps peuvent avoir plusieurs maris dans leur vie, à condition qu'ils aient le bon goût de mourir rapidement, il arrive aux premières de retrouver, grâce à cela, la délectable coutume des accordailles. Ce qui n'exclut pas les engagements trompeurs identiques à ceux des fiançailles : on couche avant et puis on ne veut plus épouser. Neuf ans plus tard, par exemple, Agnès Lorey expose qu'un habitant de Villenauxe, vers l'Assomption, l'a sollicitée. Elle n'accepte de lui céder que s'il donne sa parole de la prendre pour femme. Ils échangent leurs promesses et elle lui offre en gage un vêtement que les femmes portent sous leur tunique. Il est de couleur rouge et l'homme le reçoit en nom de mariage. Ils font alors l'amour, ce que l'officialité considère comme une consommation matrimoniale sans solennité ecclésiastique. Le fiancé se serait vanté à plusieurs reprises qu'Agnès était sa promise. Elle exige qu'il lui soit adjugé et puni d'une amende mais il nie tout [379].

En 1521, Isabelle Lecoq représente une veuve mieux installée, plus avertie et plus attirante. Le lundi de Pâques, un Jean lui jure de l'épouser. Elle en est d'accord et ils couchent ensemble. C'est le point de vue de la plaignante qui réclame que ce fiancé lui soit livré en bonne et due forme. Il commence par nier puis s'explique peu à peu. Isabelle a

378. ADA, G 4181, f. 269 r.

379. ADA, G 4182, f. 15 r (1493). On rapprochera, évidemment, ces veuves en voie de remariage des fiancées d'un de nos chapitres précédents. On comparera aussi leurs nouveaux rapports prénuptiaux à ce que dit d'eux, en général, Jean-Louis Flandrin dans ses *Amours paysannes : amour et sexualité dans les campagnes de l'Ancienne France (XVIe-XIXe siècle)*, Paris, 1977. Voir au sujet du problème spécifique de remariage des veuves, B.A. Todd, « *The re-marrying widow : a stereotype reconsidered* » *in N. Prior, Women in English Society 1500-1800*, Londres, 1985.

quatre enfants et il lui a simplement dit que, si elle en avait moins, il la prendrait volontiers pour femme. Après avoir emprisonné ce garçon, afin de faire progresser sa réflexion, on le libère et soumet de nouveau à la veuve qui réitère ses propos : il a promis, en se donnant au diable, de ne jamais épouser qu'elle, et après ils ont fait l'amour plusieurs fois. Il avoue alors lui avoir parlé de problèmes matériels : les enfants de cette femme, en effet, n'ont aucun bien du côté du père et elle, au contraire, est fort riche à cause de la succession de sa mère. Isabelle, comprenant ce qui intéresse aussi cet homme, s'engage à faire renoncer ses enfants à leur héritage. Transporté à cette nouvelle, il admet lui avoir juré, à ce moment, de l'épouser. Mais il nie encore avoir couché avec elle. Davantage questionné, il finit par reconnaître des événements survenus, depuis Pâques, alors qu'il était chez elle, dans un lit, et Isabelle dans un autre avec ses enfants. C'est elle qui, à plusieurs reprises, est venue le rejoindre. Il répète que, si elle déshérite ses enfants, elle sera sa femme. Dans cette affaire, la richesse et l'initiative sexuelle appartiennent à la veuve et mère de famille, au sein d'une atmosphère presque matriarcale. Isabelle en joue, pour se payer un mari, mais il n'est pas prouvé qu'elle sacrifiera à son époux les intérêts financiers de sa progéniture [380].

*
* *

Douze ans plus tard, Marguerite Jaumont poursuit, avec autant d'acharnement mais dans des conditions plus inconfortables, un fiancé inconstant. Leur intrigue s'est nouée à Nogent-sur-Seine, à la fin de septembre 1532. Promesses mutuelles, connaissance charnelle répétée, on devine l'enchaînement. La veuve est enceinte et obligée de plaider. Le garçon, s'il nie les faits, paraît peu sûr de lui ; il aurait proposé

380. ADA, G 4195, f. 22 v.

à l'audience, en privé, à Marguerite de rompre la procédure et se fiancer comme convenu entre eux. Trois témoins vont l'accabler en précisant les conditions de ses rapports avec Marguerite. Un vigneron de Saint-Martin-ès-Vignes, qu'elle produit, a assisté, le jeudi précédent, dans les locaux du tribunal, à leur altercation. Indignée, elle rappelle au garçon qu'il l'a engrossée, déshonorée, en lui faisant l'amour la nuit de l'Epiphanie. Il trouve seulement à répondre : « Quand un homme a bien bu il ne sait qu'il fait. » Comme elle lui reproche d'être infidèle à son engagement, il lui dit qu'elle n'a qu'à abandonner le procès et qu'en ce cas ils se fianceront avant de sortir de Troyes. Il a beau lui certifier, en plus, qu'il reconnaîtra son enfant et s'en chargera, même sans l'épouser, elle ne veut l'écouter. Elle attend simplement des juges qu'ils le lui livrent pour mari. Elle fait venir, comme témoin, une orpheline de dix-huit ans qui couche dans son lit. Une nuit, son promis est venu dans la chambre et a fait l'amour avec Marguerite. Cette Jeannette peut l'attester car elle est assez proche d'elle pour la toucher pendant que cela se passe. Ils parlent mariage et le fiancé indique à la veuve : « Je te promets que je n'aurai jamais d'autre femme que toi jusqu'à la mort. » Elle l'assure de la réciproque en le vouvoyant. Ils se tiennent les mains. La scène se renouvelle deux semaines plus tard.

Un tisserand de Nogent, le dimanche après la Toussaint, à la tombée de la nuit, se trouvait dans la chambre contiguë à celle de Marguerite. Un mur l'en sépare mais percé d'un trou assez grand pour donner passage à un homme. Le voyeur peut donc observer l'entrée du fiancé qui prend la veuve dans ses bras. Elle est assise au bord de son lit et lui fait part de ses inquiétudes. Il la rassure : « Que veux-tu dire, Marguerite ? » et, lui saisissant la main, lui répète ses promesses de mariage « sur la foi du corps ». Ils réitèrent leur échange et, comme elle lui redit sa peur qu'il ne la trompe, il la serre encore plus fort, en la tenant sur le lit : « Tiens, Marguerite, afin que tu n'aies peur que je t'abuse, je mets ma langue en ta bouche en nom de mariage. » Il la presse avec instance de se livrer à lui. Elle refuse et parvient difficilement à se dégager. Le témoin bénéficiait aussi, pour tout voir, de la lumière qu'il faisait dans la chambre. Il a souvent entendu l'accusé, assis devant le feu chez la veuve, lui ressasser son engagement. Ainsi confondu, il consent à l'épouser. L'official les fiance sur-le-champ et les invite à solenniser au plus tôt. On imagine si Marguerite est d'accord [381].

Ces fiancés hésitants peuvent parfois balancer entre deux veuves. Catherine Belon se plaint de l'un d'eux en 1529. Elle l'a fait condamner depuis longtemps à solenniser leur union clandestine mais il a retardé les choses par un appel à Sens puis Lyon. Dans l'intervalle, il a aggravé son cas en devenant l'amant de la veuve de Pantaléon Bougrat. A cette nouvelle audience, il se dit prêt à épouser Catherine puisqu'il s'y trouve obligé. Il nie, en revanche, depuis qu'on le lui a interdit, toute relation avec l'autre veuve. Celle-ci comparaît tandis que la première attend avec impatience que ce fiancé lui soit adjugé. L'ennui est qu'il a eu un enfant avec la veuve Bougrat qui certifie sa bonne foi lors de sa cohabitation avec cet homme qu'elle croyait libre. Elle lui demande de reconnaître leur rejeton, ainsi tenu pour légitime, et de s'en charger. Elle exige en plus, à titre de dédommagement, la somme de 100 livres. Catherine, toujours présente, est forte de la dernière sentence lyonnaise qui a condamné son fiancé à la prison tant qu'il ne l'aura pas épousée. Elle s'inquiète seulement des revendications de l'autre veuve, ayant peur qu'elles n'empiètent sur ce qui lui revient [382].

La justice ecclésiastique est ici sévère envers un séducteur coincé entre deux veuves impitoyables et acharnées à le conquérir ou s'en rembourser. Il reste longtemps incarcéré avant qu'elles aient épuisé leurs raisons, leurs arguments et leurs requêtes. La même année, le remariage de la veuve de Didier Ancelat est annulé par l'officialité, sans doute pour son caractère clandestin. On ne punit que l'homme dans

381. ADA, G 4201, f. 81-83 (1533).
382. ADA, G 4199, f. 4-5.

l'affaire. Emprisonné, condamné à l'exposition à l'échelle, deux dimanches ou jours de fête de suite, pendant la grand-messe, devant le portail de la cathédrale, il sera détenu un mois en jeûnant les mercredis et vendredis. Même si sa partenaire est lésée par la rupture de leur union, l'ensemble de ces procédures traitent avec moins de rigueur la recherche d'un nouveau mari par les veuves que le jeu pervers de ceux qui tentent de profiter de leur goût inaltéré pour les épousailles [383].

*

* *

Les veuves sont enfin affaiblies par les violences propres à leur environnement et qui rejaillissent sur elles. Ces femmes ne manquent d'ailleurs pas de recours au sein de ce monde d'hommes. En 1504, l'une d'elles, Catherine Thieuvieu, mène la vie dure, devant l'official, au roi des merciers de Troyes. Elles participent, avec agressivité, aux affrontements entre femmes. Au début des années 1470, pendant les audiences du tribunal, Michelette, veuve de Pierre Thomes, traite l'épouse d'un plaignant de paillarde et ribaude du curé d'Onjon. Le plus souvent, ces femmes seules sont agressées par les mâles. En 1483, l'un d'eux appelle ainsi la veuve de Jean Cusin « vaudoise » et « dragon du diable ». Par la suite, trois affaires signalent des heurts plus graves entre prêtres et veuves [384].

Onze ans plus tard, en effet, un ecclésiastique, étranger au diocèse et célébrant des messes sans permission, scandalise, un dimanche soir, les paroissiens de Fontaine-sous-Montaiguillon. Dévêtu, armé d'un levier, il heurte à la porte d'une veuve, Colette Lemoine, entre chez elle et lui adresse diverses insultes (« putain, paillarde, prêtresse, diablesse, larronne »). Il menace également de la frapper. L'in-

383. *Ibid.*, f. 159 v.

384. ADA, G 4190, f. 61-64, 82 v (1504) ; G 4302, f. 92 v (1473-1475) ; G 4181, f. 56-57 (1483).

terdit, bien sûr, le guette [385]. En 1529, Marguerite Dondeau ajoute aux malheurs de son veuvage celui d'être importunée par un prêtre déséquilibré. Cette personne prude et honnête n'a jamais été taxée d'inconduite dans sa cité de Nogent-sur-Seine. Or un dimanche, un ecclésiastique, habitué à s'enivrer, lui cherche noise. Après l'avoir injuriée, il l'aurait frappée dans la rue. Revenue à son domicile, elle se barricade mais il va chercher une hachette et en donne des coups à la porte: « Où est la paillarde ? » crie-t-il. Avec son bâton, il tourne autour de la maison en entonnant un refrain de charivari : « Oyez, oyez, venez voir la ribaude, c'est céans. » Il blasphème et l'accuse d'être la maîtresse de plusieurs prêtres, y compris lui. Ce serait sa coutume, d'après la veuve, lorsqu'il a trop bu, d'aller par la ville en chantant des couplets dissolus. Elle exige la punition de ce mécréant, sa rétractation et 100 livres de réparation. On sait seulement qu'il est emprisonné et présente une version fort différente. Cette sainte nitouche, selon lui, accueille en son logis de mauvais garçons qui ont percé le mur séparant leurs maisons contiguës. Il lui a reproché de protéger ces voyeurs et elle l'a insulté dans la dispute. Il nie tout le reste et, notamment, d'avoir, le lendemain, hurlé par les rues : « Où est-elle, la ribaude ? » On voit au moins, à pareille querelle, l'importance des veuves dans les affrontements de voisinage [386].

Perrette Guenot l'a confirmé deux ans plus tôt, toujours à propos d'un ecclésiastique. Celui-ci, arrivant à Troyes, s'est arrêté à son habitation. Il veut réclamer à cette veuve les droits liés à la sépulture de son mari. Elle lui indique qu'elle ne peut les payer. Il met alors pied à terre, donne son cheval à tenir à un enfant, entre chez elle et lui dit qu'en échange de ce qu'elle doit elle va se donner à lui. Elle refuse et il se retire en annonçant qu'il repassera en quittant la ville. Elle lui fait remarquer qu'elle ne sera pas plus riche à ce moment mais, fidèle à sa parole, il revient et

---

385. ADA, G 4183, f. 68 r (1494).
386. ADA, G 4199, f. 89-90.

heurte à la porte. Il répète son opération de harcèlement au nom de cette dette de 40 sous. Perrette résiste, il la pousse contre un coffre et elle appelle à l'aide. Comme le fera son confrère de 1529, ce prêtre nie l'agression et se pose en victime. Il a demandé son dû et été battu par les frères de la plaignante. Ils lui ont enlevé sa bourse, son habit, son bonnet et le double du testament du défunt. La veuve est donc amenée à préciser les circonstances d'un incident où elle a certainement été l'objet d'une pression mais n'a pas manqué de riposter. Si elle présente son adversaire comme un infâme stratège, l'interrogeant sur les sorties de sa demeure, elle a su le menacer, s'il s'en retourne, de lui faire « tailler des aiguillettes ».

C'est ce qui s'est passé, d'après les témoins, une épouse voisine et sa fille. La première a quarante-cinq ans et la seconde vingt-huit. Il est 8 heures du soir, en ce jour de la Saint-André, et la femme, déjà déshabillée, va se mettre au lit. Elle entend Perrette s'exclamer : « Ce diable de prêtre est revenu. » L'épouse sort, tenant encore ses vêtements dans les bras, et voit l'ecclésiastique venant de chez la veuve. Il lui lance : « Tu es une mauvaise ribaude. » Cela scandalise la voisine qui connaît son honnêteté. La fille, qui a observé l'accusé dans la maison de Perrette, près de son coffre, signale que ses deux frères l'ont poursuivi, tenant en main une épée nue et un pieu. Il devra payer 5 écus d'or à l'évêque et 100 sous à la veuve. On lui recommande aussi de vivre chastement. Dans cette affaire, les juges ecclésiastiques, une fois de plus, ont pris le parti d'une femme seule se plaignant d'un agresseur [387].

*

* *

Des incidents analogues opposent des veuves à des laïcs et indiquent, chez les premières, une grande liberté d'allure. En

387. ADA, G 4198, f. 96-99, 101 v (1527).

1494, parmi les cabarets troyens, figure celui de « *la Grande Marguerite* », tenu par la veuve d'Hennequin le Lorrain, ainsi prénommée. Le 10 juin, un clerc tailleur de pierres y emmène deux autres veuves, Nicole Chevalier et Jeannette Richard. Il leur offre du vin et, très vite, naît une dispute entre lui et Nicole, qui pousse celle-ci à réclamer 60 sous de dédommagement. Le clerc prétend qu'elle lui a pris sa bourse où il y a un écu au soleil et 30 sous. Le témoignage de Jeannette est fort différent. Après boire, il saisit son amie en lui disant simplement : « Allons ! » Comme elle s'étonne : « Qu'est-ce à dire ? », il lui fait comprendre que cela signifie : allons faire l'amour. Elle s'y oppose et l'homme exige qu'on le rembourse de l'addition qu'il a payée. Les veuves sont d'accord pour y contribuer et Nicole se prépare à aller chercher de l'argent. Alors, selon Jeannette, le clerc la saisit par son chaperon, lui dérange sa coiffure, finit par arracher l'étoffe et prendre cette veuve par les oreilles. Il lui lance des objets qui la blessent au pouce.

Un prêtre du voisinage, chanoine de l'église Saint-Etienne, confirme. Il est réveillé par le bruit provenant de l'établissement et sort pour voir ce qui se passe. Nicole, l'oreille tout en sang, se défend avec une bûche : « Ce paillard marié icy nous veut efforcer. » Le clerc, qui demande sa bourse en jurant, part, égratigné et sa robe déchirée. Son procureur, dans le cadre d'une procédure qui se poursuit au bout de six mois, met en doute les déclarations de la cabaretière et de Jeannette, favorables à Nicole. Il attribue à ces veuves une fort mauvaise réputation. Leur inconduite est notoire et digne de prostituées. Quant à l'ecclésiastique, c'est un ennemi personnel du clerc. Le promoteur de l'official maintient, au contraire, que ces femmes sont de bonne foi. Une quatrième veuve, Michelette Royer, a aussi témoigné en faveur de Nicole et, pour la disqualifier, le clerc la présente comme habituée à s'enivrer. On voit que la direction et la clientèle de « *la Grande Marguerite* » comportent beaucoup de veuves [388].

388. ADA, G 4183, f. 57 v, 60 v, 63 r, 74 r, 81-82, 94 r, 139, 147 v, 153 r, 166 r, 172 v, 215 r, 219 r.

On en retrouve une autre menacée, les 24 et 25 janvier 1508, par une tentative de viol collectif. Le premier de ces jours est celui de la fête de saint Savinien que des clercs célibataires de Daudes célèbrent, comme il convient, en soupant au cabaret. Ils y apprennent que leur curé abrite, à ce moment, deux filles dans son presbytère. Ils décident de s'y rendre et, arrivés devant sa maison, le prient de leur ouvrir. Il jure que non, appuyé par les femmes qui lancent : « Par la tête Dieu, s'ils entrent, nous leur baillerons de leurs couteaux au ventre. » Un curieux dialogue s'engage entre les compagnons et le prêtre, les premiers faisant semblant de lui demander de venir les confesser et constatant, devant son refus : « Vous aimez mieux être avec ces femmes que de confesser vos paroissiens. » Les assaillants décident d'aller se coucher mais de tendre, le lendemain, un guet-apens aux femmes lorsqu'elles reviendront de chez leur hôte. Il s'agit surtout, pour eux, d'obtenir « 4 ou 6 blancs pour boire ». Avec bâtons et épées, l'opération est montée et ces filles, arrêtées, se voient demander l'argent que leur a donné le curé. Leurs agresseurs, selon les dires de ceux-ci, n'obtiennent rien et leur enlèvent simplement leurs chaperons que l'un d'eux emporte et cache dans une paillasse.

Les victimes portent aussitôt plainte devant la justice civile et la petite bande est arrêtée à l'Isle-Aumont. Elle est remise, le 3 février, à l'officialité. Les clercs ont les fers aux pieds et on leur montre les instruments de torture. On apprend qu'une au moins des femmes agressées, qui les contemplent maintenant dans cette position, est une veuve. Jeanne Guillemin dit qu'elle revenait à Troyes, ce mardi matin, lorsqu'elle a été attaquée avec sa compagne et qu'on lui a brisé sur le dos une javeline. Puis l'homme l'a empoignée en lui disant : « Par la mort Dieu, je vous le ferai aussi bien que le prêtre. » Il l'entraîne de force dans les bois, la renverse et essaie de la violer. Elle se défend et il échoue dans sa tentative. Il lui donne des coups de pied dans le ventre, lui dérobe 48 sous et la livre aux autres, dégoûté : « Tiens, par la mort Dieu, je n'en saurai venir à bout. » Mais ces hommes ne lui font pas violence. Ils se contentent de prendre leurs chaperons aux deux femmes et leur annoncent qu'ils vont boire avec l'argent. La veuve, comme son amie Nicole, demande réparation mais sans trop insister. Après tout, chez les prêtres ou au cabaret, ces femmes savent qu'elles mènent une vie risquée, au milieu de mâles dangereux. Mais elles tiennent à se faire respecter. Elles récupèrent, ici, leurs chaperons et le tribunal de l'évêque, au terme de deux mois et demi d'enquête, s'adjuge 2 écus, 80 sous et 6 livres de cire [389].

LE VEUVAGE, LUI AUSSI, EST UN COMBAT

On peut compléter ces nombreux exemples par l'évocation de deux destins féminins contrastés, au début du XVIe siècle. Il s'agit, chaque fois, de très jeunes veuves. Mais si l'une saisit sa chance en conquérant un époux, l'autre, déjà réduite à la solitude, laisse passer l'occasion de se remarier avec un séducteur professionnel, habitué à l'errance.

En 1504, le dimanche d'avant la Madeleine, à Montceaux, pendant la grand-messe, deux clercs, qui se trouvent au jubé, lancent par dérision des poires à Perrette Belle, une jeune et honorable veuve. L'une l'atteint au front. Le scandale est grand et il faut réconcilier l'église profanée. Les accusés commencent par nier puis avouent, seulement, qu'ils ont visé des jeunes filles, sans autre précision [390]. L'incident est éclairé par un autre, survenu l'année précédente car cette veuve est toute récente et vient de loin. Elle s'appelle Perrette Colinet et travaille, en 1501, à Chantemerle, à vingt lieues de là, chez Félisot Belle comme servante. En 1503, Thomas, le fils de son patron, vient se plaindre à l'officialité. Il expose que Perrette est sa maîtresse, de notoriété publique, depuis deux ans. Son père le sait mais, malgré cela, il vient, par concupiscence, de se

389. ADA, G 4191, f. 200 r, 204-206, 211 r, 214 r, 219-220, 222, 225-227, 233, 250, 252 v, 307 r.

390. ADA, G 4190, f. 107 r.

fiancer en face d'Eglise avec elle. Thomas, furieux, les a assignés mais Félisot a effectué des démarches pour être dispensé des troisièmes bans et se marier solennellement. Son fils y voit une faute très grave, un inceste, une offense à Dieu. Il demande l'annulation de ces fiançailles et de ces épousailles. Le père prétend ignorer que Thomas a défloré sa nouvelle épouse. Son fils certifie, au contraire, qu'avec ses frères il lui en a parlé avant qu'il se fiance, pour le convaincre de ne pas prendre Perrette pour femme. Thomas, incarcéré avec Félisot, soutient que son attitude est désintéressée. En révélant ses relations avec Perrette, il ne s'est pas opposé au mariage de son père afin d'éviter un détournement d'héritage. Il n'a songé qu'à dire la vérité. On apprend d'ailleurs que cette servante entreprenante a fait citer le fils de son maître, peu avant la Nativité de saint Jean. Elle assure, alors, qu'il l'a créantée et doit l'épouser. Conformément à la coutume, ils ont échangé une bague en nom de mariage. Mais sans témoins.

L'affaire a de quoi embarrasser le tribunal. Perrette ne la simplifie pas en affirmant, contre l'évidence, qu'elle est vierge et en acceptant la vérification par des accoucheuses. Ces « femmes sages », trois épouses troyennes, l'emmènent chez l'une d'elles pour l'examiner. Il leur est aisé de constater qu'elle a eu des rapports sexuels, depuis une époque antérieure à ses fiançailles avec Félisot. Les expertes ajoutent qu'elle n'a jamais eu d'enfants. Ancienne maîtresse de Thomas, toute jeune promise de son père, cette servante a su utiliser à merveille sa position domestique. Commençant sans doute par séduire le fils, elle comprend très vite qu'il est plus utile, pour elle, de se marier avec son patron, veuf, faible et proche de la mort. Thomas le lui a reproché, devant une voisine : « Vois ça, tu n'es pas digne d'avoir en mariage mon père car tu sais bien que j'ai couché avec toi et t'ai connue. » Elle proteste : « Tu as menti, jamais je n'ai couché avec toi. » Son propre mensonge est payant puisque, au milieu des incidents de la poursuite du procès, Félisot trépasse. La jeune veuve qu'on insulte dans l'église de Montceaux, quelques mois plus tard, peut donc s'en moquer. Ce charivari rétrospectif lui importe assez peu. Servante-maîtresse du fils puis du père, sacralisée par son union religieuse, elle voit l'Eglise abandonner les poursuites contre elle. Son statut honorable de veuve officielle et légitime la protège. Si des clercs railleurs se souviennent de son aventure, elle a le plaisir de les obliger à payer les frais de la réconciliation du sanctuaire où elle va faire ses dévotions [391].

*

* *

C'est en 1516 que Marion Ystace revoit, dans les locaux de l'officialité troyenne, Ambroise Delaporte. La première a vingt-trois ans et le second vingt-neuf. Cette jeune veuve s'est fiancée, deux ou trois années avant, avec ce clerc qui dirige alors l'école de Droupt-Sainte-Marie. Elle-même habite tout près, à Droupt-Saint-Basle. Elle a été sans doute intriguée, fascinée et séduite par cet aventurier survenu sans bagages. Elle rappelle qu'il est arrivé mal vêtu et quasi nu. Ambroise, qui l'écoute, corrige en disant qu'il était « entre deux ». Il expliquait qu'on l'avait détroussé. Marion pensait plutôt que c'était un ancien malfaiteur, plus ou moins évadé de prison. Il lui dira plus tard qu'il a été banni, mais elle ne savait pas bien d'où. Tout cela était terriblement excitant et elle tomba dans ses bras. Au bout de quelques mois, pourtant, il quitta le pays et elle ne l'a plus revu.

Jusqu'à cette convocation à Troyes où elle apprend beaucoup de choses sur le passé de son ancien fiancé. Comme elle s'en doutait, il vient de loin puisque cet étranger est né dans une paroisse du Maine. Il est sorti de la maison paternelle pour Paris en 1506. Il y passe un an chez un notaire de la rue des Lombards puis se rend chez un seigneur du Nivernais. Il y instruit les enfants. Il leur enseigne les petites lettres et est maître d'école dans un bourg voisin. On le

391. ADA, G 4189, f. 71-73, 75-78, 83-84, 91, 100-101, 105 r, 124 r, 134 r, 170 r, 182 v (1503-1504).

retrouve en Beauce où il est rédacteur des actes d'un tabellion. Puis il va en Champagne où il redevient maître d'école. Gagné par des « aventuriers courtes queues », il part avec eux, à pied, jusqu'à Dijon. Il joue un rôle de serviteur et de fourrier dans cette compagnie d'écorcheurs. Pendant plus d'un mois, ils vivent sur le bonhomme dans la capitale bourguignonne. Fatigué de cette existence, il laisse ses camarades afin de retourner en Champagne récupérer l'argent qu'on lui y doit pour ses activités précédentes. C'est dans ces conditions qu'il parvient à Droupt-Sainte-Marie. On voit qu'il n'était pas si mal en point que cela et que Marion fut surtout conquise par son aspect atypique. Cette jeune veuve de campagne, désireuse d'un remariage, préfère cet intellectuel exotique aux paysans des alentours qu'elle connaît suffisamment.

Elle découvre, grâce aux enquêteurs, la suite de l'histoire d'Ambroise. Il n'est pas allé très loin lorsqu'il l'a fuie. Instruisant toujours les enfants, il l'a fait quelques semaines à Dommartin puis près d'un an à Herpont. Une nouvelle impulsion s'empare de lui et il s'associe à deux Picards qui songent à chercher fortune en Italie. Il les accompagne d'abord en Nivernais, en Bourgogne et en Mâconnais. Il a de l'argent, cette fois. Mais, quand il a tout dépensé, ses amis l'abandonnent et il se retrouve à Aix-en-Othe où les autorités l'arrêtent et le remettent à l'official. Comme dans d'autres endroits, il y a prétendu être prêtre. C'est un conseil de ses derniers compagnons qui lui présentent cet expédient comme un moyen de subsistance. L'un d'eux lui fait même une tonsure qu'il porte encore lorsqu'on le prend. Il assure à ses juges n'avoir jamais célébré de messe. Il racontait s'en retourner de Rome et y avoir reçu les ordres sans commencer à en exercer les fonctions. Il précise d'ailleurs qu'il ne le disait qu'aux gens les plus simples, afin d'avoir de quoi manger. Il avoue avoir volé le vêtement qu'il porte sur lui.

Tel est l'homme dont la jeune veuve de Droupt-Saint-Basle est devenue amoureuse vers 1514. Il possédait certainement de quoi émoustiller l'imagination romanesque d'une paysanne champenoise que ses premières noces n'ont peut-être pas complètement satisfaite sur ce point. Après avoir reconstitué le destin d'Ambroise, les juges de l'évêque demandent à son ex-fiancée s'il a couché avec elle. Elle répond que non mais évoque, à ce propos, un souvenir intéressant. Après leurs fiançailles, un jour, il lui fait dire de venir à Droupt-Sainte-Marie, chez son logeur. Dès que Marion est arrivée, il oblige la servante et les enfants de la maison à aller aux vêpres et il presse la veuve de se livrer à lui. Elle refuse et il s'écrie, furieux : « Je voudrais être damné à tous les diables. » Beaucoup de ses pareilles n'agissent pas comme Marion. Elles cèdent à ceux qui leur promettent le mariage. C'est même, parfois, on l'a vu, un bon moyen de l'obtenir. En ne s'en servant pas, cette jeune veuve a contribué à perdre son instable fiancé et est passée à côté d'un nouvel établissement conjugal, sans doute plus original que le précédent [392].

392. ADA, G 4194, f. 96-97, 104-105, 121-122, 124 v.

Conclusion

L'attention récente apportée à l'histoire des femmes comble une absence relative qui ne résultait point de l'inexistence de traces documentaires. Il s'agissait plutôt d'une attitude attachée à étudier des ouvriers et non des ouvrières, des paysans et non des paysannes, des bourgeois et non des bourgeoises. Couronnement de cette obsession « sexiste », *la Société de cour* de Norbert Elias ne parle pas du rôle qu'y tenaient les femmes et sur lequel, pourtant, Balthasar Castiglione avait insisté dès le début du XVIe siècle [393]. Cette réévaluation a naturellement consisté, en un premier temps, en une réhabilitation. Insistant sur la domination masculine à travers le temps, on a plaint, dans le nouvel objet féminin de l'histoire, un sexe humilié et exploité. On y a représenté de préférence les victimes d'un type séculaire d'organisation patriarcale. Cette histoire des femmes, implantée surtout aux Etats-Unis et en France, était d'ailleurs associée aux revendications contemporaines du mouvement féministe. Le développement même de cette recherche a conduit pourtant ses animateurs à une transformation progressive de leur attitude. Ils aperçoivent de plus en plus des rôles féminins éminents, parfois dominants dans le passé. La biographie et la microhistoire

393. O. Hufton, *op. cit.*, p. 3, a relevé cette remarquable lacune peu signalée, en général, par les commentateurs admiratifs d'Elias.

s'attachent ainsi avec prédilection au destin de femmes singulières ou importantes et qui ne sont pas toujours des souveraines ou des personnes d'exception [394].

De façon plus collective, la contribution des femmes au développement historique sous toutes ses formes est davantage étudiée, qu'il s'agisse de leur participation spécifique à la vie économique, de leur place dans l'organisation sociale ou familiale, de leur rôle dans les activités des Eglises, de leur apport à l'activité culturelle. Cette évolution historiographique a consisté, comme on l'observe pour les colonisés ou les minorités, après avoir constaté un vide, à mettre au jour une présence surabondante. Les preuves de cette réalité ne manquaient pas : il suffisait de partir à leur rencontre. Ce blanc de la connaissance a été vite rempli et on est passé de la sous-estimation du rôle des femmes, ou de son identification à celui de simples victimes, à une vision nouvelle de son autonomie au sein des formations sociales du passé. Situées avant l'implantation d'une civilisation des mœurs et les répressions propres aux diverses Réformes ou à l'apparition de l'Etat moderne, nos sources confirment ce contraste entre une image négative, fidèle aux stéréotypes traditionnels de la représentation de la femme, passive ou dominée, et une autre, plus positive, qui la voit s'affirmer socialement et bénéficier de nombreuses bases de pouvoir.

*

* *

Les femmes qui vivent dans le diocèse de Troyes, de 1400 à 1540, ne peuvent échapper à la violence universelle qui marque leur environnement. A côté de quelques mâles, elle les amène à être poursuivies comme sorcières, dans le cadre des pensées ou pratiques magiques du temps, et sans qu'on observe la moindre solidarité entre femmes. Plus

394. On doit toujours indiquer, à la tête de cette microhistoire des femmes, N.Z. Davis depuis son célèbre *Return of Martin Guerre*, Cambridge, 1983.

gravement, celles-ci sont la cible désignée d'agressions sexuelles collectives vouant un certain nombre d'entre elles, particulièrement isolées ou démunies, au statut de filles communes, proies des hommes à la recherche de femmes, parmi lesquels les prêtres tiennent un rôle notable. Il y a là, pour de nombreuses femmes des milieux populaires, un risque redoutable de dégradation physique ou de souffrance morale. Elles n'y échappent qu'en acceptant des relations sexuelles d'inégalité et de protection relative avec des séducteurs, laïcs ou ecclésiastiques, qui les dominent facilement dans le cadre de couples plus ou moins irréguliers. Ce type d'exploitation se relie naturellement aux conditions d'existence fragiles et vulnérables de beaucoup de femmes. La force masculine la plus brute les frappe parfois de manière terrible.

Parvenant à entrer dans le cercle plus respectable des fiançailles, les femmes de ce temps y sont parfois déçues par des mâles brutaux, méprisants ou calomniateurs qui ruinent leurs projets de réalisation personnelle en utilisant la nature inévitablement trop vague des rites présidant aux accordailles. Le mariage forcé constitue aussi une forme d'échec pour des filles soumises à l'autorité parentale ou religieuse. Pour autant, les épouses ne sont pas assurées d'échapper à la violence et sont fréquemment victimes d'affrontements sordides à l'intérieur du couple. Celles qui tentent de les fuir par l'adultère retombent souvent dans le statut précaire ou dangereux de la prostituée. Partout, en somme, l'exploitation des relations sexuelles par les mâles, à leur profit, guette ces femmes. Le harcèlement et ses suites accompagnent l'existence de femmes légitimes sans cesse en conflit avec d'odieux voisins, qu'ils soient laïcs ou ecclésiastiques. Dans le cadre du mariage, on peut même les vendre ou les traiter indignement. Surtout, elles risquent d'entrer dans la vaste cohorte des épouses battues. Leurs plaintes attestent l'étendue d'un malaise conjugal fait d'incompatibilités que ne peuvent comprendre les tenants de la conception chrétienne du couple.

Ces dangers inhérents à la vie féminine se retrouvent

autour de la naissance ou de la maternité. Maîtresses absolues de la première, les accoucheuses exercent une fonction parfois périlleuse. De graves conflits entre femmes accompagnent fréquemment les mécanismes de la mise en nourrice. Le rite des relevailles offre l'occasion à de nombreux prêtres d'humilier les nouvelles mères. Au sein du cercle familial lui-même, celles-ci ou les sœurs ne sont pas toujours respectées par les fils ou les frères. On devine que pareille mise en cause de l'honneur maternel intervient encore plus en cas de veuvage. Ce dernier interdit souvent à des femmes désormais isolées d'honorer la mémoire de leurs époux décédés. Il les rend, lorsqu'elles sont pauvres, malades et âgées, dépendantes ou exposées aux accusations de magie et de sorcellerie. Les secours qu'elles cherchent dans ces pratiques occultes risquent de les décevoir. Comme chez les fiancées ou les épouses, des veuves sont abusées sexuellement par les mâles. Si elles parviennent à conclure un accord de remariage, le charivari les menace ou, plus encore, la rupture des promesses masculines en dépit d'une relation sexuelle déjà réalisée. A l'égal des autres, ces femmes, qui ont peut-être connu une union précédente difficile, ne se trouvent pas à l'abri de la violence ou du harcèlement, du viol ou de l'abandon.

*

*   *

Ce sombre tableau ne constitue qu'un aspect de la condition des femmes de 1500. Elles apparaissent aussi intégrées à un univers dont la sacralité les rassure. Elles s'y rattachent à de puissants phénomènes de solidarité, au sein de communautés dont elles sont parfois l'âme. Il leur arrive, dans les procès de sorcellerie par exemple, de les défendre face à d'autres femmes. Elles disposent de moyens de résistance à l'égard des entreprises dirigées contre elles et ridiculisent parfois les violeurs. Lorsqu'elles entrent dans des liens de concubinage, ce n'est pas toujours à leur détriment. Elles peuvent mener une existence autonome dans le cadre de ces liaisons irrégulières. Ce sont également surtout des femmes, porte-parole de la pression moralisatrice du voisinage, qui les dénoncent et les font condamner.

Les prostituées ne sont pas généralement des victimes privées de protection. Organisées ou non, elles utilisent ce moyen de survie dans le cadre de la sociabilité entre les sexes. Toutes les femmes séduites ne tombent pas dans le malheur et certaines d'entre elles profitent, au contraire, de ce mode de domination fémimine. Les autorités religieuses ou laïques les protègent des suites éventuellement fâcheuses de ce type de rapports sexuels. Les filles séduites sont alors fort acharnées à tenter d'obtenir réparation. La sexualité de ce temps comporte de nombreux espaces de liberté où les femmes ne se présentent pas toujours comme des inférieures. Elles savent s'y affronter entre elles pour en tirer bénéfice. Il leur arrive, dans ce cadre, d'être complices d'agressions masculines contre leurs sœurs. Au sein de la sociabilité querelleuse, typique de l'époque et remplie de disputes de proximité, si la solidarité féminine est un leurre, la supériorité masculine l'est presque autant.

Le mariage chrétien illustre les progrès de la condition féminine. Il constitue, pour les jeunes filles, une réalisation durement acquise et chèrement défendue. Elles parviennent fréquemment à lui donner la forme de leur désir, au milieu de structures sociales ou familiales qui ne s'y prêtent guère. Ardentes à obtenir l'objet de leur vœu, les fiancées se tirent fréquemment avec honneur de ces difficultés. Car leur projet matrimonial possède, à leurs yeux, une valeur primordiale. Elles en prennent l'initiative et se portent à sa conquête. Elles disposent, pour cela, de diverses complicités, féminines ou masculines, et de l'arme suprême de leur attrait sexuel. L'Eglise les appuie souvent dans cette chasse au mâle. Ce dernier est ici la proie, sinon la victime, de filles dotées d'une singulière autonomie d'action. Si cette dernière peut échouer, le souhait féminin d'accomplissement individuel par le mariage n'en a pas moins existé et nourri des procédures tenaces.

Les fiancées sont aussi promptes à rompre des liens qui,

soudain, leur déplaisent. Malgré leur ambiguïté, leurs motifs témoignent de l'indépendance que cette société accorde aux femmes. Ils se relient naturellement, dans les milieux populaires, aux conditions du rapprochement juvénile entre les sexes où, dans le cadre des distractions et des loisirs collectifs, le corps règne en maître. A ce jeu, les filles mènent la danse. Elle savent résister au mariage forcé que veulent leur imposer leurs parents. Dans ces luttes familiales, les fiancées contraintes frappent par la netteté et le succès fréquent de leur stratégie de refus qui peut déboucher sur une autre union ayant leur préférence. Mais elle rejoint de nombreuses demandes d'annulation grâce auxquelles les filles se débarrassent des fiancés qui ne leur conviennent plus.

Fruit de l'accord des familles, et solennellement célébré, le mariage marque, en premier lieu, le triomphe de la femme. L'Eglise lui en garantit la pérennité. Les prêtres acceptent même, parfois, que ses formalités soient assouplies et des femmes, sur ce plan, profitent encore d'irrégularités tolérées. Surtout, entrées dans les liens conjugaux, elles y imposent l'image et la réalité du partenariat de la bonne épouse. Elles peuvent mettre à son service jusqu'à leur propre violence, incontestable réalité historique. Celle-ci s'exerce contre des ecclésiastiques, d'autres femmes et, parfois, contre le mari lui-même.

Pourtant le couple, en son fonctionnement solidaire ou difficile, et ses affrontements avec d'autres, apparaît comme l'aspect essentiel auquel ramener l'expression sociale des rôles sexuels. La recherche du bonheur, pour la femme comme pour l'homme, s'identifie à la construction, légale ou non, de cette entité. Les femmes présentes dans ces archives poursuivent d'abord ce but, qu'elles y réussissent ou non. Et, dans ce dernier cas, elles peuvent être aussi bien bourreaux que martyres. Lorsqu'elles trompent leur mari, par exemple avec des prêtres, elles répètent l'ambiguïté du phénomène de séduction où elles sont autant dominatrices que dominées, actrices du processus que protestataires à son endroit. Dans l'illégitimité même, elles recherchent souvent le modèle conjugal. Elles préfèrent le répéter en compagnie d'ecclésiastiques parce que l'adultère avec des laïcs est, de ce point de vue, moins gratifiant.

Pourtant, la solidarité des couples, face aux agressions extérieures notamment, est impressionnante. Comme la sérénité ou la force de repartie que manifestent les femmes devant les violences, verbales ou non, dont elles sont victimes. En ces conflits, parfois complexes, typiques d'une société de voisinage, elles incarnent volontiers les valeurs de moralité et d'honorabilité. Elles se retournent en leur nom contre les mâles qui abusent d'elles, les maltraitent ou les frappent. Elles osent fuir l'époux, réclamer ou obtenir la séparation d'avec lui. Elles bénéficient souvent, dans ces procédures, de la solidarité des voisines. Elles combattent, à ce propos, l'obligation théorique du maintien du devoir conjugal que leur imposent les juges ecclésiastiques. On est frappé, dans ces affaires, par l'acharnement des femmes déçues, leur hostilité impitoyable envers le mari, le refus de toute conciliation avec lui.

Le droit et la pratique leur accordent de nombreux moyens pour gérer leur situation d'épouses séparées. Elles disposent, à ce sujet, de l'appui de l'Eglise. Celle-ci leur confère, tout en le surveillant, l'absolu monopole de l'organisation des naissances. La fonction d'accoucheuse, qui s'en occupe, est prestigieuse. La maternité ou les relevailles témoignent aussi de l'honneur particulier associé à la femme. Ame de la communauté familiale, celle-ci est l'objet de la protection religieuse qui va naturellement aux modèles chéris de la bonne épouse et de la bonne mère. Gare aux mâles qui ne les respectent pas !

Les veuves, malgré leur originalité, participent à ce cercle béni. Nombreuses, souvent importantes, on admire leur fidélité envers le défunt comme l'on accueille leur souhait fréquent de secondes noces. Femmes d'expérience, elles contribuent à rendre cette société accueillante, dans une certaine mesure, au désordre sexuel. En même temps, et sans contradiction, elles défendent la moralité avec un soin tout particulier et savent échapper à ceux qui tentent d'abuser d'elles. Attirantes, lorsqu'elles sont jeunes et désirables, elles profitent du concubinage et de leur domination sexuelle sur le mâle. Leur gestion du remariage ne manque pas d'habileté et elles y possèdent des armes redoutables. Ces nouvelles fiancées sont alors aussi acharnées que les premières à conquérir leur proie masculine et elles sont parfois plusieurs à entourer un garçon dans ce but. Ne dédaignant pas la violence ou l'agressivité, elles luttent contre les harceleurs et obtiennent pour cela l'appui de leurs sœurs. La liberté d'allures de ces clientes de cabaret est éclatante. Elles se moquent du qu'en-dira-t-on et affrontent aussi bien buveurs trop hardis, prêtres entreprenants ou jeunes gars vengeurs de la morale qu'à leurs yeux elles violent. L'Eglise leur donne souvent raison dans ces affaires de même qu'elle absout les servantes-maîtresses qui conduisent leur mari au tombeau pour mieux profiter de son héritage. Dans cette société, où le mâle est volontiers absurdement violent, la femme, fiancée ou épouse, veuve ou religieuse, sage ou putain, se révèle, plus que lui, maîtresse des dénigrements utiles ou des comportements subtils.

*
* *

Soumise, parfois et en certains domaines, à la domination masculine, elle lui échappe la plupart du temps. La coexistence de situations contradictoires oblige au moins à fuir les simplifications outrancières. Il n'est pas sûr que le succès récent de la notion de « genre » ait éclairé la nature exacte du rôle des femmes d'autrefois. Leur identité culturelle, à base « sexuelle », y est sans doute moins importante que les innombrables et fort diverses relations de partenariat qu'elles nouent avec l'autre sexe. Ce sont ces différents types de rapports qui permettent de décrire une condition féminine variable à l'infini. La solidarité interne, sauf peut-être dans le cas des relations entre mères et filles, la caractérise très peu. Ce sentiment bénéficie davantage aux partenaires masculins auxquels ces femmes s'associent. Leurs projets sociaux envisagent d'abord l'obtention d'un tel accord. Sa quête, les conditions de sa formation, ses fruits, la nature, plus ou moins douloureuse, de son vécu, comptent en premier lieu dans une existence féminine.

Il est impossible de la séparer de ses liens avec les mâles, qui en définissent l'orientation profonde. Ils contribuent d'ailleurs à renforcer l'importance capitale des femmes dans l'évolution historique. Mais ce ne sont pas, en général, des femmes sans hommes. Malgré l'intérêt de cette minorité, la vie sociale des « genres » tourne d'abord autour du couple hétérosexuel. Et celui-ci n'a jamais été marqué par la domination absolue d'une de ses composantes. On peut sans doute relever, dans le cadre de l'imaginaire de la société « patriarcale », la profusion de rôles féminins n'ayant de sens que par rapport à un homme. C'est que l'identité des femmes du temps, *de leur point de vue*, passe bien, *dans la réalité*, par l'établissement d'une série de relations avec les mâles où les premières ne sont pas toujours perdantes. Parfois humiliant, ce partenariat peut se révéler gratifiant [395]. L'époque de 1500 croit moins à la différence des sexes qu'à leur unité profonde. Si les clichés du temps répètent, dans ce cadre, la supériorité de l'homme sur la femme, un non-conformiste comme Montaigne en tire plutôt sa conviction de leur profonde égalité. Là comme ailleurs, le XVIIIe siècle établira des modèles plus logiques, donc plus rationnellement inégalitaires. Ce fut en tournant le dos au siècle de François Villon qui vaut peut-être, du point de vue des femmes, celui des Lumières [396].

395. Cf. Nathalie Heinrich, *Etats de femme*, Paris, 1996.
396. Voir le classique essai de Thomas Laqueur, *la Fabrique du Sexe*, Paris, 1992.

Table

Cet ouvrage a été composé par
Graphic Hainaut (59163 Condé-sur-l'Escaut)
et imprimé par la Société Nouvelle Firmin-Didot
Mesnil-sur-l'Estrée
pour le compte des Éditions Perrin
Achevé d'imprimer en août 2000

Imprimé en France
Dépôt légal : août 2000
N° d'édition : 1528 - N° d'impression : 52228